U0138877

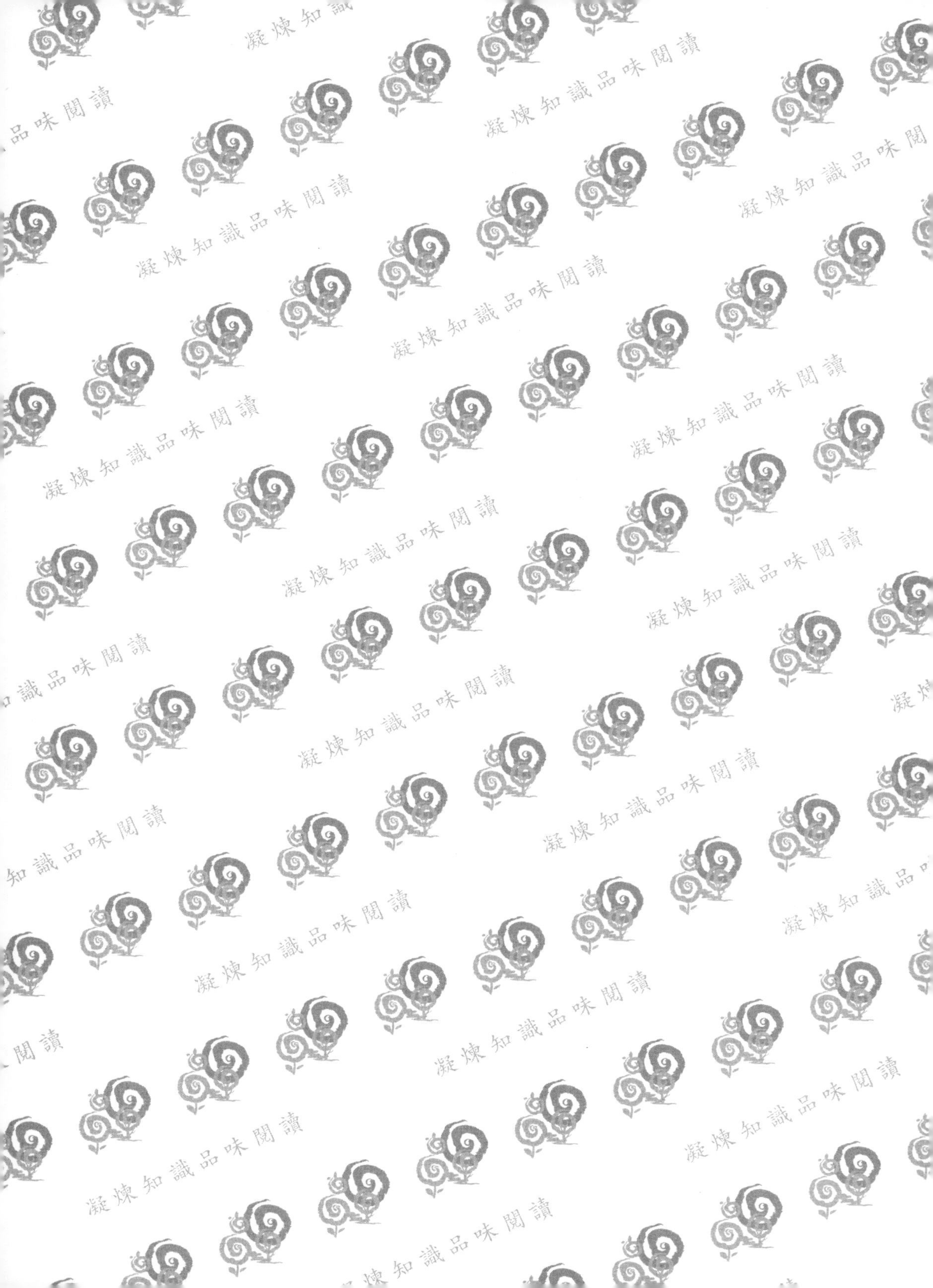

五南圖書出版公司 印行

吳思緯 著

東亞民主化總論

東亞國家之政治體制選擇偏好：一般公民、政治菁英與地緣政治面向之分析

自序

本書乃源自筆者於國立臺灣師範大學東亞學系撰寫完成之博士論文：〈東亞國家之政治體制選擇偏好：一般公民、政治菁英與地緣政治面向之分析〉。耗時近三年半，期間有賴指導教授陳文政老師，口試委員董立文、朱金池、曾建元、關弘昌等諸位老師，以及三位匿名出版審查委員所提供之修正建議與協助，在此致謝，另一切文責由筆者自負。

東亞民主化的舊問題與新方法，乃本書所關注之研究旨趣，故試圖以資料科學與大數據分析的方法論，綜合量化和質化研究方法，探討影響東亞政治體制選擇的三個面向：一般公民、政治菁英和地緣政治。先透過民主化理論和政治支持理論引導，再回顧過往相關研究之方向與成果，蒐集具代表性的數據資料，以統計、文字探勘與地理資訊系統應用軟體進行處理，再將所得之研究成果以質性方法深入分析詮釋。

首先，就東亞一般公民面向而言，本書聚焦於重新檢證民主化理論，結果發現：在人口統計學變項之年齡與教育程度上，愈年長者愈支持民主，教育程度愈高者愈支持民主，對於民主化理論仍相對有解釋力；另外在政治學變項上，對本國民主體制之認知愈高者愈支持民主，也對於民主化理論是相對有解釋力；而人口統計學之性別變項與社會學變項之經濟條件，則對於民主化理論較無解釋力。

其次，就政治菁英面向而言，本書聚焦於東亞華語文化圈下三個政治體制歧異的國家（台灣、中國大陸、新加坡），針對政治菁英紛雜而又相似的政治類公開文稿特徵進行分析，結果發現：三國政治菁英皆強調經濟治理、重視對美關係、呼籲團結；中國大陸與台灣政治菁英從不同出發點皆重視民主；中國大陸與新加坡政治菁英皆因治理而強調多元文化價值；台灣與新加坡政治菁英皆因小國背景而提倡與國際社會的連結。是以，本書可以發現三國政治菁英皆對民主政治體制擁有相當偏好，但在內涵上，台灣政治菁英的民主偏好與自由有更強的連結，中國大陸與新加坡政治菁英就呈現民主、治理與協調之間的融合關係。

再者，就地緣政治面向而言，本書爬梳美、中競逐關係下的地緣政治現況，透過空間性的資料展示，描繪出東亞的發展已經不是一味遵循西方模式，中國路徑逐漸吸引東亞國家，牽引東亞國家走向西方式自由民主之外的另一種選擇。

最後，本書針對東亞前典範時期之典範競爭概念進行分析，回顧不同政治體制各自論述之內涵與其在東亞情境下的不同表現與意義，進一步導出在未來的動態發展場域下，東亞地區基於規範主義式微將出現的區域合作，以及從價值追求到聯盟爭霸的政治現實。

回首本書之問世，幸獲國立國父紀念館民國111年博士論文評選通過，以及五南圖書編輯委員會決議通過本書的出版，針對東亞民主化舊問題與新方法的討論，還望各界不吝給予指教，誠摯感謝！後續東亞民主化各論部分，筆者自當竭盡全力，期能早日撰寫完成，針對東亞民主化之研究暨發展貢獻一己之力。

目 次

第一章　緒論

本書旨在探討影響東亞政治體制選擇的三個面向：一般公民、政治菁英和地緣政治，結合量化和質化研究方法，先透過民主化理論和政治支持理論引導，再回顧過往相關研究之方向與成果，蒐集具代表性的數據資料，以統計、文字探勘與地理資訊系統應用軟體進行處理，再將所得之研究成果以質性方法深入分析詮釋。

第一節　研究動機與研究目的

根據Huntington（1991: 12-14）的研究觀點，第三波民主化始於1974年，當時僅不到50個自由民主（Liberal Democracy）體制國家、占世界人口比約30%，可以擁有符合民主標準的定期選舉，公民能獲得一定程度的自由權利保障。其中多數是歷史悠久的西方先進民主富裕國家，只有少數是處於開發中的新興民主國家。然而，隨著時代更迭，自由民主國家的數量持續擴增，但競爭性威權體制（Competitive Authoritarian）國家卻也同時穩定擴增。2006年後，自由民主體制國家的數量開始趨於平緩甚至下降，自由度水準也隨之相對下降（Freedom House, 2021）。

論者發現，一方面自由民主體制在國際上由於經濟衰退、發展遲緩，加上先進民主國家的治理表現下滑、新興民主國家的國家能力不佳，而面臨兩種截然不同的負面反應——批判性公民對於政治上的不滿聲浪或民主懷疑論者退出政治的冷漠表現；另一方面，不同國家之間的政治體制和各項經濟與社會表現差異擴大，導致適度開放的競爭性威權主義復甦，混合體制成為從威權到民主相對溫和的變體，在在使自由民主過去某些時期的驚人發展程度開始變慢，甚至呈現停滯或逐漸下降的狀態，成為相對於民主化的進程下穿插的幾波民主倒退逆流（Issacharoff, 2018: 516-519; Norrlof, 2019: 139-141）。

本書即在此背景下，從政治體制選擇偏好之學理出發，進而從一般公民、政治菁英與地緣政治三個面向，探究東亞地區的政治體制選擇偏好。

壹、研究動機

儘管歷經多次民主化浪潮後，世界上許多國家已採用自由民主體制，但近來自由民主體制無論在世界或東亞區域的吸引力逐漸開始下滑。究其原因，一方面自由民主體制無論於其核心關懷的理論層次或對內治理應用的實際層次上，已出現捉襟見肘窘境；另一方面也面對若干非自由民主體制治理績效卓著的挑戰。從而出現的情況是：自由民主體制並未能與時俱進以維持其相對優勢地位，導致在意識形態的範疇中，曾經被推崇為普世價值的自由民主體制地位已有所動搖。其具體徵象是，相對於過往，自由民主體制的支持度已顯得相對低落，有愈來愈多人民、組織團體與國家表達出對民主替代方案的偏好，而這個趨勢似乎方興未艾（Kuhner, 2016: 2453-2454）。

在上述趨勢下，吾人若將焦點拉回東亞，其大致情況包括：經濟衰退下的勞工及中產階級對先進民主國家治理能力的質疑；批判性公民對政治回應性的標準提高；中國威權復甦與新加坡混合體制的治理建設顯現出相當成果；民主替代方案之選舉民主制或威權體制、混合體制國家中之執政階層，推動採行部分選舉制度，造成原本國內、外反對壓力釋放分流；東南亞新興發展型國家的特殊政治、文化、歷史背景與面對經濟壓縮現代性的壓力困境等情境（Krastev, 2014: 15-19; Yun and Bell, 2014: 19-21; Krastev and Holms, 2018: 125-127）。

基於上述背景，本書探究之重點將聚焦於東亞國家的政治體制選擇偏好。為此，以下核心議題必須加以探討：

一、現有政治體制偏好的理念與分析架構為何？西方自由民主脈絡下之政治體制與東亞地區之政治文化在理論與現實層面是否相符？

二、影響東亞政治體制選擇偏好之重要內部因素與外部影響為何？

三、東亞地區各國政治體制之現況如何？

四、東亞政治體制典範競爭之未來走向如何？

有鑑於此，本書希望整理相關實證資料，透過多種不同的研究方法，並綜合多個具代表性之資料庫調查結果，從政治體制選擇偏好的視角來試圖分析所身處的東亞區域範疇內，東亞民主發展的理論競爭與現實發展。

貳、研究目的

「民主可能有其問題，但它仍然是最佳形式」，這是自由民主體制下，意識形態的最小公約數。在此公約數之下，民主國家中須有多數公民滿意民主運作的方式，並認爲民主仍然有能力解決該國的各項問題，能持續將民主作爲價值信仰，對於政治體制表達認同，相信能透過選舉保留改變政府的權力，依法擁有自由權利的保障，自由民主體制方能擁有持續發展的正當合法性。然而，由於近來世界各國民主發展衰退的徵兆愈發明顯，所以解釋其可能的原因、預測未來發展並考慮可能的改進措施也顯得更加迫切且重要。

爲嘗試解決前述研究動機中四個層面的問題，本書的研究目的如下：

一、釐清現有政治體制偏好的理念與分析架構，檢視西方自由民主脈絡下之政治體制與東亞地區之政治文化，在理論與現實層面之差異。

二、梳理現行東亞區域之政治體制類型，從威權體制、混合體制到自由民主，來對照東亞民主選擇偏好的特殊軌跡。

三、透過多元迴歸模型分析解讀基層公民的偏好圖像；以文字探勘法發掘政治菁英的意向；藉由空間分析解讀地緣政治之影響。

四、使用各式資料庫之專家評估指數，綜合檢視東亞各國民主發展現況。

五、釐清東亞地區未來政治體制路徑之可能發展趨勢。

希望藉由相關實證資料之探討分析，進而理解東亞國家在一般公民、政治菁英與地緣政治等不同層次上進行政治體制偏好選擇之梗概。

第二節　研究途徑與研究方法

統計分析、文字探勘與空間分析作爲研究方法，知識量相當大但分散，有關的大量數據的確是進一步深入專業知識的巨大動力，但相對的問題是爲什麼過往研究沒有大量綜合使用這些不同的方式進行分析探討。在這種背景下必須要理解的是，這些研究方法不只是在處理獨立的研究領域，而是密切交互相關的；對於理解廣義上的東亞議題來說，它們是不可或缺的。爲了避免獨立研究產生知識與數據的延續問題，無論是小規模或大規模的研究，作爲這個研究領域的資產，數據的蒐集、整理與傳承，將能有助於相似研究與未來研究的相互補充。

本書的預期是在各個層面延伸知識網絡，作爲過往研究的補充，並在跨領域研究中建立新的聯繫，儘管知識網絡已經得到了極大的擴充，但相關研究結果卻可能是難以量化的；同樣重要的目標是本書建立在過去的專業技術基礎上，透過運用多種研究方法，將能夠吸引擁有相同技術能力研究者的注意，未來若能結合衆人的努力，成果將相當可觀，與預期和已經獲得的研究成果相比，發展類似的研究方式將會帶來持續的研究能量，透過個人自身優勢和努力，建立高水準的區域研究，重點在關注當代東亞議題，在區域研究和專業技術領域建立知識網絡，加強學術研究者之間的研究成果聯繫和溝通，使整個學術領域受益。

壹、研究途徑

本書擬採用新制度論研究途徑。新制度論研究途徑有別於傳統制度研究途徑，其可追溯自80年代制度分析的典範轉移，[1]彼時新制度論研究途徑之濫觴乃是March and Olsen（1984）提出，藉由批判過往以社會中心作爲研究途徑進行研究政治相關現象的主流做法導引出新制度論之觀點。而我國學者莊文忠（2003：22-26）對於相關研究途徑的看法，則將行爲科學研究崛起後，非實證主義取向者定位爲舊制度論，以實證主義取向者定位爲新制度論；另根據各該研究具體而論，新、舊制度論研究途徑可以從研究層次、探索視角、研究方法，及研究客體等面向進行探討來區分：

一、就研究層次而言，舊制度論多是關注國內政治結構之比較，主要比較不同行政制度的優劣，具有高度規範性，其研究目的大多是追求如何成爲好政府之條件；新制度論研究途徑對制度之研究採系統性跨國比較政治研究，以比較不同制度或者相同制度於不同地區之成效，藉以了解路徑依賴之可行性。透過系統性的資料蒐集，分析較具科學實證意義。相對而言，新制度論研究途徑在研究

---

[1] 歷史研究途徑，是以時間爲節點探討各不同時期之問題特徵，時間點不同，研究客體自然有所差異，並藉爬梳問題的過程以尋求解答，過往具有政治哲學知識背景的研究者，擅長以歷史與現狀的描述方法來敘事，之後研究方法從敘事到田野，但議題大抵不脫離制度變革或社會需求，其中新制度主義視角下的典範轉移過程，更是歷史研究途徑至今仍相當熱門的研究標的；因之典範研究途徑，則試圖給予後進國家、組織、個體等主體，釐清、彙整、展示各項準則，提供決策、行爲之依歸；此外知識社群研究途徑則專注於探討研究主體、客體之個體特殊性，其稍微與歷史研究途徑相似，但在研究方法上則更著重於知識系譜學、口述歷史訪談、深度訪談法，以深入了解個體特殊性（邵軒磊、曾元顯，2018：30-31）。

層次上比舊制度論研究途徑相對鉅觀、偏重應用、關注外在環境之影響。

二、就探索視角而言，舊制度論研究途徑多採單一視角，強調「國家」制度的重要性，以政府制度為焦點，對於法律與結構進行解釋，相對不重視非正式制度；新制度論研究途徑採多元視角，焦點不單以政府制度，還包括經濟、社會等其他方向，相對重視非正式制度之影響力。

三、就研究方法而言，舊制度論研究途徑屬演繹法，較重視研究之推論，即發現、陳述問題以及解釋、批判研究發現；新制度論研究途徑屬歸納法，較重視科學方法，即重視研究假設、檢證與反證方法。

四、就研究客體而言，舊制度論研究途徑將制度視為政治行為的主要自變項，認為掌握制度的特徵，即可預測政治行為，屬靜態研究；新制度論研究途徑則受實證主義影響，認為制度並非單純的自變項，而是屬於會受自變項所影響之依變項，且制度與個人、社群之間是雙向互動關係，屬動態研究。

貳、研究方法

本書綜合使用多元迴歸模型分析、文字探勘、空間分析等研究方法，希望能探察東亞民主化的圖像，進而檢視理論與現實差異，並嘗試對政治體制典範競爭之路徑進行分析。

一、多元迴歸模型分析法

許多探討東亞民主化之研究所運用之統計方法，採多元迴歸模型分析，[2]相關資料乃參酌不同自變項資料影響依變項的情狀，本書探討公民個體的政治體制選擇偏好，其所關聯者即是公民的人口統計學、政治學與社會學變項，故選擇多元迴歸模型分析來檢證各項假設。

本書使用「世界價值觀資料庫」第七波調查，以多元迴歸模型來檢驗東亞公民的個體偏好，研究性別、年齡、教育程度、自評該國民主程度、經濟條件與政治

---

[2] 簡單迴歸乃藉由樣本發現一組依變項與自變項之相互關係，以表現該關係之強弱與以自變項預測依變項解釋力，來檢證該關係是否有統計學上顯著意義，並在此同時可以用來比較哪些自變項用以解釋或預測依變項之影響性較大；而多元迴歸是一迴歸模型同時具有兩個以上的自變項X與僅一個依變項Y，目的是透過樣本資料計算其迴歸模型，以預測依變項（林震岩，2018：131-136）。

體制選擇個體偏好的相關性。因為不同的國家擁有不同之政治、社會、經濟系統情狀，個體所產生而顯示之偏好亦不相同，所以可從多元迴歸模型得出較完整之東亞各國政治體制選擇偏好圖像，故本書選擇多元迴歸模型分析來探討影響東亞各國民眾於政體選擇偏好之關鍵因素。實際操作上則運用SPSS 23進行數據資料之分析。

二、文字探勘法

近來愈來愈多研究開始將文字視為數據資料，並以AI（Artificial Intelligence）或機器學習等工具對於巨量文字進行分析，其中文字探勘技術是將各種文字加以處理與進行統計分析或分門別類之運算，並能自動化組織資訊與進行主題分析，目前於政治科學相關領域，諸如透過機器學習對於目標文本進行演算者或於大數據文本研究相關特定概念進行文字探勘，皆是一種相對具探索性之研究方法（Grimmer and Stewart, 2013; Wilkerson and Casas, 2017; Chen and Hsu, 2018）。

在探討各國基層公民個體偏好後，本書擬接續深入分析各國政治菁英所表現之體制偏好，因此本書之研究設計如下：將原始文本透過文字探勘進行分類、萃取，再以人工既有給定之分類標籤進行深入比較，來檢證東亞國家之政治菁英在重要發言中之關鍵詞或談話內容，是否顯露相關政治體制偏好，其步驟包括：

（一）蒐集各國政治菁英之重要發言文本資料，建置研究語料庫。

（二）進行文字探勘，包括分詞、關鍵詞檢索、建立文本矩陣、文本統計等步驟。

（三）評價各國政治菁英於政治層面之重要發言，有無顯露相關政治體制偏好。

考量囿於時間與語言因素之相關樣本可親近性，故難以蒐集到所有東亞各國之政治菁英之重要發言文本來建構語料庫，本書作為初步探索性研究，因而僅選用一定數量文本而非巨量文本進行分析，是故本書將篩選東亞「部分」國家政治領袖「近期」之「重要」發言。例如：威權國家——中國大陸人民網之習近平系列重要講話數據庫；混合體制國家——新加坡總理公署之李顯龍總理新聞稿；自由民主國家——中華民國總統府之蔡英文總統重要談話。

在操作上，於上述原始分類表整理完畢後，另整理可用資料欄位，之後進行文字探勘前處理，將可得出文本矩陣，接著進行後續統計分析。

惟文字探勘無法判斷各關鍵詞組合是否具有意義，因而關鍵詞組合（主題）須由研究者進行詮釋，藉由脈絡搜尋、實證對照與相關文本交叉比對，是以該特性恰好可以彌補語意中之抽換、隱瞞、欺騙等樣態。

綜上所述，本書藉由蒐集人民網所彙整之習近平系列重要講話資料庫、中華民國總統府所公布之焦點議題——蔡英文總統之重要談話、新加坡總理公署所公布之李顯龍總理中文公開談話講稿，後續逐步經過斷詞前處理、建構文字矩陣、提取關鍵詞、製作文字雲將主題分析視覺化，最後則是內容分析。

三、空間分析法

本書使用空間資料與屬性資料兩者進行分析，空間資料部分主要是世界地圖資料，由於所取用資料涵蓋全球國家和地區共249個，故本書之空間分析可設定為全球與東亞兩個部分；而屬性資料部分，近年中國與美國在意識形態與治理模式上相互爭鋒、競逐，故蒐集、彙整近年全球各地相關議題層面之資料，以設定虛擬變項，藉此分析、闡述美中競逐之動態焦點。

以上空間資料和屬性資料以地理資訊系統（Geographic Information System）整合後進行疊圖分析，乃試圖解釋空間分析之結果與相關變項之間的因果關係。希望以本書之研究發現結合過往相關研究成果，描繪出民主化與地緣政治的互動情形，並探索其影響政治體制選擇偏好的關係。

第三節　文獻回顧與研究資料

本節就文獻回顧部分先從全球自由民主發展變遷，理出民主化的內、外部因素，再就西方理論與東方現實，針對民主、混合與威權體制的發展進行分析，試圖在後續章節鋪陳出一條與過往研究相比，在東亞民主化範疇內更直接而完整的探索路徑。而在研究資料部分，則更進一步說明第三章至第五章的資料來源與選擇依據。

壹、文獻回顧

在文獻回顧部分，首先從全球自由民主發展變遷進行經驗檢視，探討關於自由民主體制的近況發展，以發現其成就與困境；接著逐步梳理出其影響因素，包括內部因素對治理能力的要求、批判性公民的質疑、民粹主義的發展走向，以及外部因素如國際民主支持戰略與地緣政治回歸等。

其次則將自由民主這個來自西方的理論與東亞所在的區域情境現實，進行整合性歸納分析，藉由整理相關研究的觀點、分析和建議，以政治體制爲途徑，分述東亞的政體變遷區域發展狀態，由東亞民主的發展脈絡、面臨混合體制強力的競爭挑戰以及後現代威權體制復甦。

一、自由民主普世價值論之經驗檢視

在過去民主化研究中，主題環繞觀察民主化的進程與退潮、探索民主體制運作的方式與未來發展等不同面向，而自從第三波民主化後，全球的民主發展幾乎一直是樂觀提升的，乃至阿拉伯之春相關民主運動的全球性響應被形容成第四波民主化。在此短暫的樂觀前景之後，可以發現民主發展似乎正在走下坡，雖然亦有樂觀的研究指出民主發展只是趨緩，有少部分國家的確面臨民主停滯、侵蝕或衰敗，但其規模仍屬輕微；可以從最直接的政治體制採行數目統計來推斷——全球逐漸走向民主退潮。[3]世界上各區域的先進民主國家，其民主已經陷入了停滯乃至衰退，甚至有新興民主國家轉而成爲混合體制或威權體制的狀況，使得在2024年的今日，這個議題仍然值得被徹底討論。

（一）全球民主現況分析

首先就全球民主發展現況而言，Diamond（1999, 2015, 2016, 2020）就此進行一系列研究，尤其Diamond鑑於自2006年以來世界正處於長期緩慢的民主衰退，故從民主衰退的發生率，以歷史研究法歸納針對自1974年至2014年底，世界上所有民主國家中有29%面臨退步（在非西方民主國家中比率爲35%），來進一步探討自2000年以來25次民主體制崩潰的情況。發現民主崩潰主要不再是透過公然的軍事政變，而是民主權利和程序的逐步退化，使國家轉型成競爭性威權主義，此情狀尤其好發於低水準的民主國家，這種選舉型民主體制由於公民自由和法治長期的系統性衰退，導致最終的民主崩潰。此外該研究亦發現民主衰敗的速度並不總是非常明顯，必須觀察政治權利與公民自由、法治、透明度、腐敗、權力濫用以及治理等數個觀察指標，才得以正確歸納，特別是新興民主國家，這些被其稱爲搖擺國的國家

[3] 惟例如Mainwaring and Bizzarro（2019）之研究中，這個觀點的看法可能有下述兩個問題，首先，該研究將威權鞏固的案例排除後，歸納本質爲威權體制的國家認定爲民主轉型的狀況，然而這些國家呈現的是暫時的競爭型威權體制，其根本上尚未眞正建立成民主國家；其次，若深入探討民主國家內部民主品質下降的問題，不可否認的是面對民主衰退的實質內涵，應當包含其漸失正當合法性與衍生出替代方案的選擇偏好，都是非常難以迴避的。

正在減少，即是因公民自由與人權法治逐漸衰敗。綜合上述，加諸威權復甦與先進民主國家缺乏促進國際民主的期待與自信，共同造成了全球民主衰退。

後續Diamond選擇更深入探討民主制度表現持續低迷的新成因與解方，其首先歸納民主國家發展的良好條件包括：至少處於中等水準的教育普及和經濟發展狀況、民主的歷史背景以及良性社會發展；接著申述自由民主持續低迷實際上是現行的每一種制度的共同表徵：自由民主國家的自由度愈來愈低，自由民粹主義更促使其進一步衰落、混合體制選舉民主國家淪爲激烈的選舉機器競爭、威權國家透過新的數位監控技術控制社會。該研究有別前述，更著重發掘混合體制的部分：發現混合體制國家一開始是初步限制國內的司法、立法、監督機關、大衆傳媒以及選舉機構，接著將其轉作爲對抗政敵與反對派的工具，而後寒蟬效應擴大影響。另一方面稅收與預算被挪用來配給予機會主義者、裙帶侍從主義既得利益者和搖擺選區選民，以吸引其加入其行列，來維持自身利益。接著提出其對於威權和民粹主義之關鍵弱點的看法：在強人政治與規避監督制衡的情況下，政治腐敗和權力濫用將更加嚴重。最後歸納想要改變民主低迷的現象，最重要的是堅定支持民主的決心，先進自由民主國家以及聯合國等國際組織必須直視當前的政治衝突，並回歸民主至上原則；此外還需要使用各種新技術，以促進人民對民主價值觀和民主制度的深入理解；在新的地緣政治競爭時代，中國、俄羅斯和伊朗積極努力推廣其威權主義，並試圖引起人民對民主的懷疑，於此自由民主國家必須修正和改進自己的政治表現，進行積極政治改革，例如政治節制和妥協的機制以減少兩極分化；重新致力於推動自由民主普世價值的想法，使公民都有更高的支持與承諾。

另外也有其他研究從不同視角切入，[4]同樣就這個主題進行相關研究，Foa and Mounk（2016）從人口統計學著眼，[5]該研究在一開始首先提出四種對民主支持的重要衡量標準：1.政權合法性相對於政府合法性的明確指標，例如公民對整個政治系統的明確支持；2.支持自由民主關鍵機構的程度，例如人權；3.在現有政治體制

---

[4] Plattner（2013, 2014, 2015, 2017, 2019）則是挑選該主題中之重點議題，諸如治理、民主轉型、民主衰敗、非自由民主與保守右派鬥爭等，於不同研究中進行分述。

[5] 而且該研究（Foa and Mounk , 2016: 16-17）更著重討論西方先進民主國家所面臨的主要民主困境：對政治權力機構如議會或法院的信任急劇下降，由於政黨認同減弱和政黨成員的減少，公民變得不願意堅定支持單一政黨，相反地，公民轉而支持單一議題運動、民粹主義候選人或非傳統政黨以表達對現狀的不滿，尤其年輕一代的批判性公民較不願意支持傳統的政治菁英，這些趨勢表明了懷疑政黨功能的結構性問題，然而雖然對政權合法性的認同下降，但對自由民主作爲一種治理系統的支持仍然保持強勁。

內推進其政治事業的意願；以及4.它們對諸如軍政府制之類威權體制民主替代方案的接受開放性。然後逐一檢證。

第一，對政治系統的明確支持：北美和西歐自由民主國家的公民不僅對他們的政治領袖，也對民主作爲一種政治價值愈來愈挑剔，希望其所有意願都能影響政府的公共政策，並更願意表達對民主替代方案的支持；該研究指出美國的老年人對民主的支持仍廣泛而熱烈，尤其在二次大戰期間出生的人，大部分都認爲民主治理是核心價值，然而年輕世代尤其1980年後出生者則對民主的支持變得愈來愈弱，並推論這並非年齡效應，而應歸因於世代群體效應；第二，支持自由民主關鍵機構的程度：人們對民主的概念及其民主制度的參與程度已經改變，逐漸從民主關鍵機構退出；第三，在現有政治體制內推進其政治事業的意願：美國公民對此的態度於不同世代之間有顯著差異，老年族群的支持大於年輕族群，歐盟國家公民的世代群體支持差異性則相對沒那麼大，並且從傳統的政治參與形式中退出，例如從加入政黨和前往投票改爲非傳統形式的行動主義（例如參與新型態社會運動）；第四，對民主替代方案的接受開放性：對民主替代方案的支持愈來愈高的原因，可歸納爲現代公民開始以較寬鬆的方式解釋民主的本質，以及愈來愈少透過積極參與來影響公共政策與進入政治議程。

結論是民主鞏固取決於三個關鍵特徵：公民對民主作爲政治體制的堅定支持程度、反體制政黨和運動的極端程度，以及接受民主規則的程度。另發現即使是主流政治參與者爲了黨派優勢，也愈來愈願意違反非正式的民主規則，造成政治僵局和憲政失靈的互爲因果關係，使得美國公民變得愈來愈不滿意與不信任政治機構。

2017年，Foa and Mounk（2017）從樂觀與悲觀兩種不同看法，持續對民主發展近況進行討論。悲觀看法是民眾對政治權威機構、媒體的支持與信任明顯下降；樂觀解讀是民眾只是對政府有更高的期望，肇因於批判性公民增加。但民眾不僅不滿意政府特定的施政表現，並有愈來愈多批評自由民主本身，這種對民主治理的不滿延伸至傳統政黨、政治權威機構和少數民族權利，希望將權力集中於行政權。有鑑於此，民主治理有所下降確實可以發揮預警的作用，但必須注意民主崩潰的前兆——例如掏空法治、箝制媒體、監禁鎮壓反對派，以及對民主替代方案態度愈來愈開放——例如委內瑞拉在查維茲（Hugo Chavez）當選前即有這些現象。所以必須區分形式民主鞏固與實質民主鞏固，前者指一旦特定國家已經至少自由和公正選舉使政府兩次輪替，後者指保證其公民的基本自由權利，來確保自由民主體制的發展。

除了上述歷史研究法與人口統計學，Wike and Fetterolf（2018）則是以次級資料分析法，爬梳四個不同來源的實證調查研究資料，首先根據美國國家民主基金會（National Endowment for Democracy）調查，全世界先進民主國家的民主前景並不樂觀，可以從歐洲民粹主義政黨的成功發現這種反建制浪潮；美國公民對其民主制度政治體系運作方式感到沮喪，值得注意的是，其少數族裔顯示出至少對一種威權體制的偏好有顯著提升。

其次從自由之家（Freedom House）在2018年世界自由度調查評估指數中發現，共有71個國家的民主呈現停滯或倒退衰敗。而爲了探討代議民主制及其他民主替代方案之間的競爭問題，皮尤研究中心（Pew Research Center）於2017年進行了一次涵蓋38國的調查，向受訪者詢問了五種不同政治體制：代議民主制、直接民主制、專家治理制、軍政府制，以及獨裁專制，其意義上分別爲代議民主制——由公民選舉代表產生的代表決定政策；直接民主制——由公民選舉在重大國家問題上做出決定、產生政策；專家治理制——專家根據其認爲對國家發展最合適的方式來產生政策；軍政府制——軍隊統治國家系統產生政策；獨裁專制——獨裁者可以在不受干擾的情況下產生政策。得出結果是儘管代議民主制仍然得到多數支持，但愈來愈多人對多種民主替代方案持開放態度，該次調查比較特別的是獨裁專制在較富裕的國家中較不受歡迎，但卻在其他國家的支持度顯著提升，以及非洲多國對軍政府制保持積極態度。[6]

Huq and Ginsburg（2018）以個案分析法透過推論的方式，聚焦美國面對民主衰敗的壓力、憲政主義[7]與民粹主義之間的消長、候選人背後的利益聯盟相關性以及民主替代方案壯大之成因。該研究首先探討美國2016年總統大選川普（Donald Trump）總統上任後的施政與其支持群衆的民粹風潮造成自由民主體制的脆弱；再分析美國憲法秩序不彰和民主之間衰敗的關聯性，依序審查美國憲法中的機構資

---

[6] 該研究（Wike and Fetterolf, 2018: 147-150）相關其他重要發現諸如：受教育程度較低的美國人比受過更高教育的美國人傾向於支持強領導型態的政治體制；收入與階級的群體間差異在已開發國家中較明顯，而不是在開發中或未開發國家；許多西方國家的年輕人相對老年人傾向於認爲民主對於他們的國家而言不那麼重要，其優先考慮的是經濟表現而非民主的進步；整體公民對民主權利和機構、宗教自由、性別平等、多黨制競爭式選舉、言論自由、媒體和網路自由的支持仍然存在，但並不如想像中穩固；經濟不佳的人不太相信代議民主制對他們有好處，此外經濟的不安全感會加劇文化、種族、移民議題的壓力，民粹主義運動即是對此的一種反應；儘管很少有公民放棄代議民主制或對基本自由權利的支持，但他們對當前政治體制的挫敗感非常明顯。

[7] 關於憲政主義的實踐可行性評估可參閱Chen（2011）之相關個案分析研究。

源、外部性與風險評估；最後推導出美國的民主制度日趨緊張，乃肇因於當今特殊兩極分化的黨派政治、從政治人物到公民對於憲法愈發不加重視、經濟不平等造成願意選擇接受民主替代方案的比例上升、期盼強人政治解決憲政僵局。

Mainwaring and Bizzarro（2019）選擇以比較研究法，追蹤第三波民主化國家的發展，發現其可能隨時間愈發維護自由權利而民主深化，也可能會陷入長期鬥爭而影響國家關鍵功能導致民主衰退，更可能會走向競爭性威權主義的底線或崩潰解體。

其首先區分了四種制度：封閉專制、選舉專制、選舉民主，以及自由民主國家。一般認知的民主概念，可分爲選舉民主和自由民主，區分標準除了選舉制度外，還有自由程度、法治程度、權力分立等依據。再透過統計91個民主政權發展，歸納五個周延而互斥的類別：民主崩潰、[8]停滯、[9]侵蝕、[10]深化，[11]以及保持高度民主但沒有重大進步。[12]研究發現第三波民主化最常見的結果是崩潰和停滯。

總結出民主國家始於更高的自由民主的水準、地緣政治上鄰近其他高度民主國家、[13]經濟成長快速發生故障的可能性較小；另外富裕國家也不太容易發生崩潰，但出乎預料的是民主歷史背景和國家能力則與崩潰沒有關聯，同樣出乎意料的是，從軍事獨裁統治過渡到民主體制，其民主崩潰的可能性未必高於其他類型的威權體

---

[8] 崩潰是最常見的結果，在1974年至2012年之間失敗的民主政權的壽命只有10.6年，途徑有軍事政變、人民革命與自我崩潰（例如政治領導人解散行政、立法和司法機關）三種。在第三波民主化國家中，最常見的崩潰途徑即是國家自我崩潰（Mainwaring and Bizzarro, 2019: 102）。

[9] 停滯是第二常見的第三波民主化過渡後的結果，其包含以下三種情況：民主程度於1974年以後直到2017年仍然如此、沒有實現民主水準的重大進步或重大下降、沒有成爲高度自由民主國家。停滯主要發生在低度民主國家，儘管少數中度民主國家也有這種現象。特徵包括公民權利高度不平衡、反對派被邊緣化、問責機制受阻與選舉的競爭環境不公（Mainwaring and Bizzarro, 2019: 102）。

[10] 雖然在合理的範圍內繼續進行自由、公平的競爭性多黨制選舉，所以仍算是民主國家，但由於行政部門破壞問責機制與政府侵犯反對權利，造成選舉的競爭環境變得不平衡。此外媒體和法院在很大程度上受到行政機關影響，以及刻意弱化反對派的合法資源，都是混合體制或威權體制國家常使用的手段（Mainwaring and Bizzarro, 2019: 102）。

[11] 擁有較穩健的經濟表現，各項人權受到更多尊重，制衡得到加強，透過選舉成爲更自由、公平、更具競爭力的國家，允許反對派行使監督職能（Mainwaring and Bizzarro, 2019: 102-103）。

[12] 該研究指捷克、愛沙尼亞、立陶宛和斯洛維尼亞等四國之平均初始得分即高，但後續發展未有重大變化（Mainwaring and Bizzarro, 2019: 103）。

[13] 究其原因冷戰結束後，政變和公開獨裁統治之所以變得不那麼普遍，是因爲美國和歐盟在民主化和促進人權上施加壓力。

制。觀察第三波民主化的結果再次證明，即使面臨不利的初始條件，新興民主國家仍很有可能蓬勃發展。

Møller and Skaaning（2013）以文獻探討法分析第三波民主化的數據，首先整理四個被眾多研究認為是導致近期民主退潮的因素，包括：美國在伊拉克和阿富汗戰爭後推行民主改革的失敗結果、獨裁中國的崛起、對自由民主國家政治表現的普遍不滿、新興民主國家的適應不良。

其次探討一個常被忽略的關鍵因素：民主與威權間的灰色地帶——混合體制，該研究指出第三波民主化中的許多國家，只是其威權體制進行部分政治開放，以此逐步獲得民主紅利而成為混合體制，並不是產生眞正的民主國家。[14]其特徵是專制和民主特徵的混合，形成所謂非自由民主制或選舉專制。[15]

最後歸納2006年以後有兩個相互矛盾的趨勢：民主深化但總數停滯不前。實際上就全球區域而言，數量的下降只有在美洲和非洲撒哈拉以南地區較為顯著，在亞太和東歐地區，並沒有明顯的下降。[16]是故總體而言，今日第三波民主化的發展相對穩健，自2005年以來的小幅下降表現出民主承受的壓力，尤其2008年金融危機之後，相關的民主逆流跡象亦值得注意。將這些觀察結果與歷史模式聯繫起來，諸多證據表示我們現在進入了總體停滯期，以尚且平衡的雙向流動為特徵。

（二）影響民主化的內部因素

在對全球民主現況進行各種不同但都極具代表性的研究方法回顧後，接著是針對影響近期全球民主化的內部因素進行檢視，本書欲探討東亞民主發展的理論與現實——從政治體制選擇偏好分析，故先從影響現狀的內部因素，包括治理能力考驗與民粹主義崛起進行爬梳。

Fukuyama（2015a, 2015b, 2016a, 2016b）於此問題層面進行了一系列的研究，闡述了治理作為影響民主化的內部因素，其實際包含國家能力、法治與民主課責制

14 民主和威權體制的種類繁多，被定義為民主的幾個體制類型：最低限度民主制、選舉民主制、多元菁英民主制和自由民主制，這些類型的發展證明了體制間灰色地帶的增長，但是最低限度民主制、多元菁英民主制，都不是會被自由民主派學者所滿足的政體類型。

15 區分選舉專制與封閉專制的有效方式是檢測選舉相關指標，即測試選舉競爭的獨立性和執行指數。

16 1978年當時的158個國家中，只有49個是民主國家，到了2012年在195個國家中有117個國家是民主國家，占了所有國家中的60%，並且自2005年以來，民主國家的數量實際上是下降的、但幅度很小，從123個變為117個（Møller and Skaaning, 2013: 97-98）。

三個層面的各項施政措施，並指出許多新興民主國家無法建立良善現代國家的原因，乃因治理不佳造成經濟成長遲緩、無法提供有效的公共服務、個體缺乏安全感和行政官僚的貪腐，使得公民對民主感到失望。因此其認為世界上許多民主國家的正當合法性已並非依賴於深化民主體制，而是要促進高品質的治理，儘管治理不佳也同時造成許多非民主國家的困擾，但這並不能安慰那些民主國家中覺得政府表現不佳的公民，所以民主國家需要更加重視公共行政和各種國家建設。然而由於良好治理很難被實現，特別是在新興民主國家，公民幾乎都將治理不佳歸咎於民主，所以治理模式要從長遠來看，需要時間來實現民主鞏固。

然而從實際層次，治理對世界政治的發展，尤其是建立民主的困難在於大多數情況努力是徒勞的，近年最鮮明的例證，例如伊拉克海珊政權的潰敗沒有導致最終的解放，美國占領多年儘管協助其施行民主制度的選舉、政黨、憲法和法律相關規則以及自由保障，卻仍然充斥暴力和混亂，阿富汗和伊拉克這類國家處於極端脆弱的例子，受制於國家能力薄弱和腐敗程度高，很難擁有可持續的穩定政府。[17]

有鑑於此，許多研究提出一個假設是：解決系統性腐敗的辦法是更加民主，但Fukuyama於該研究坦承，兩者之間的關係比上述假設要複雜得多，尤其如今世界上面臨影響民主化的內部挑戰有兩股重大趨勢：1.民主國家面臨內部社會分裂；2.威權國家的復甦，重建其合法權威。

而Puppas（2016）、Galston（2018）、Snyder（2019）則更深入直指民粹主義[18]將對民主發展產生重大影響。[19]在西方世界經濟下滑、人口組成的變化引發了

---

17 此外也突顯出外部力量的控制、干預將容易產生反效果，於阿富汗和伊拉克的教訓，使美國後來盡量避免在敘利亞採取重大軍事行動。

18 民粹主義接受人民主權和多數主義的原則，但對憲政主義和對個人自由權利保護持懷疑態度，並由於對人民的定義是同質的而非多元，故難以作為現代民主的基礎，而被視為是一種部落主義的復興。

19 Galston（2018: 5-8）的研究提出該問題的三個重要背景：全球化下的經濟發展符合開發中國家大多數人的利益，也符合已開發國家的菁英階層的利益，但不符合已開發國家勞工和中產階級的利益，雖然只要提供持續性的繁榮並穩定改善生活水準，人民就會服從政治菁英，但是如果停止有效地管理經濟，所有的支持都將消失，隨著經濟的不景氣和失業的持續，無法恢復蓬勃的經濟成長，加劇了民粹主義的高漲。另一方面美國、英國和歐盟都未能以得到公眾支持的方式應對移民潮，移民不僅與本土居民競爭工作和社會服務，還威脅到原有的文化規範和公共安全，使自由民主與文化自由主義相對寬容的包容力形成對傳統價值觀的挑戰，許多受過較少教育的公民感到自己的生活不受控制，技術變革刺激了基於教育的菁英階層的成長和鞏固，但也從而產生了新的階級劃分，公民之間的分歧愈來愈大，形成穩固的同溫層。最後是黨派兩極分化使政治系統陷入僵局，阻礙了關鍵問題的處理，中左翼和中右翼的雙頭壟斷也使重要議題不在公共議程之列造成相似的結果。

對強人政治的期待，民粹主義浪潮不僅是一種情緒上的反動，更實際威脅自由民主的政治結構。其先從自由民主的意涵論述自由民主與民粹的異同，自由民主包括四個概念：共和、民主、憲政和自由主義。共和主義是人民主權，人民是授權政府合法性的唯一來源；民主主義是所有公民的平等和包容，民主治理的關鍵支柱是多數決，首先公共決策是由多數公民共同投票決定，再者民主決策的範圍擴展到最大範圍的公共事務，多數決僅受到維護公民重要自由權利的限制，系統性損害特定個人和群體權利的多數派決定，從本質上來說並不是民主的；憲政主義是正式、基礎而持久的權力結構，通常但並非總是書面形式，憲法還爲行使權力的機構建立了界限，即分權和制衡；自由主義承認和保護一個應有的領域，個人可以在其中享有獨立性和隱私權。[20]

而其分析之解決方案爲致力發現和消弭對自由權利的威脅：對獨立的司法機構、新聞自由、法治和受保護的社群必須加以維護；[21]區分政策爭端和政權層面的威脅：民粹主義挑戰既定的政策安排，而不是自由民主本身；[22]自由民主人士必須以國家主權實現和平：承認控制邊界是國家主權的屬性，對跨境人口流動的憂慮必須正視；[23]放棄對經濟總量的關注：朝包容性增長努力，改善所有人福祉的經濟政策。

（三）影響民主化的外部因素

自冷戰結束以來，國際民主促進戰略不間斷地拓展和深化，然而威權體制、混合體制和一些非自由的民主國家也不曾放棄嘗試抵抗與擴張，不同國家與政權間

[20] 自由民主體制的政治秩序以共和主義爲基礎，採取憲法形式，並納入民主主義，同時，接受並執行自由主義原則，即公權力的合法範圍受到限制，這對多數決產生了某些約束。民粹主義直接威脅自由民主主義在於破壞新聞自由，削弱憲法，將權力集中在行政部門手中以及使基於種族、宗教或民族的公民群體邊緣化，而民粹主義不僅是對經濟發展的沮喪，也是對嚴格規範下特殊利益的不滿以及對人身和文化安全威脅的恐懼。此外金融危機過後，多數黨萎縮、極右翼政黨興起、社會分裂加劇、政治、經濟、社會不確定性增加、治理變得更加困難，將經濟自由主義和文化保守主義相結合的選民中，對民主替代方案的開放最爲明顯，這是美國民粹主義者最典型的輪廓（Galston, 2018: 8-10）。

[21] Galston（2018: 15）即於此舉例，例如歐盟致力於將眾多不同的國家打造成一個奉行自由民主和憲政主義超國家實體，其有三個不同但相互關聯的任務：首先是從國家到區域的議會民主制，再來是打造多民族、多文化的緊密聯盟，最後是推動政治自由主義。

[22] 如果從正面解讀民粹主義，它代表對不民主的自由主義的自由民主反應，因此它不是對民主的攻擊，而是對民主的不足的糾正。

[23] 右傾的民粹主義者強調種族共享和本土主義，而左傾的民粹主義者經常以階級來界定人民，當民粹主義者區分人民和菁英時，他們將其視爲異質的，擁有根本對立的利益和價值觀。

的意識形態、利益聯盟、乃至國內政治算計，形成其戰略的多樣性，例如國際間的試驗、學習和協同抵抗。而地緣政治是權力政治的一種表徵，爲國家之間的權力鬥爭，各國都想要擴大自己的影響力，以下整理影響民主化的外部因素，尤以地緣政治的戰略投射加以討論。

Whitehead（2014）、Mandelbaum（2019）都嘗試分析反民主促進的策略和其替代方案，尤其是聚焦委內瑞拉、俄羅斯、沙烏地阿拉伯、中國和伊朗，藉由探討這些策略和替代方案的多樣性和不完整性，發現它們不再只是西方國家國際民主促進戰略的鏡像，而是進化爲具有啓發性的反民主推廣戰略。兩份研究之結論都建議國際民主促進戰略未來應綜合包括單一國家與區域內的交互策略來做因應。

Lind and Wohlforth（2019）的研究則是認爲，自由民主主義於戰略層次上應轉趨保守，乃考量自由民主主義在理論層次與民粹主義、民族主義和威權主義競爭，在實際層次面臨來自俄羅斯和中國愈來愈大的挑戰與壓力。[24]目前先進民主國家所採取的應對措施，是宣揚自由民主意識形態的優點與正面對決外部挑戰者，[25]這常被描述爲試圖維持現狀的自由民主國家與尋求修改現狀的不滿威權主義國家之間的鬥爭，但是在過去的二十五年中，自由民主國家所制定的國際秩序本身就是修正主義，其一直以來積極輸出民主，然而時至今日，最好的回應方式應是使自由秩序更加保守，美國及其合作夥伴不應繼續擴展到新的地區和領域，而應鞏固原有的收益。

傳統上關於美國的國際民主支持戰略，都是在裁減和擴張之間做出選擇，但保守主義提供了第三種方式：這是一種謹慎的選擇，旨在保留獲益並最大程度地減少損失。美國若持續破壞長期存在的聯盟和機構，擴大美國的力量並傳播美國的價值觀，這是一種危險的實驗性嘗試，在大國政治回歸，[26]維持秩序的國家相對實力下降的時代尤其如此，[27]保守主義是維護美國及其同盟利益與實力的最佳途徑，是更

---

[24] Lind and Wohlforth（2019: 74）於文中舉例，例如俄羅斯和中國透過操縱資訊、控制媒體以及部署新的監視技術來達成社會控制，使其免受外部影響，對軍隊進行現代化改造，並採用非對稱戰略，試圖重塑國際平衡。

[25] Lind and Wohlforth（2019: 70）於文中舉例，例如向敘利亞派遣更多的美軍，向烏克蘭提供更多協助，以求有助於使自由民主國際秩序得到改善。

[26] 歷史證明蘇聯案例是反常的，大國的國內執政政權在和平時期很少崩潰。

[27] 國際民主支持戰略的資助行爲在世界各地傳播民主，卻也模糊了公共和私人影響之間的界限，例如地緣政治與祕密行動受到國內、外正當合法性的質疑危機，厭戰的美國公民，疑歐派譴責所謂的全球主義。

便宜、更方便、危險性更小的方案。

Nodia（2014）的研究分析地緣政治對民主化的影響，從三個相關的觀點切入，第一個是美國和歐盟，即傳統的民主推動者；第二個是俄羅斯作爲抵抗民主的威權專制國家；第三個是作爲民主和威權兩個意識形態衝突相互競爭的目標國家，這些國家在地緣政治被夾在西方和俄羅斯之間，就政權類型而言，結合了民主和專制特徵形成混合體制。而研究範疇主要在東歐，爬梳烏克蘭和俄羅斯之間的政治與軍事衝突，破壞了西方的自由民主社會對俄羅斯轉型的假設，也對民主化理論的發展產生直接影響。[28]

民主國家與威權國家一邊進行務實交流，另一邊利用石油和天然氣等經濟協議，使危險的威權政治菁英降低其威脅性。然而地緣政治的思維暴露了西方自由民主國家的雙重標準，並剝奪了道德制高點，[29]畢竟在民主和平論的假設下，民主國家擁有共同的生存願望，對彼此來說更安全，因此民主國家不會互相對抗。另一方面民主化對國內層面而言，必然導致某些混亂和不可預測，甚至是危險和致命的，處於民主轉型中的國家，自由開放的層面反而會變得愈來愈少，且更容易發生衝突，尤其民主化來自從下而上的壓力，例如阿拉伯之春，公民上街抗議軍警鎮壓和腐敗統治，以及敘利亞的持續性暴力事件即爲例證，凡此種種都將導致地緣政治的介入。最後是國際輿論壓縮了民主國家的選擇，由於受到意識形態驅使，國際民主支持戰略可能會激怒威權國家，影響現有的國際權力平衡，因而導致危險和不可預測的結果。

Levitsky and Way（2006, 2015, 2020）、Way（2016）進行一系列關於地緣政治與影響擴散之研究，其統整出幾個相關現象：與西方先進自由民主國家的緊密聯繫是有利於民主化的重要條件之一，然而不應該錯誤歸因，將威權主義的崩潰與民

---

[28] 過往普遍假設東歐民主化與西歐經濟有一定關聯性，歐盟作爲推動東歐民主化最關鍵的推手，已經使11個曾經的共產主義國家在2004年至2013年間分三輪加入歐盟，這些國家也都努力深化民主。然而近期歐盟仍然拒絕四個所謂的東部夥伴關係國家，包括亞美尼亞、喬治亞、摩爾多瓦和烏克蘭成爲會員國，僅逐漸賦予其觀察員地位，這個立場也相對投射在俄羅斯對亞美尼亞和烏克蘭政府的影響，涉及俄羅斯和烏克蘭間的民族和克里米亞半島領土衝突。這意味著特定國家或地區選擇爭取歐盟一體化戰略的地緣政治槓桿關係加劇，並進一步導致自由民主和獨裁威權之間的競爭，重新鏈結民主與地緣政治之間的關係（Nodia, 2014: 143-144）。

[29] 但若反面來看，民主國家應該擺脫非理性的權力渴望，推動國際民主支持戰略是基於價值觀和團結意識的道德訴求，民主國家政府無權強行改變其他國家變成民主國家，僅可在自己的安全和經濟利益範圍中進行維護。

主轉型混爲一談，威權的崩潰可能會產生多種結果。[30]近年地緣政治的重新崛起，乃肇因於西方先進民主國家的經濟危機、美國和歐盟力量的限縮以及中國和俄羅斯的復甦，但實際上民主崩潰案例的比例非常低。其更推導出如若爬梳相關分析的來源，會發現這是民主倡導者呼喚預防威權復甦的手段，然而近來有些中、高程度自由民主國家轉型成新競爭性威權國家，[31]確實是競爭性威權主義擴散的警訊。

（四）小結

綜合本節文獻回顧，可以發現從多種不同之研究方法皆可得出相同結論：全球民主的確陷入衰退，且觀諸上述眾多研究之研究建議，不時可以發現改善解方多爲讓自由民主更加自由民主，卻在各國實證資料中仍未見實效；另一方面，影響民主化的內部因素如人口統計學中常見的世代、教育程度與所得三者，也都被證明有其影響，而良善治理程度、經濟表現與本身民主程度更是加劇了影響程度；此外地緣政治作爲非常重要之外部因素，是當今國際環境的主流力量。

具體而言，透過相關研究發現可以知曉，有諸多影響全球民主衰退的困境與挑戰，除了國家總體層次因素，大致上以世代（年齡）——批判性公民或曾經歷民主化進程之成熟公民，以及教育程度、所得——民粹主義作爲呈現方式。因此未來本書自變項之劃分依據，即認爲可依此沿用符合當前世界之現況表徵，惟爲兼顧內、外部影響之作用力，地緣政治——中國模式將成爲本書另一個重點議題，故後續研究方法與研究設計將會詳細說明中國模式作爲本書之外部因素之分析方式。

二、東亞理論光譜與現實情境探索

東亞國家的民主程度若加以模組化，具代表性的國家可以約略整理爲：長期實行自由民主主義的日本、韓國和台灣；正介於自由民主與選舉民主轉型之間的蒙古、印尼、菲律賓和泰國；競爭性威權主義[32]的馬來西亞和新加坡；以及威權專制主義的中國、越南、寮國與緬甸。本節將回顧相關研究對於東亞各國政治體制現況、民主化程度、各國公民對現行政府制度的支持與其潛在之影響等各項關鍵議題。

---

30 有可能如1989年後的波蘭建立民主體制，也有可能如1979年後的伊朗建立新的專制政權，更可能如2011年後的利比亞陷入崩潰和無政府狀態。

31 競爭性威權主義之所以持續存在，是因爲這些獨裁者、政治菁英缺乏鞏固威權統治的強制性、統治能力與正當合法性。

32 其雖具有競爭性多黨制，但實際上不屬於民主國家。

（一）東亞民主發展脈絡

Park（2007, 2013, 2017）、Shin（2008）、Diamond（2012）、Diamond et al.（2013）皆曾分析第三波民主化後東亞各國的民主化概況，發現東亞地區的民主化源自於國內和國際背景因素在內的衆多力量，諸如統治菁英和普通百姓皆參與其中過程，[33]此外，經濟發展程度、亞洲儒家文化價值觀、各國國內菁英觀念等，亦構成了數個獨特的民主化背景。另一方面則指出，東亞第三波民主化始於個人獨裁統治的消亡（例如1986年的菲律賓），後來端看各國制度和文化上的多維演變。如今日本、韓國和台灣都是民主鞏固國家，東帝汶、蒙古和菲律賓至少是選舉式民主國家，另外其他一些威權國家也進入了關鍵的民主轉型期，泰國正朝著民主化前進，馬來西亞與新加坡也有進入民主轉型的跡象，而緬甸二十餘年來首次實現了政治自由化，中國則走向了威權復甦下的危機。

Chu et al.（2012）、Chu et al.（2020）指出就東亞國家而言，許多調查問題對「民主」一詞的使用可能會提高受訪者對民主的支持水準，例如許多受訪者可能會認爲拒絕該選項，在其所處之社會脈絡上是不被接受的；此外在某些威權國家觀察到，對民主的支持程度似乎比實際情況要高，是因爲該政權自稱爲民主國家或其他很多相似的附加形式，爲的是藉由對民主的認可，以宣揚其政黨路線，來掌握話語權。

於是從民主支持與滿意度兩者之比較切入，理論上對民主的支持應該比對民主表現的滿足感更穩定，因爲對民主表現的滿足感可能因政府績效而上升或下降；此外，滿意是治理的問題，但支持是涉及政治體制的問題。[34]該研究觀察第三波民主化國家於2005年和2018年之間民主支持和對民主滿意度的差距，有三個主要研究發現：第一，第三波民主化所有地區對民主的滿意呈緩降趨勢；第二，支持民主政權與對民主的表現感到滿意之間的關係是複雜的；[35]第三，在第三波民主化大多數國家中，就算人們對民主的滿意度有所提高，但始終低於對民主的支持，然而在東

---

33 民主化是一種動態現象，取決於大眾對民主的要求和統治階層提供的意願，實際上使政權對公民的偏好愈來愈敏感，畢竟民主將選舉視爲政權更迭的唯一的方式。

34 對民主的支持和滿意度可能有許多來源，包括提供公共服務、經濟成長、保障安全、改善治理、建立公正與公平選舉等，都將影響公民對民主的承諾。

35 政府提供公民所需要的物質需求和公共服務，是低度民主邁向鞏固的條件之一，卻也是使許多第三波民主國家民主倒退的原因。

亞，公民對民主的支持始終落後於他們對民主的滿意。

其歸納關於東亞這種異常模式的可能原因有兩個：第一，東亞地區的混合體制和一黨專制政權在提升公民對政權表現的滿足感的同時，卻並不強求公民解除對民主的支持。第二，東方國家如蒙古、韓國和台灣的年輕人中有大量批判性公民，在批判各自的民主制度；部分自由國家包括新加坡、菲律賓、馬來西亞和泰國，對政權表現的滿意度仍然很高，但對民主的支持已大大下降，這有可能加強統治菁英限制政治空間的決心，同時將力量集中在提供物質需求與政治服務的輸出上；然而值得注意的是選舉專制政權的公民或威權國家像中國和越南這樣的一黨專制政權的公民，對民主的支持程度超過了他們的滿意程度。

Shin and Kim（2017）也同樣觀察到東亞對於民主偏好的特殊性，不過該研究是對過往相關研究的問題設計與分析有效性提出質疑，[36]舉例而言：「相信民主是最好的政治體制（至少原則上是這樣），並可作爲普世價值。」關於該題的關鍵假設之一是普通公民，特別是那些未曾有過民主政治經驗的公民，在認知上能夠理解民主的眞正含義；關鍵假設之二，上述公民同意所謂眞正民主的構成要件。[37]

所以其藉由亞洲民主動態調查設計一系列新的六個問題，[38]以便在不使用「民

[36] 民主是一個備受爭議的概念，通常對不同的人存在不同的含義，這種差異使得相關調查包含「民主」的問題，容易造成受訪對象的認知偏誤。例如混合體制下的受訪對象在面對該問題時，時常掩蓋了個人對制度偏好的多樣性，從而導致對民主制度偏好的高估。民主政治的實踐被分爲多個層次，人們需要評估民主制度是否比其替代方案更有效，然後再繼續予以支持，然而很常見的是，有時人們在某些層次上仍然支持民主，卻又在其他層次上拒絕支持民主（Shin and Kim, 2017: 135）。

[37] 過去研究民主化的論文大多基於假設：當代全球公民有能力理解民主，即使在不同的文化和地區之間。然而事實上這些假設是立基在錯誤的前提上，認爲民主是一維概念，實際上民主是多維現象，不僅涉及其基本屬性，還涉及其與相關替代方案的區別，特別是威權體制國家的公民，大多無法區分民主和專制，儘管他們能夠確定自由和選舉的概念。在由中國、泰國、新加坡、越南、柬埔寨和馬來西亞組成的東亞專制地區，將自己國家的專制制度誤認爲民主的人，占其人民總數的71%。另一個錯誤前提涉及普通百姓都理解民主，以及其對民主理解可以在不同文化和地區之間進行有意義的比較（Shin and Kim, 2017: 134-137）。

[38] Shin and Kim（2017: 137-138）於此提出爲了解決該關鍵假設的侷限性，應最大程度地減少由「民主」引起的這種偏見，而需要將民主概念分解爲三個層次的結構組成：最基本的層次涉及民主政治的核心宗旨，其體現在國家憲法中；第二層涉及政權及其政治機構的結構，例如選舉和政黨，這是建立在民主政治的核心宗旨基礎上的；第三層包括管理與實踐的方法或過程，例如自由民主國家和非自由民主國家，在確保自由和權利的過程中有所不同；資本主義和社會主義民主體制，在制定和實施福利政策所追求的目標方面亦有所不同。此外民主化進程有三個基本假設，首先民主制度的發展是長期緩慢而不平衡的，再者其結構是分層的，有多個不同層級，最後是涉及這些層級的優先性。美國總統林肯提出並普及了三項民主原則：主權人民（選舉）、人人平等（公民身分），以及爲民服務（響應型領導）。

主」一詞的情況下觀察受訪對象對民主和其他體制的偏好，其中三個問題涉及上述關於民主的核心原則，而另外三個問題涉及民主的政治機構管理與實踐的方法或過程。用政府權責來區分民主體制或混合體制的支持者、用媒體自由來區分自由主義或非自由主義的支持者、用福利政策來區分資本主義自由民主或社會主義自由民主的支持者。[39]

該研究最後得出以下五項重要結論：1.在上述東亞公民於數種政治體制的偏好調查中，沒有達到絕大多數支持民主政治的三項核心原則，挑戰了所謂的民主普世價值說；2.民主國家的公民比非民主國家的公民支持民主者更多，爲制度學習理論提供了支持；3.目前在整個東亞地區最受歡迎的，是將競爭性選舉與家父長式治理模式相結合的混合體制，東亞所有民主國家，即日本、韓國、台灣、印尼和蒙古都表現出對混合體制的偏愛，除了菲律賓支持強人統治，而執政黨主導的國家如中國、柬埔寨和馬來西亞支持一黨專制；4.現代化理論認爲社會與經濟現代化會催化民主，然而上述調查發現，混合體制獲得的支持是自由民主的兩倍；5.文化自由度高的人更傾向於自由民主，文化自由度低的人更傾向於混合體制。

（二）東亞混合體制之典範競爭

在回顧完東亞民主發展脈絡後，可以發現對於東亞特殊性與非西方政治文化的相關研究與支持日漸廣泛而強烈，在世界上已蔚爲自由民主體制的轉型或替代模式選項之一，尤其今日眾多跡象顯示西方自由民主發展已經逐漸失去控制，許多未開發、開發中國家對於混合體制的政治模式更加青睞。與西方先進自由民主不同的民主形式的確值得仔細審視與探討，混合體制是一個具有衝突與發展性的模式，其支持地方特殊性和政治模式的實用性是合理的，也爲民主發展提供新的思路。

Welzel（2011）的研究即對亞洲價值論[40]進行回顧、檢視，討論亞洲是否可以在經濟上實現現代化的同時，而相對不採用西方現代化價值觀的自由民主解放思

39 陳文政、莊旻達（2019）就民主理論與現實亦持類似觀點，惟其是從內部侷限與外部挑戰兩者，來析論東亞民主特殊性。

40 亞洲價值論認爲亞洲文化與西方強調自由民主和思想解放不相容，亞洲的集體主義思想創造了反對西方個人主義中，強調解放價值觀和自由民主的觀點，即使在經濟現代化的影響下，亞洲的特殊性仍然存在，如果亞洲價值論的辯證是正確的，那麼就沒有共同的自由民主價值解放邏輯，能夠統一跨文化的現代化進程，因而文化發展普遍主義是錯誤的，文化相對主義是正確的：沒有跨文化的現代性。所以會有各種文化特有的現代性，亞洲的現代性將成爲其中之一，其拒絕西方自由民主價值解放現代性（Welzel, 2011: 2）。

想。先不論上述假設的對與錯，首先亞洲價值論在理論範疇上已遠遠超出了亞洲地域本身，是對現代性的理解方式，它是文化發展相對主義與普遍主義的辯證，但這個觀點幾乎都被秉持自由民主價值觀的學者，批判爲是威權和混合體制領導者的政治工具。亞洲價值論之所以被批評爲政治工具，乃是因爲它被作爲一種意識形態的論述，使威權體制的壓迫合法化，其重新解釋了孔子、佛陀和其他文本，試圖證明亞洲的文化傳統與西方思想不相協調，相比之下，基於調查數據的亞洲價值論相關直接實證檢驗很少。有鑑於過去相關主張並沒有在廣泛的跨文化基礎上進行經驗研究的測試，該研究使用世界價值觀調查的數據，將亞洲受訪者的價值觀納入，亞洲和西方對自由民主之間的差異因而顯現出來，也發現現代化的力量在西方產生了價值解放和自由民主主義，在東方亦具有同樣的特徵，它構成了人類發展的普遍模式，而不是亞洲例外論，或任何其他形式的文化例外論。

He（2010, 2016）的研究對於儒學民主進行討論。過去的儒學民主相關研究著重在儒家思想是否與民主衝突或是相容，以試圖處理關於民主與儒學之間相互關係與政治和社會系統的力量競合問題。該研究則透過儒學與民主關係的四種理想模型，解構儒學與民主之間的關係，模型可以分爲衝突、[41]兼容、[42]混合[43]和批判[44]四者，並考察了每個模型的優缺點，並透過實證研究對每個模型進行檢證、測試。最後得出儒學作爲思想體系是多維且複雜的，擁有多種不同形式的內涵，許多理論爭議源於各種研究試圖使用不同的民主概念解釋儒學以支持自己的立場，然而以任何單一概念試圖分析民主與儒學之間的相互關係，都是單一且不完整的，最好對其核心內涵要素皆保持開放態度，並納入歷史、文化背景、權力關係和地緣政治的情境。[45]

---

[41] 例如以該文中Samuel Huntington爲首的學者是從衝突模式切入，認爲儒家思想是中國民主化的障礙。

[42] 例如該文中Francis Fukuyama與Andrew Nathan等人採用兼容模式，著眼於儒家文化中與民主有關的元素，例如考試制度、重視教育、公平的收入分配、對異議和抗議的容忍度以及社會趨向平等主義，皆在實際上促進了自由民主。

[43] 認爲儒家思想與威權主義之間的關係已被解構，在近十年中國地方民主化進程、鄉村選舉和黨內民主的發展，提供了中國傳統與民主的融合的實踐混合模型。

[44] 例如該文中Jiang Qing區分了政治化儒學經常被用來維護專制，然而理想化儒學卻提供道德和政治原則，值得用此標準重新思考民主；Joseph Chan則持悲觀態度認爲，在拯救民主之前，儒家思想本身首先必須得到拯救，此都屬於批判模型的範疇。

[45] Fox（2001）；Bell（2006, 2010）；Spina et al.（2011）；Liu（2011）；陳文政與單文婷（2013）則是從不同觀點角度著眼，來解釋中國大陸之民主化脈絡和儒學民主未來發展。

Youngs（2015）的研究則是透過反證的方式，來探討非西方民主的可能，其分述導致西方自由民主失去控制與非西方民主崛起的四點原因。第一，因為全球政治變革與權力平衡發生變化，西方自由民主近期的表現不佳，西方國家的公民對自由民主無法解決既有問題感到愈來愈沮喪，莫不期待更有效的治理形式；第二，隨著威權與混合體制大國在經濟上變得更加強大，它們也試圖論述己身是如何構成良好治理的觀點，而不斷變化的全球政治將快速擴張的現代化與傳統政治文化相結合，人們對新民主形式的接受度日益寬容；[46]第三，如今愈來愈多的民主轉型國家已經進入威權和自由民主之間的過渡地帶，這些混合體制並不算是完全偏離西方自由民主模式，而是構成一種獨特的政體類型，這種制度某種程度可以更適合當地的特殊條件，[47]而不是一味模仿西方，以適應不同的環境，民主轉型時的內、外部衝突干預導致的失敗，使人們反思是否西方自由民主不適合脆弱的新興民主國家，[48]提高了人們對非西方民主的興趣；第四，國際組織和西方政府似乎開始廣泛對各地獨特的政治情境表達理解，並進一步協助其尋求其他形式的民主，等同於變相承認過去的國際民主支持戰略有其極限，需要符合當地價值觀而非西方模板的國際民主支持戰略。

Emmerson（2012）的研究探討東南亞國家對於民主與治理的看法，認為在東南亞區域內，兩者不一定是同時存在的。Emmerson首先整理相關資料分析東南亞11個國家或地區的政權類型和治理水準差異，值得注意的是那些最民主的國家不一定總是能得到最好的治理，反之亦然。接著基於該資料所得到上述東南亞國家的實證研究，其探討了兩個命題：一個是理論層次，另一個是現實層次。理論層次的假設是：好的項目應該被整合在一起，因為民主比威權更加人道，東南亞的民主也應該能在提供安全、福利和其他公共政策的治理層面，比威權做得更好；現實層次的假設是：好的項目不一定能並存，即民主與治理在東南亞區域中並不相容而存在差

[46] Wang and Tan（2013）之研究對於東亞開放威權與混合民主等非民主體制之特徵、發展與困境進行深入探討。

[47] 許多發展中國家是使用習慣或傳統的裁決方法，而非憲政主義的法治。這種地方體系提供立基於文化上的措施，調解罪犯重新融入社區，而不是西方式的法律懲罰。如此法律多元化的趨勢挑戰了西方自由民主法治的意義。

[48] 該文中則舉例，如阿富汗和伊拉克的實例中，的確需要一種後自由主義的和平建設模式，以克服持續於交戰各派的暴力衝突，有證據表明在一個充滿衝突的國家，一種基於種族或宗教賦予群體權利的安排，比競爭式自由主義模式更有效，於是此一解決新興民主國家衝突的體制，衍生成西方自由民主的替代方案。

距。結論則認為這兩個假設在理論和現實上的意義都值得後續探討、關注。

（三）東亞後現代威權復甦

與混合體制崛起一樣，威脅到自由民主體制的意識形態與治理模式並與之競爭的是威權復甦議題。Walker（2018）、Foa（2018）、Diamond（2019）、Deibert（2019）、Feldstein（2019）、Qiang（2019）的研究皆探討後現代數位科技影響，認為數位科技的黑暗面來自威權國家對網路的審查和控制。因此先進民主國家投入了例如虛擬私人網路（VPN）的新工具研發、國際民主支持戰略的獨立媒體和民間運動等加以對抗，推廣自由權利保障和民主問責制。然而恐怖分子和罪犯最先利用網路的開放性達到破壞的目的，後來商業媒體公司意外助長了這個發展趨勢。[49]民主國家社交媒體的負面影響有三個層面：首先是網路同溫層效應造成更加地兩極分化；其次無論是媒體公司或個人媒體，都開始控制報導內容和評論基調，使民主相互容忍、尊重和克制的文化嚴重退化；最後社交媒體平台缺乏對虛假訊息有效的過濾機制。而威權國家如中國，即正在使用最先進的面部識別系統，並增加其他聲音與生物識別技術（如DNA），以及來自中國科技巨頭公司的所有私人資訊數據，來同時推動社會信用體系，這就是所謂後現代極權主義，平常個人似乎是自由的，但國家控制和審查所有資訊流來達到社會控制。當代民主國家面臨上述的主要挑戰：網路操縱和攻擊、對個人隱私權利的威脅、協調商業媒體公司於民主社會的責任、和對抗威權國家的監視和控制技術，故民主國家必須建立明確的人權框架，來規範人工智慧的使用。

Krastev（2011）和Cooley（2015）都從典範競爭的角度，並以俄羅斯為對照客體，來探討民主衰退趨勢以及全球治理的規範結構與政治變遷的系統性轉變，其主要觀點乃從以下兩點出發：1.基於2008年的金融危機，使原本被認為優越的西方經濟體系面臨崩潰，並引發了之後持續性的危機，開始有人質疑自由民主國家是否仍然可以保持全球性的競爭力；2.有關美國國家安全局和中情局的監視與刑求行為，使人們認識到自由民主國家雙重標準的評價問題。

---

[49] 對比傳統媒體透過腥羶色吸引讀者，商業媒體公司的收入來源是來自廣告銷售，並將用戶訪問數據商業化，該兩種形式的收入都需要盡可能多蒐集用戶數據，造成用戶願意放棄的個人數據隱私愈來愈多；此外手機、社交平台的應用程式和遊戲，提供間歇性的可變獎勵來吸引人們的注意力；最後社交媒體流的不斷更新產生了網路成癮（Diamond, 2019: 20）。

就前者而言，Krastev認爲雖然威權政權擁有不穩定的狀態，[50]但意識形態的轉變、開放邊界的轉變，兩者可以使新威權政權加強自身的生存能力。意識形態的轉變爲，放棄意識形態的兩極對抗與接受混合體制選項，皆可延續實質威權的存續；另一方面開放邊界可以穩定而不是動搖威權政權，只要提供理想主義者離開的路徑與給予一般人民虛擬現實的逃避路徑即可。

就後者而言，Cooley歸納三項研究發現：近期國際秩序面臨重塑，[51]尤其在非政府組織活動的政治空間最爲明顯，非政府組織正在接受非傳統自由民主西方國家的資助與支持，這種國際政治氛圍使民主發展面臨新型態的困境，威權體制國家可以限制非政府組織的數量、影響政治議程、限制相關資助來作爲條件。此外由於自由民主國家主導的國際民主支持戰略，很容易被認爲介入其他國家的國內事務，影響侵犯到國家最重要的表徵——主權與安全，被批評爲以自由民主掩護西方國家的地緣政治利益。而自2001年恐怖攻擊以來，美國的主要訴求從國際關係的民主化轉向反恐與安全，授權政府擴大行政權力、增加祕密預算、建立了特殊法律程序，繞過國內與跨國監督，造成反憲政主義的問題，導致威權主義實質上走向全球。

Nathan（2020）從政權的正當合法性[52]視角，試圖釐清東亞威權國家在「機構信任」方面普遍優於民主政體的原因。[53]過往研究提出的可能假設是民主國家有許多的批判性公民，其堅決擁護民主原則，並期望擁有優良的民主制度（然而即使是中國擁有較高經濟與教育水準的民眾，也較支持中國的威權專制政權）；另一方面可能威權專制政權國家的人民在受到鎮壓、審查制度、貪污腐敗下，被迫選擇非民

---

[50] Wedeman（2018）之研究亦有相同看法，惟其研究客體是中國，探討中國之威權體制從一黨專政走向獨裁。

[51] 自從1990年代蘇聯剛解體，前共產主義國家開始經濟和政治轉型，此後再沒有重大的意識形態競爭，同時國際社會走向美國的單極獨霸，美國領導的自由世界秩序將成爲國際互動的主要形式。

[52] 機構信任與政權的合法性的關聯，可以從David Easton所提出的「融合政權支持」得到解釋。

[53] 例如該研究中，所使用東亞民主動態調查的四個問題題組：是否認爲從長遠來看，我們的政府體制有能力解決發展中國家面臨的問題；是否爲我們的政府體制感到驕傲；是否相信像我們這樣的系統，即使遇到問題，也應得到人民的支持；是否寧願生活在我們的政體而非其他所能想到的任何其他政體。發現東亞威權政體的支持度高於民主政體，且若該政權愈威權專制，其支持就愈強；在民主體制國家公民中，韓國人似乎特別不滿；在混合體制國家公民中，普遍感到滿意；在威權體制國家公民中，越南人似乎特別滿意、中國人尚屬滿意，但並不算是特別支持；不過就比較的層次而言，中國和越南的民眾對政府的信任程度超過日本和台灣民眾。

主統治。而Nathan則認爲威權政體於東亞擁有高度正當合法性的原因是：政府在經濟和政治層面的績效、宣傳手法、民族主義和政治文化等四者，因此其設計測試政府績效的四個變量，來解釋上述假設。Nathan發現：政府績效的影響最大；[54]宣傳手法影響微小（僅在柬埔寨和中國具有統計學意義，但也很小）；民族主義亦具有重大的積極影響（除柬埔寨和菲律賓外）；政治文化亦有重大影響，但是爲負相關（除緬甸外的所有國家，無論政權類型如何，都肯定文化傳統，認爲可以改善其現有政治體制的合法性）。綜合上述東亞地區威權國家運用強大的策略手法，[55]的確在某種程度上可以產生政治信任，得到政權的正當合法性，[56]未來威權體制可能會試圖減緩傳統價值的侵蝕，就像中國復興儒家思想與弘揚民族主義的相關運動。不過相對而言，儘管自由民主體制的支持下降，其公民卻較少支持相關民主替代方案，而威權體制對民主體制的支持也隨時間增加。

Perry（2013）的研究則聚焦在中國，對比中國的威權體制，其社會上方興未艾的群衆運動似乎亦未有利民主化。當代中國並不缺乏強大的政治機構，並且中國政府一直致力於降低公衆輿論對於政治的影響力，相對而言相關公民力量卻並未撼動威權復甦的中國。當代中國的示威者正在對國家與社會的關係做出新的理解，[57]其中法治、人權的觀念轉變公民的意識形態，從而破壞原有的國家正當合法性，引領政治轉型的路徑，導致政治自由化和民主化變成可能。接下來會有兩種可能的情狀產生，一種是取決於社會壓力的政權崩潰或革命，另一種是取決於國家回應的循體制內管道，與執政的中國共產黨進行和平改革的談判議價，中國對維穩的支出不

---

[54] 該研究亦發現與傳統觀念相反，受訪者對於當前政府政策的影響看法不具統計上的意義；家庭儲蓄則有顯著正相關；包括民主國家和威權專制國家，公民比政府更加重視政府公平，甚至在威權專制國家，人民也會關心政府是否公平對待他們，更勝於關心經濟表現。

[55] 該研究中指出，這也同時取決於政治菁英如何處理內部派系衝突、民族間衝突問題、國際紛爭、自然災害與公衛事件的危機處理。

[56] 但如中國內部的中產階級，因相對脆弱且缺乏安全感，可能對該政權暫時撤回支持（Nathan, 2016: 17）。

[57] 該研究整理出公民參與、社會體系與民主之間聯繫有兩種相對立的假設：其一爲一個健全社會支持體系和公眾參與被認爲是自由民主制度的基礎，家庭、市場與國家的完整聯繫因而促進社會利益的聚集和表達，合法範圍內的群眾運動與異議表達行爲能緩解威權主義復甦的可能，使新興民主國家減少了民主倒退的可能性；其二爲諸如德國社會強大的公民力量於兩次世界大戰中，不是支持德國民主而是導致民主的顛覆，其認爲強大和積極的政治機構對於公民社會是必要的，在德國威瑪共和時期，政府並無法正確導引強大的公民力量，同時期的日本也可以推導出類似的結論，一個崛起的公民社會面對弱勢遲鈍的政治機構，使日本軍國主義得以壯大。

斷增加，表示其體認到相關的轉變，總之以中國的例子而言，理論層面可能需要進一步修正，將公民參與、社會體系與民主聯繫起來的假設，在某些條件下，強大的公民社會實際上可能維持甚或增強威權政權。

（四）小結

本節著重於東亞特殊性與典範競爭之態樣探討，在其他造成民主化進程之層次而言，本節回顧文獻並肯認東亞具有西方自由民主理論之盲區，而產生民主偏好高估的原因，即是本書所欲探尋的重要議題；而在典範競爭之探討上更是帶出了個別政治文化與國際話語權的重要性；此外有鑑於東亞混合體制與威權體制國家之政治系統獨大、社會系統孱弱之現象愈發嚴重，故在探討民主化進程時，政治菁英之角色於該體制中即顯得更爲重要。

具體而言，回顧東亞特殊性相關研究，部分研究在研究假設與變項之設定上仍有討論空間，例如Shin and Kim（2017）於其研究中，用媒體自由來區分自由主義或非自由主義支持者的部分，即未考量假新聞氾濫與危害日漸嚴重地影響受訪者選擇之問題；而用福利政策來區分資本主義自由民主或社會主義自由民主支持者的部分，僅詳細分類自由民主，卻未詳細分類混合或威權政治體制將造成數據錯誤解讀之問題；此外Nathan（2020）於該研究中首先申述東亞特殊性，惟接續之研究設計中，相關自變項僅對於東亞國家之間進行檢證，並無法證明四個面向之自變項造成東亞威權正當合法性，與世界其他地區未造成威權正當合法性之間的關係。

而於典範競爭之態樣探討中，深入發掘相關研究發現後，可以推導出分類式的政治體制界定模式將導致競爭的必然，而其他的政治體制界定模式將可能對於國際政治發展提供重大改變。誠如前述研究目的所言，預測東亞民主化未來路徑發展，將能裨益此時空背景下之理論與現實層次。

貳、研究資料

當今東亞自由民主發展穩定的國家，於其轉型過程並非沒有相關經濟和政治挑戰，但如今其公民在各項調查中仍表示對民主自由價值觀，例如法治、言論自由和司法獨立的高度支持，相關政治權利、公民自由和治理品質的比較數據，證實了透過深化法治、民主問責制和透明度控制機制能夠鞏固民主；而東亞選舉民主國家還需要進一步發展和深化；其他混合體制與威權體制國家仍面臨政治權利和公民自由的限制、法治薄弱、政治腐敗、掠奪型裙帶侍從主義菁英仍然控制許多地方，構成其發展的主要問題（Linz and Stepan, 2010: 20-22; Schedler, 2010: 73-76）。

本書基於上述現況，乃設計出多項檢證方式，試圖分析相關之關鍵議題。於此則分述多元迴歸模型、文字探勘以及空間分析等之各章研究資料來源與選擇依據。

一、多元迴歸模型

本書第三章之資料來源為世界價值觀調查（World Values Survey），[58]該調查於2020年7月公開第七波調查，彙整相關政治文化和政治制度共25個項目之調查資料。相關資料由世界價值調查協會號召、協調與委託世界各國執行該計畫之調查，第七波調查時間橫跨2014年至2018年，該調查包括之東亞區域計有11個國家或地區，相關政治文化和政治制度部分重要問題都亦有確實涵蓋。而選擇該調查的主要原因在於，其所公開釋出之相關資料是目前所可取得的最近期調查（Haerpfer et al., 2020）。[59]此外必須說明的是，儘管亞洲民主動態調查（Asian Barometer Survey）[60]之資料涵蓋東亞國家較多，但第五波亞洲民主動態調查之數據資料截至2021年5月，僅釋出台灣、蒙古、菲律賓與越南等四國，且第四波亞洲民主動態調查之調查執行時間多為2014年至2016年，因年分較早，故在資料的代表性、時效性與適用性上有所不足，是以本書不採用亞洲民主動態調查之數據資料。

二、文字探勘

本書第四章採文字探勘法，首先需要選擇資料蒐集來源。因為絕大部分政治領

---

58 世界價值觀調查：研究世界各國公民變化中的信仰、觀念、價值觀和動機，以及該價值觀對政治和社會生活的影響，其使用共同的問卷調查表進行具有全國代表性的調查，區域總共涵蓋全世界所有主要文化區，從極貧窮國家到極富裕的100個國家或地區，占近90%的世界人口，分析主題則涵蓋諸如經濟發展、民主化、宗教信仰、性別平等意識、社會資本和內在幸福感等（Haerpfer et al., 2020）。

59 之所以採用該調查資料當作本書檢證之依據，乃因該調查之相關訪問資料，蒐集東亞許多國家之內容而相對完整，且較諸其他資料庫之資料，該時序也是最新最具分析價值的。

60 亞洲民主動態調查：是一項針對政治價值觀、民主改革和治理的民意調查，包括來自13個東亞國家（日本、蒙古、韓國、台灣、香港、中國、菲律賓、泰國、越南、柬埔寨、新加坡、馬來西亞和印尼）以及五個南亞國家（印度、巴基斯坦、孟加拉、斯里蘭卡和尼泊爾）。這個調查覆蓋了東亞區域處於不同政治轉型階段幾乎所有的國家與地區，涵蓋的主題包括針對特定國家與地區對價值觀變化、民主發展的評估、公民參與、治理品質等，以提供數據分析策略。此外亞洲民主動態調查中的民主價值取向，乃胡佛教授和該研究單位所設計，來蠡測個體所具有之西方民主程度的測量表，長期被使用在相關的民主研究中，具有一定程度的架構效度和相當程度的穩定性及一致性（亞洲民主動態調查，2017）。

導人之公開講稿可自該國家最高政治機關之公開網站取得，而中國大陸之相關資料因爲人民網已經將習近平系列重要講話加以彙整、分類，並依主題對照同類型文本建成公開資料庫，故本書加以選用。並有鑑於議題選定於政治領域，是以本書選擇參考上述人民網所彙整之習近平系列重要講話資料庫、中華民國總統府所公布之焦點議題——蔡英文總統之重要談話、新加坡總理公署所公布之李顯龍總理中文公開談話講稿等，三份文本資料作爲分析依據。

另外需要說明的是，選擇最高政治機關之公開資料作爲資料來源，乃著眼於政治領導人之公開談話，其用詞特性較爲一致，概念、主題方向較爲集中，且私人媒體集團或個別研究者所彙整之資料往往關注取向單一而偏狹，難以一窺全貌，故選用小規模而可信賴之文本，更適合探索式研究。除了考量到辨識關鍵詞形成聚落外，選擇最高政治機關之公開資料，更容易讀取文本主體、年分等資訊，來檢證文本之間的變化關係。

在時間序列上，則選用從2010年後到2019年之間的2010年代，選擇該分析資料之時間區間依據，乃考量2010年代剛剛落幕，另蔡英文總統之任期爲2016年至2024年，李顯龍總理之任期爲2004年至今（新加坡最新一屆國會之五年任期自2020年起，最遲應於2025年舉行大選，且考量新加坡之政治現狀，在其主動宣布卸任、交棒之前，將持續至任期結束），習近平主席之任期約爲2013年至今（由於中國大陸之全國人民代表大會於2018年取消了該國憲法規定國家主席任期不得超過兩屆之限制，考量中國大陸之政治現狀，其第二任期結束後之第三任增益任期，將持續至2028年結束）。

最後說明語料庫中數百篇重要公開講稿文本資料，由於本書選用之文本資料來源皆出自該國官方，包括中華民國總統府、新加坡總理公署與中國大陸官方媒體人民網所整理釋出，所以在配合文字探勘法設計相關檢證程序與建立分析模型時，基本上可擔保文本資料之可信度，對應在文字探勘過程中以程式語言之科學方法處理文本資料，對於待證問題進行初探，並與其他經驗證據進行參照、驗證。

三、空間分析

本書第五章之資料來源可分爲政治層次之疫苗外交部分，蒐集Our World in Data中相關數據資料；經濟層次之絲綢之路經濟帶和21世紀海上絲綢之路（The Silk Road Economic Belt and the 21st-century Maritime Silk Road，以下簡稱一帶一路）相關合作國家部分，蒐集中國一帶一路網中相關數據資料；科技層次之數位監控部分，蒐集Open Zotero Library Database中相關數據資料；文化層次之孔子學院相關合作國家部分，蒐集孔子學院總部／國家漢辦中相關數據資料；區域秩序層次之區域全面經濟夥伴協定締約國部分，蒐集RCEP Official Website中相關數據資料；國際秩序層次之新疆議題爭議聯盟部分，蒐集聯合國人權理事會中相關數據資料。

第四節　研究設計與研究假設

本節詳細說明本書中第三章到第五章中，所使用的量化分析方法之研究設計與研究假設，包括多元迴歸模型、文字探勘法、空間分析之量表建構等，期望透過量化與質化並用的新方法，來處理東亞民主化的舊問題，開創過去十年中，對於該場域政治動態一個新的視角。

壹、研究設計

本書第三章使用多元迴歸模型來探討東亞各國民眾對於民主重要性（民主支持）程度認知爲何？透過人口統計學變項、政治學變項以及社會學變項來觀察受訪者的偏好圖像；第四章使用文字探勘來對東亞華語文化圈三國領導人的政治類文本進行分析，將文本分類後得出文字矩陣，並以亂度、辛普森指標、文字雲等得出可以交互參照的依據，來理解爲政治宣傳——菁英偏好之間的關係；第五章空間分析部分，透過建立基於不同資料庫的量表，來處理美中競逐下的中國路徑圖像。

一、多元迴歸模型

第三章所欲處理的問題是欲了解東亞各國民眾對於民主重要性（民主支持）程度認知爲何？以及不同的人口統計學變項（性別、年齡、教育程度）、政治學變項（對本國民主體制之認知）、社會學變項（經濟條件），是否成爲影響東亞各國民眾對於民主重要性（民主支持）程度認知的關鍵因素？

該章採問卷調查法，藉由各國訪員面訪受訪者，以經過設計的問卷題組來蒐集資料庫資料；惟該訪問調查不是由筆者本人來執行，是由世界價值觀調查的研究團隊進行實地訪問。本書對資料庫資料做深入分析，屬次級資料分析法，乃研究人員爲了設定的研究目的，將先前其他研究者或資料庫所蒐集並彙整的資料，加以進一步分析的研究方式，其優點可以把之前的資料重新運用、組織，得到進行後續分析研究之可能，而缺點是之前的資料與研究都是爲其他研究目的與問題意識而設計，沒辦法確定在該研究中都能被妥善運用，符合研究目的與問題意識（Babbie, 2010: 410-414）。本書爲克服此問題，在選擇資料庫時，面訪問卷之題組設計，即選擇與民主化相關之題組，範圍尋找最近期之波次，國別選擇東亞諸國，以符合原問卷設計者的初衷以及本書之所需。

（一）變項說明

1. 自變項

本書之變項有人口統計學、政治學、社會學三組，依序分述之。

(1) 人口統計學變項

概念性定義：人口統計學變項乃著眼於人口的各項表徵、總數、成長狀況、分布程度與動態資訊，是一種立基於個體資料的總體觀察統計。例如要了解人口成長狀況，必須從單一個別個體資料之積累，來統計每一千人中出生人數與死亡人數之差。此外值得一提的是，人口統計學中，性別是常被拿來計算的變項，畢竟性別差異往往會反映出個體之行爲與態度。本書即依據過往研究之假設來設定基本假設，選定性別、年齡、教育程度等常用人口統計學變項來進行觀測，檢視是否會影響到東亞民眾對於民主之支持。

操作性定義：本書使用以下數個題組當作人口統計學變項。

—性別

1 男性（Male）

2 女性（Female）

（Respondent's sex. "Code respondent's sex by observation, don't ask about it!"）

—年齡

本書依據該調查資料原有之再分組，將年齡分爲青年人16歲至29歲、中年人30歲至49歲與老年人50歲以上。

（This means you are ________ years old.）

—教育程度

您的最高教育程度？

0 幼兒教育／無教育

1 小學教育

2 初中教育

3 高中教育

4 大專非高等教育

5 短期高等教育

6 學士或同等學歷

7 碩士或同等學歷

8 博士或同等學歷

遺漏值

（What is the highest educational level that you, your spouse, your mother and your father have attained? 0 Early childhood education/no education, 1 Primary education, 2 Lower secondary education, 3 Upper secondary education, 4 Post-secondary non-tertiary education, 5 Short-cycle tertiary education, 6 Bachelor or equivalent, 7 Master or equivalent, 8 Doctoral or equivalent, for DK/NA and other codes.）

(2) 政治學變項

概念性定義：政治學變項乃著眼於政治學研究中常用之變項，在政治之權力運作中加以分析與深入了解，本書即依據過往研究之假設來設定基本假設，選定對本國民主體制之認知此政治學變項，來進行觀測是否會影響到東亞民眾對於民主之支持。

操作性定義：本書使用以下題組當作政治學變項——今天您身處的國家治理有多民主？再次使用從1到10的量表，其中1表示完全不民主，10表示完全民主，您會選擇什麼立場？

（And how democratically is this country being governed today? Again using a scale from 1 to 10, where 1 means that it is “not at all democratic” and 10 means that it is “completely democratic,” what position would you choose?）

(3) 社會學變項

概念性定義：社會學變項乃著眼於社會學研究中常使用之變項，作為深入觀察、了解社會現象之知識，對於社會整體結構與個體活動來進行分析，更將這些個人取向之活動，試著去和社會整體結構進行連結。本書即依據過往研究之假設來設定基本假設，選定經濟條件這個常用的社會學變項，來進行觀測是否會影響到東亞民眾對於民主之支持。

操作性定義：本書使用以下題組當作社會學變項——這張圖卡上有一個收入等級，其中1表示您所在國家／地區的最低收入組別，10表示最高收入組別。我們想知道您的家庭屬於哪一類。請選擇適當的數字，計算包含所有的工資、薪金、養老金和其他收入。

（On this card is an income scale on which 1 indicates the lowest income group and 10 the highest income group in your country. We would like to know in what group your household is. Please, specify the appropriate number, counting all wages, salaries, pensions and other incomes that come in.）

2. 依變項

本書之依變項為民主支持，蠡測東亞諸國民眾對於民主重要性程度認知之狀況：

概念性定義：政治支持和政權之合法正當性息息相關，而所謂合法正當性的意義在於國家之執政當局與其統治機關在法律上合法、在道德上正當，而被社會的大部分個體所承認與支持，作為一個被支持的政權，在施政與執行上往往比不被支持的政權更為穩固、持久與順遂。

然而除去實際的作為，政治支持也常涉及抽象之心理層次，例如對於執政當局與其統治機關之價值、符號認同和關係情感的遠近，也都是重要影響因素。

操作性定義：本書使用以下題組當作依變項——對您而言，居住在一個民主國家重不重要？1是一點都不重要，10是絕對重要。此即東亞諸國民眾對於民主重要性程度認知的狀況。

（How important is it for you to live in a country that is governed democratically? On this scale where 1 means it is “not at all important” and 10 means “absolutely important” what position would you choose?）

在說明變項定義後，為便於後續研究使用，本書首先將上述資料進行整理，分為可直接操作與須整理方可操作的選項；並設定選項「不知道／未回答」、「其他」、「0」為遺漏值。

綜合上述，本書所設定之自變項與依變項詳細說明如下：

依變項為民主之重要程度：

問卷資料Q250：民主之重要性（Importance of Democracy），選項1代表民主最不重要到選項10代表民主最重要。

人口統計學自變項爲性別、年齡、教育程度：

問卷資料Q260：性別。

問卷資料X003R2：該調查資料將年齡重新進行三分類編組（16～29歲、30～49歲、50歲以上）。

問卷資料Q275R：該調查資料將最高學歷重新進行三分類編組（低教育程度、中教育程度、高教育程度）。

政治學自變項爲對本國民主體制之認知：

問卷資料Q251：自評該國民主程度（本書另再轉換爲低認知的1～5、高認知的6～10）。

社會學自變項爲經濟條件：

問卷資料Q288R：該調查資料將收入水準重新進行三分類編組（低經濟水準、中經濟水準、高經濟水準）。

表1-1將完整呈現本書第三章之變項分項、變項名稱和變項說明（另可參閱附錄一，詳列問卷原始題目與變項測量之編碼）。

表1-1　本書第三章自變項之變項說明

變項分項	變項名稱	變項說明
人口統計學	1.性別	1 男性 2 女性
	2.年齡	1 16～29歲 2 30～49歲 3 50歲以上
	3.教育程度	1 低教育程度 2 中教育程度 3 高教育程度
政治學	4.對本國民主體制之認知	0 低認知 1 高認知
社會學	5.收入	1 低經濟水準 2 中經濟水準 3 高經濟水準

資料來源：世界價值觀調查（Haerpfer et al., 2020）資料，後經筆者自行整理。

最後本章節所使用之分析工具主要是社會科學統計套裝軟體（Statistical Package for Social Science, SPSS），就分析步驟而言，第一步進行描述性統計分析，描述東亞諸國民眾對於民主政治體制之支持程度；再來使用多元迴歸分析，建立性別、年齡、教育程度、對本國政治體制之信心與經濟條件等變項對東亞諸國民眾政治支持之影響模型，來分析上述變項對於依變項之解釋能力。

二、文字探勘

在政治學研究中，政治菁英所使用的政治符號與政治口號、詞句，給予研究人員從政治領導人的用語中分析判斷其表現或內在意涵的途徑，來分析是單純政策宣傳或貫徹意志上的強迫、引導。更進一步來說，其有不同組成，包括對於客體——對目標群體的政治宣傳；對於主體——與國內、外其他國家、社群、個人爭奪政治話語權之戰略手段工具；對於媒介——在各媒體、傳播平台製造巨量資訊流。

此外，不同時空背景下，政治領導人的相關政策宣傳如若延續下去，都可能會形塑出範式，無論中華民國、新加坡、中國大陸的領導人，乃至政府各機關單位，往往會透過公開發言或特定媒體，來有意、無意地引導、操縱某些主題。只要將特定詞句設為關鍵詞進行蒐集，來做案例研究，即可確實發現現代政治的特徵之一：引導、疏通政策話題性。如果再深入一些，探討引導、疏通的方向性，則可以再細分為雙向互動溝通型或單向傳輸政治菁英意志型。透過數據分析能夠發現，在政治宣傳的行為背後，存在著政治菁英的意志展現，很多媒體後續的播送傳遞則更加深其影響，是整體由上而下的政治行為。凡此種種也是可以透過研究相關政策文本資料中若干敘述來檢證。

新型態的政治宣傳有以下特徵：藉由國家公器或機關資源發動完成；從上至下的傳遞領導人之意識型態或意圖；不只是傳統意義上的平面媒體、電視媒體，多媒體與社交平台也都是屬於該特定場域。

政治宣傳在輸出面被看作是政治實力的一環，在輸入面的角度則可量測政治菁英於國家各系統環境背景中的偏好所在。也可以從手段上來探討戰略、戰術、戰鬥的各層次、層面上的影響力，以便理解政治領導人提出各式政治倡議背後的目的，與未來的可能發展。

此外，在輸出面的角度也可輻射在國際政治場域，外交政策隨時代的變遷延伸，使得政治意涵不再只是政治意涵，更在社會文化、經濟金融等不同系統領域上影響他國，例如除了深受地緣政治因素影響的各周遭國家，歐美先進民主國家即使面對不在傳統意義上影響力輻射的範圍內，但也開始注意到不論是中國大陸的統一戰線戰略、一帶一路戰略、銳實力威權體制投射戰略或大外宣的雙極崛起野心，第四章中用文字探勘方法對三國領導人進行文本分類，得出可以交互參照的分析，可以理解爲政治宣傳——菁英偏好之間的關係，即透過文本資料去理解媒介兩端的目的與意圖，來探討隱晦的個體心智領域。

最後，該章節所使用之分析工具主要是RStudio，其爲R語言設計之跨平台整合開發軟體，特色爲可客製化統計分析與視覺化呈現，另亦部分使用陳勇汀（2017）開發之文字探勘功能，來處理文本統計以及文字雲製作之對照修正。

三、空間分析

第五章則深入探討新型態專制路徑在中國模式下的時代特徵，特別針對其擴展程度，延伸擴充筆者先前之研究：「人工智慧、威權制度與獨裁偶像——中國模式的路徑」（吳思緯，2020a：55-61），將部分數據資料加以更新並擴充，選擇國際範疇下各個領域中六項指標項目，來蒐集資料並整理推論。

變項包括有經濟（一帶一路：65個合作或結盟國家）、科技（數位監控：63個合作或結盟國家）、文化（孔子學院：162個合作或結盟國家）、國際秩序（新疆議題：54個合作或結盟國家）、區域秩序（區域全面經濟夥伴協定：15個合作或結盟國家）、政治（疫苗外交：56個合作或結盟國家）等六個重點層面。

詳細內容爲：中國大陸的區域全面經濟夥伴協定，挑戰過往的經貿體系與區域架構，更和跨太平洋夥伴全面進步協定產生若即若離的競合關係；中國大陸在新型冠狀病毒（COVID-19，以下簡稱新冠病毒）大流行下的疫苗外交發展；中國大陸的一帶一路相關資通基礎建設合作，打造出跨區域範圍的經濟合作框架；中國大陸的人工智慧技術輸出支援合作以打造新的科技監控技術應用典範；中國大陸的孔子學堂和孔子學院的相關銳實力影響，打造自由權利的限制審查效應；中國大陸的國際組織爭議聯盟對於聯合國、世界貿易組織、世界衛生組織等大型國際組織，以政治現實主義下的大國或席次優勢彼此支援、應聲、協作，使得專制國家在民主相關進程受阻，例如新疆、西藏、香港地區問題等。

貳、研究假設

以下試分述第三章到第五章中，多元迴歸模型、文字探勘以及空間分析量表所建構之研究假設。

一、多元迴歸模型

基於上一節所擬列之研究架構，本書第三章之研究假設如下，然而必須先敘明的是，此僅爲簡要概述，詳盡假設與分析將於後續章節進行闡述。

（一）受訪者之人口統計學變項（性別、年齡、教育程度）與民主支持具有顯著之關聯。本書假設包括兩個次項：

1. 男性、年長、高教育程度，愈支持民主。
2. 相對而言，女性、年輕、低教育程度，愈不支持民主。

（二）受訪者之政治學變項（對本國民主體制之認知）與民主支持具有顯著之關聯。本書假設包括兩個次項：

1. 對本國民主體制之認知愈民主，愈支持民主。
2. 相對而言，對本國民主體制之認知愈不民主，愈不支持民主。

（三）受訪者之社會學變項（經濟條件）與民主支持具有顯著之關聯。本書假設包括兩個次項：

1. 經濟條件佳，愈支持民主。
2. 相對而言，經濟條件差，愈不支持民主。

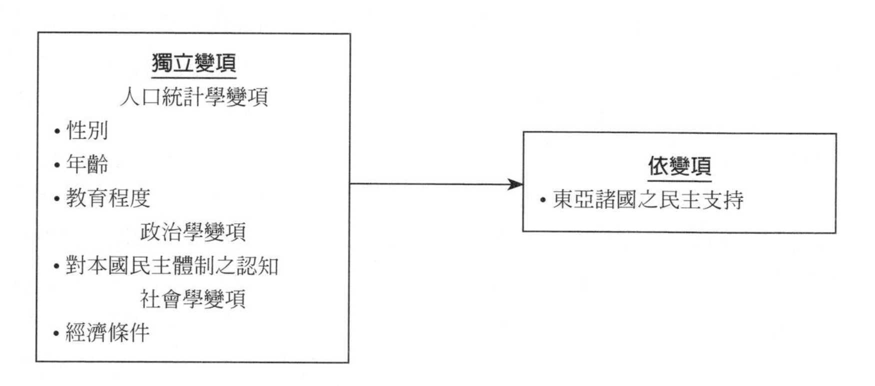

圖1-1　本書第三章多元迴歸模型變項關係示意圖

資料來源：筆者自行整理繪製。

二、文字探勘

儘管民主一詞來自西方，然而在近代東方的政治發展脈絡下，民主成爲現代化與進步的代名詞，甚或在政治鬥爭與政體轉換之際，作爲凝聚共識的標誌。民主之眞實意義爲何？如何區分民主混合與威權體制之異同、分野？如若將民主一詞與其他變項進行研究，可以探討其與其他概念之關聯，得出民主是什麼、民主不是什麼、民主類似什麼、近似什麼，或是民主導致什麼、什麼導致民主等研究，在文字意涵上即是類似同義詞、反義詞的概念。由此建立出民主一詞的概念是構築於其他詞彙意涵之結構，是以必須釐清相關概念、字詞的語境脈絡，方能更爲貼近民主的本意。

對於東亞國家民主一詞與其他什麼詞語的概念相近？威權體制國家、混合體制國家、民主體制國家等不同體系下，在政治概念上是否有趨近、相似的可能或保持等距？縱向時序上是否有其可歸納的趨勢走向？上述一連串的問題，看似各自獨立，實則互相關聯。如果將不同時空背景與結構層次下的國家進行聯立比較，藉由文字探勘技術並透過經驗證據與學理知識探討，利用詞語、符號等連續性的通用性知識、思想傳遞語言工具，以現代程式語言技術，在知識面整合文學、哲學與社會科學，形成數位人文學來加以檢證。

民主是一種理論知識，是一種價值選擇，是一種政治體制狀態，所以若單論任何一種定義，即可能受到論理的侷限。但若更進一步討論自由民主作爲政治、經濟、社會體系的主流價值，也難謂其共享相同的定義。而具有在地特色的融合式民主主義，常與西方先進自由民主國家進行競爭，在內、外部宣傳層次上皆宣稱自身爲正確的價值判斷，從而根本互斥。

民主作爲一個具體實踐的規範性概念，衍生於各國不同特色之人事時地物結構，是以民主相關的表意概念，通常牽涉許多繁瑣的名詞定義，相關的思路亦盤根錯節。因而在本書之後的篇幅中，若非行文之必要，將不特別解釋爬梳文詞定義之區別，一來相關文詞定義若不影響閱讀且不致概念混淆，則無須糾結其中，二來華語文化圈之文詞使用習慣稍有差異，但多可通用與理解，不致產生認知困難。是以研究文稿詞彙的使用，具體而論是蒐集處理大量公開演講文稿之關鍵詞進行分析，來尋找不同語境下相關概念之關係，在拆解文詞線索的同時，處理語意網絡與連結系統、文詞與文詞連結之時，內涵即從文詞的連結關係下呈現。[61]

---

[61] 包含單獨本身不具表意概念的單詞。

在這個想法下，欲將民主相關概念與其他概念進行連結，即須試圖提出民主概念與相關概念之關係證據，這就必須依賴個別研究人員研究範疇的觸及與學術能力上對於研究方法的掌握，而對概念觸類旁通進行連結。在操作上，對於相關知識進行分析的深度，會決定研究內容的擴展，另一方面也同時考驗個別研究人員的敘事能力。[62]

在本書的分析設定上，首先假設○○關鍵詞所內涵的概念與XX關鍵詞間擁有連結性。如若假設○○關鍵詞與XX關鍵詞概念間擁有某些連結，則其可構成一個單位的概念組合──「○○：XX」；如若假設AA關鍵詞、BB關鍵詞、CC關鍵詞概念間擁有某些連結，則其可構成三個單位的概念組合──「AA：BB」、「AA：CC」、「BB：CC」；如若假設11關鍵詞與22關鍵詞與33關鍵詞與44關鍵詞，概念間擁有某些連結，則其可構成六個單位的概念組合──「11：22」、「11：33」、「11：44」、「22：33」、「22：44」、「33：44」。依此類推，分析更長的組合句時，上述連結即更加多變，惟概念組合與關鍵詞組之分析邏輯是相同的。

在本書梳理完關鍵詞組的連結性後，再將公開演講文稿看作是更長的組合句，其中的關鍵詞即是n個單位的概念組合，當對於一篇數百、上千、至萬字之公開演講文稿進行分析時，雖然比起單純對於其他研究之摘要或關鍵詞進行分析而更複雜、更全面，但是相關資料也擁有更多無用雜訊，造成實際操作上的難處。

然而公開演講文稿不比學術論文，難以藉由研究人員選定的特定關鍵詞，來進行研究操作，處理概念組合的分析，而產生一定認知上之爭議。所以本書接著將前述概念組合用相似度呈現其相關性，針對主體與縱向時序進行延伸分析，三個東亞華語文化圈主體於不同時序下所形成的概念關係網絡、關鍵詞組的連結，代表此概念延伸之具體化──詞頻表現出概念的重要性，文字雲則具體化其比重，但需要小心論證其直接或間接連結，畢竟處理的資料量愈大則必然會產生某種連結，是以分析推論務求合理，而非只求結果地編織、推論線索的產出。

每增加一篇文稿即會使分析之網絡結構圖像變得更加複雜，這些節點指出文詞整體的連結，因此若將民主概念相關的政治類文稿，透過數位工具大量蒐集處理製

---

[62] 例如，根據邵軒磊（2019a：51）〈當代西方民主研究論述分析：知識系譜與文字探勘〉一文中，與民主較相關之關鍵詞包括：政治、機構、衝突、民主化、選舉、民主、國家、政府、和平、模型、戰爭、制度、黨派、勞動組織、政策等詞。惟其中衝突一詞較為特殊，可能是民主和平論之相關負面表列或論證所需之故。

成相關分析圖表，就可以試著理出相關模型。在操作上，將本書蒐集處理後之政治類文稿，經由文字探勘技術展現網絡圖像，該模型層疊的文詞線索不只關鍵詞頻、比重，並且可以處理各式連結概念，具體化文詞串聯的意義。

綜上所述，本書之關鍵詞組，即是藉由文字探勘法來探測民主化的內部因素中政治菁英的偏好，以理解華語文化圈意義下的東亞地區，民主化在2010年代下的動態發展。

三、空間分析

根據楊喜慧和陳明通（2016）的研究，影響東亞各國的民眾選擇偏好的除了個體的政治社會心理預存傾向、價值選擇[63]外，亦包含總體面向的脈絡因素，[64]由三者交織而成。而另根據Huang and Chu（2015: 432-434）的研究，其選擇了三種總體層次的脈絡因素作爲變項，包括與中國的地緣政治緊張程度、[65]貿易程度以及文化距離，[66]來判斷受訪者對於中國大陸的評價。[67]

考量到研究之間的可比較性，第五章參考並節選上述這些解釋變項，並爲了簡化、精緻相關之分析，避免模型太過複雜，參照前述楊喜慧和陳明通（2016）之方法，假設總體及個體變項間無交叉影響。

依據上述研究原先之研究假設，和中國大陸的地緣政治關係愈緊張的國家，除了感受到中國大陸對於主權領土的威脅，自然更難以服膺中國發展路徑。而且考量這幾個與中國大陸距離比較近的國家，尤其是東北亞的日本、台灣、韓國甚或香港

---

63 就東亞區域來觀察與中國大陸的地緣政治關係，更可以加入政治體制差異來觀察意識形態的不同。

64 該研究值得說明的是，歷史上有無發生過戰爭或非正式武裝衝突乃屬於該地區的歷史脈絡，不一定代表相關戰爭、衝突時至今日仍然持續，但不可諱言相關記憶會烙印在相關國家的國民記憶之中。

65 該研究定義下的地緣關係緊張與否，可以從歷史上有無發生過戰爭或非正式武裝衝突、有無主權領土爭議等議題來審視，而可以想見的是，地緣關係愈傾向衝突的國家間愈不願意合作或採取對方的發展模式。

66 該研究所採的文化距離變項之操作性定義，爲擷取第三波亞洲民主動態調查題組中之傳統主義量表，計算該國加總平均數和中國大陸相關值之差的絕對值。所謂傳統主義量表是蠡測中國傳統文化之內涵，適合將此建立爲比較基礎，分析該國與中國大陸間之文化距離。和中國大陸之文化距離愈相近，則文化認同感會愈強烈，較易正面評價中國大陸，及採行中國大陸發展路徑。

67 該研究假設地緣關係愈緊張，那麼兩國之間甚至區域之間的相互評價即愈容易產生負面影響，但加諸貿易的相互依存關係、歷史文化與民族淵源兩者，從政治、經濟與文化等不同面向來觀察，即可發現其中的交互關係錯綜複雜。

地區，都是中國大陸過去在經濟或文化上學習之對象，這種學習認同的現象多少也會對區域關係產生影響。然而威權體制漸漸成爲國際上極具影響力之政治體制，各國如果對於該國之政治體制有心嚮往，認爲威權體制的評價是正面的，那麼應該也會認爲威權體制的相關政策與行爲模式應有可取之處，而可以仿效學習。該章即藉由六種指數的建立，探討中國路徑的發展與其影響力投射的內容，最後綜合該指數得出其地緣政治關係的路徑樣貌。

第五節　研究範圍與研究步驟

爲探討本書關切之相關議題，考量國家之間與年代之間彼此差異之巨大，以至於在比較政治的研究方法中，很難比較世界上所有國家，甚至亞洲區域所有國家，更遑論加諸時序迥異之因素，故本書設定研究的區域是東亞，時序範圍則是2010年至2019年十年之間。另在研究步驟上，則於本節中依章節順序進行簡述。

壹、研究範圍

雖然對於東亞一詞，各種不同研究有不同的看法，但一般而言，涵蓋了亞洲的東北和東南區域，東亞國家無論在政治、經濟與社會等各個系統上，擁有相當高的多樣性與特殊性。就文化而言，例如其盛行的宗教就包括道教、佛教、印度教、伊斯蘭教和神道教；就經濟而言，已開發國家如日本、韓國、香港、新加坡與台灣，未開發國家如緬甸、柬埔寨與寮國；就政治而言，自由民主程度高如日本、韓國與台灣，威權如中國大陸、北韓與緬甸。

本書之研究範圍涵蓋整個東亞區域，研究層次亦相對廣泛，惟爲整合多種不同類型與取向的研究方法進行檢證與歸納推論，因而於各章中對於國家之取樣有所不同，但皆未脫於東亞區域，故整體研究結果的推論也會產生相應範圍之不同。

東亞的定義，其目的在於周延而互斥地將空間框架特定出來，口語來說就是劃定戰場，聚焦於東亞場域。東亞這個概念是否可以不證自明？東亞地區概念模糊，而衆說紛紜，甲說認爲東亞地區在地理層面上，僅包含現今東北亞區域，來與東南亞概念作區隔，故僅中國大陸、朝鮮半島、日本列島及其鄰近周遭島嶼被認定是東亞地區；乙說最早由日本相關人士倡議，認爲東亞地區是由甲說在內之國家含東南亞組成，所謂東亞聯盟或稱東亞共同體[68]之區域合作組織概念；丙說認為東亞地區意指文化層面，[69]是為儒教文化圈的概念；丁說認為的東亞地區，則從海域著眼，認為東亞包括黃海、東海、日本海、鄂霍次克海、南海，是以上述海域範圍即為東亞地區；然而嚴格來說，上述四說對東亞地區之定義皆並未周延而互斥，所以能否有更具體定義？除了從國別、區域聯盟、海域、季風帶等風土特徵或儒教文化圈外，是否還有其他定義操作之可能？戊說則承繼這一層面的思考，從理解時代背景的出發點，以貿易、移民、宗教、物品傳播來探討東亞地區，尋求貼近社會情境，以擺脫政治本位主義，試圖找尋東亞概念的反身性（Velde and Stremmelaar, 2006: 7-9）。

一、東亞主體性

如若重新審視現代國際環境下的國家系統樣貌，將本國描繪成一個坐標系，橫軸代表自我意識對於周遭環境影響的地域空間軸，縱軸則代表歷史過程的時間軸，那麼可以發現各個國家被投射在橫軸上，不同文化在東亞各地都有多元而交織的開展，這種交織的概念才是實體的東亞情境，即以東亞地域範圍內的國家關係為基礎，正視東亞概念主體性與分類的爭議點。

從歷史脈絡來看，東亞一詞具有相對明顯的地理實體，但同時也無法否定它是擁有部分同質性的文化共同體，諸如漢字文化圈、儒學文化圈或儒、佛、道教文化圈，同時東亞各國大多也曾同樣面對帝國主義的殖民侵略，而被納入西方式現代資本主義的經濟秩序中，或快或慢地走向經濟增長，而逐漸從世界體制的邊緣向中心移動。然而若從東亞地區地理範疇的界定問題與同質性共同體的認定問題二者出發，會發現有關東亞主體性與東亞認同之相互辯證中，想要定義當代的東亞意義，顯然不是件容易的事，愈希望周延而互斥定義東亞一詞，愈難忽視政治與文化現實上之異質性，愈想擺脫西方對東方的價值建構，卻愈容易陷入東方主義的窠臼與民族主義的辯證陷阱。

---

[68] 東亞共同體一詞在日本對以中國為主的東亞地區進行各方面的侵略時，埋下了污名化的根源，後續更擴大為大東亞共榮圈，是以東亞共同體之倡議至今仍備受爭議。

[69] 濱田耕作（1935）在《東亞文明之黎明》一書中，從考古學觀點建構出作為文化地域概念的東亞概念，將中國大陸為主及周邊之朝鮮半島、日本列島劃為東亞文明。雖然以中國大陸文化圈為主，但中國大陸以外的其他地區，都可以擁有已身觀點，在當時這是一種新的文化史概念。

純就地理概念上，東亞範圍可以包含到俄羅斯之遠東地區以及與中國接壤的中亞、西亞、南亞鄰國；若從國家發展理論的觀點而論，東亞範圍常常被界定在東北亞發展較為先進的四個國家，即日本、台灣、韓國、中國大陸，相對較為貧困之東南亞地區則被排除在外，在擺脫西方霸權之後難免被認為是東北亞霸權復辟，更何況東亞國家的經濟發展程度在東南亞國家日後發展躍升之時，即有可能必須面對擴張定義納入東南亞，而走向區域同質與制度統一的問題；如若從漢字文化圈、儒學文化圈或儒、佛、道教文化圈之角度來界定東亞，新加坡、越南就會加入上述四國，考量東亞地區這六個國家，雖然歷史上曾經關係斷裂也還能保持其傳統的連續性，或許也是一種潛在適宜的分類方式；最後從世界體制觀點來看，那麼就難以忽視在東亞深具影響力的美國。事實上，各國之間殖民與被殖民的歷史經驗、大國與小國的國力差別、民主、威權與混合體制之政治制度差異或資本主義與社會主義之理念差別等，都會對區域建構的認知與態度產生影響。

當然對於東亞的思考維度並非這般非此即彼，本書試圖不採用任一種主體中心論的做法，因為前述論證無論試著從西方看東方或從區域中的本國看外國都有其盲點，因此或許多重檢證、相互參照的分析方式，可以打破任一種主體中心論的典範形塑問題，眞實呈現東亞的實存位置與位於其中的社群狀態，這種做法更能貼近各國身處的時間性與空間性內涵，展示出各國根據己身的動態，準確描述多元的卻又部分同質的東亞特殊情境。

二、差異分殊下的空間內涵

本書之東亞地區定義不欲單採前述Velde and Stremmelaar（2006）研究中，甲、乙、丙、丁、戊中任何一說，原因即在於前述如要擺脫西方式價値觀與制度桎梏，那麼在空間框架上採擇自主的標誌或指標，不屈就西方既定的空間內涵，而使其價値觀與制度恣意揮灑，定義自己的東亞，在多元化的東亞價値觀中，探尋多元制度的可能性；在時間框架上也許就各自主體時間性為依歸，而不依賴西方政治、社會或經濟史的分野；在文化框架上是否就不必然一味尊崇自由、民主的主流價値觀。

面對東方主義的挑戰，過去歷史進化論之觀點並不一定能準確嵌合東亞地區各國之歷史與現實，西方觀點之意識形態在獲取普及且權威地位的同時，東方的主體意識與政治思想的話語權亦隨之流失，是以批判、轉折、塑形與成長的系統性轉變開始逐步進行修正，與上述批判相連結，比起無條件地純粹接受，意識形態轉變所驅使的動機，其後續表現則相對可能隨不同的情境做出調整。

東亞一詞對國家主體性的表面與內在意義，隨著遠東世界透過全球化與西方國家緊密連結後，各種嶄新的地域概念逐漸出籠，政治工作者、學術研究者乃至一般民眾開始重新認識這個概念，從全面依賴西方，發展科學化、現代化的過去，轉向再一次發現、評價自我。東亞一詞本是帶有文化意義的地域概念，其被賦予政治意涵後，關於東方的種種觀點，都是透過西方來敘述、建構與定義，東方主義者希望能脫離這種文化史概念，避免文明一元論的過往，從連續走向斷裂，東亞這個概念，由於在這個地區中不同國家各自內部有著多元而不同的發展，社會文化價值具有各自特性，甚至成為民族主義特殊的工具。[70]

東方政治思想發展的過程中，面對文化的承繼與價值觀的轉化，回顧是反省與對話的程序，其中過往的傳統扮演重要的角色，而東方的當代意義作為未來的發展主軸，試圖找到其他的可能性或詮釋方式，是該採用二元論的模式還是多元論的模式，不同價值理論類型反映出對問題的不同態度，惟其中並非互斥，亦非追求超越彼此的能力，而是一種對世界秩序的實踐和承諾。

社會科學領域很大一部分的關注重點，集中在具有重要意義的當代問題上，本書所觸及的領域包括民主化理論、區域主義、全球主義、身分認同、民族主義、新移民與少數群體權利、傳統和現代性、國際關係、國家安全與人口統計學等。而區域內國家的採擇可能會限制研究的範圍和品質，考量東亞一詞的概念應該從主題的比較角度進行，本書選擇以東亞為研究場域，從不同視角對東亞地區民主化進行分析，以下詳列第三、四、五、六章中對東亞所採之不同定義與說明將其定義分列之用意。

第三章的東亞乃從民主化的內部因素——政治實體意義的東亞各國一般公民著眼：東亞是以區域地理分布的11國為準，[71]類似擴張的甲說之國別論；第四章的東亞乃從民主化的內部因素——華語文化圈意義的東亞政治菁英切入：東亞是以文化圈的概念來界定，類似丙說之文化論；第五章的東亞從民主化的外部影響進行觀

[70] 民族主義抬頭是基於開放個人與社會，衡諸社會上有機體的組成單位就是個人，東亞國家隨著現代化、工業化和都市化，各種進步發展的副作用也隨之而生，諸如傳統道德意識不彰、人際關係疏離等現象，民族主義的訴求於此填補了實質與形式的空缺，雖然難免有領導人物利己主義之譏，但是現代國家的民族主義卻仍方興未艾。

[71] 一般而言認為東亞包含19個國家或地區，第四波亞洲民主動態調查採列其中14個國家或地區，而世界價值觀調查截至2021年5月4日前則採列東亞11個國家或地區。

察——主要呈現大國地緣政治意義的東亞區域美中競逐：東亞是以世界體制的觀點來界定，類似戊說之反身性批判論；第六章則爲本書中總體分析之章節，東亞一詞在典範競爭的分析脈絡下，則類似乙說與戊說之綜合論。透過以上四個層面進行探究、理解和詮釋2010年代東亞地區各種政治體制的發展，對於民主化的舊問題提出與嘗試新方法，試圖爲民主化研究開展不同視野，重新思考東、西方政治思想與制度交流、互動、碰撞的過程以及價值理念的轉變與發展。

貳、研究步驟

首先透過文獻探討爬梳全球民主現況與面臨之內、外部挑戰，並探討東亞民主發展及界定其分類；接著闡述民主動力論，作爲本書理論架構之各分項因素，以及東亞整體與個體情境之背景描繪；透過相關量化研究方法，探究影響政治制度選擇偏好的內、外部因素。

第三章以多元迴歸分析模型，描繪出東亞各國國家內部基層民衆政體偏好之圖像；第四章以文字探勘法，探索各國政治菁英於政治層次之核心關懷；第五章透過空間分析，釐清地緣政治戰略投射之重要外部因子，同時爲了彌補量化研究方法的相關偏誤，本書整理相關研究資料庫，交互參照各個研究發現，深入分析中國路徑的發展與影響評估；最後第六章從典範競爭的概念，對於東亞政治體制之未來發展進行預測。

第二章 政治體制偏好的理念與分析架構

本章之主要探究內容在於政治體制選擇偏好的理念，以及本書所擬之分析架構。選擇東亞民主化的相關議題進行分析，是因爲東亞研究之於台灣而言，除了地緣關係外，在使用華語的國家中，則還具備特殊之語言溝通、閱讀優勢。是以對研究產出與知識傳播來說，在第三章處理完鉅觀的各國公民偏好圖像後，再聚焦到第四章華語文化圈的政治菁英表裡偏好，最後是第五章透過地理資訊系統建構相關量表，描摹出地緣政治下的中國路徑。此外台灣更因爲系統轉型甚早，而具備地區發展先鋒優勢，可以對於東亞後進轉型國家給予相關協助或模型借鏡，而占據一定優勢地位。故在第六章以典範競爭的概念，分析與推論當代東亞的政治體制偏好與未來發展，來抽離意識形態的主觀態度，對照區域關係的現實轉折，希望無論在實務或學術層面都能產生值得期待的影響性。

第一節　政治體制偏好概念之分析

民主化作爲政治學的研究客體，因爲政治進程、經濟貿易發展程度與歷史背景等因素，各國之民主化過程自然有其主體特殊性。在國際社會各種價值觀相互接觸、妥協與衝突的環境中，東亞各國從經濟改革帶動政治轉型至今，無論政治、經濟與社會系統之轉型規模甚鉅，從全球化進程衍生之各項議題，皆成爲政治工作者、學術研究人員乃至市井小民所關注，抑或切身相關的生活問題。本節即從政治體制偏好出發，來探討政治體制的選擇與偏好、訪問調查的變化與測量、政治信任與民主支持、治理能力之於民主化等四個核心概念。

壹、政治體制的選擇與偏好

不同的政治體制具有不同的功能，相對地也會在內、外部的國民間造成拉力或推力，事關國民對該國未來狀態的整體評估，相互之間具有相關性，基於理性選擇理論，個體會在條件允許的前提下選擇最有利的可能。是以不同國家政治體制雖有不同，惟各國的政治菁英在抉擇政治體制轉型的關鍵問題時，皆會思考到國家必須提供國民相對的吸引力，除了提供國家發展前景的國家能力外，自由民主與人權保障也是相當重要的拉力。當威權體制或混合體制政府以不同程度壓迫與侵害該國公民時，自由民主國家相對地提供穩固的人權發展，在理論上是具有更大的吸引力。不過威權體制或混合體制政府在此則有不同層面的思考邏輯，這些國家可能利用政策性措施禁止出境或事後追懲等手段來處理移民問題，但也有的專制國家反其道而行，對於國民的移民意向不加以阻擋，使自由民主派人士離開本國，以避免相關民主化運動，也讓這些自由民主派人士背負不愛國的輿論壓力（Krastev, 2011: 10-11）。

除了單純意識形態上的影響，自由民主國家的實際治理表現也會對於政治體制偏好產生影響，治理成績不佳的自由民主國家自然會降低公民對於該體制的偏好。政治體制特徵的差異是政治、經濟、社會體系的重要組成，一個自由民主國家在制度層面本身雖然具有拉力，實際表現卻是影響公民偏好更為重要的關鍵因素，使其作為一個可遵循的生活選擇。在國際政治意識形態背景下，不同政治體制的戰略互動成為了選擇偏好和推力與拉力之間的博弈場域。

關於民主的規範性要素是試圖找出最正當合法的規則，現實性要素是最適當的政府形式，民主與自由可能被劃分為規範性要素，安全和繁榮則可能會被劃分為現實性要素，現實性的體制特徵包括民主的選舉、平等、公民權利，這些代表了民主自由核心，而失業救濟金、經濟再分配、收入平等、服從、信仰，則涵蓋了民主的現實性要素。

若僅單論民主的核心意義是選舉，民主被認為是最適當的政府形式，而選舉被認為是得到合法性最適當的途徑，政治體系如果擁有這兩個要素，配合繁榮和安全的現實性要素，[1]這兩個被視為促進民主自由核心概念的要素，即構建出相對完整的描述要素及其概念特徵。

---

[1] 儘管在規範性意義上兩者都不被認為是民主的核心概念，但這兩個關鍵要素仍然可以被視為受訪者自行擴展的核心概念。

貳、訪問調查的變化與測量

訪問調查關注的是受訪者所展現出的偏好總合，不同於價值觀的內在隱性特質，受訪者的作答是根據經設計的特定題組而展示出的偏好，且會依據時間、空間的變動而可能產生變化。[2]

Hennessy（1985）整理政治傾向的構成，包括理性選擇、幼兒期的記憶[3]與接近成年時期的啓蒙社會化過程[4]以及經濟決定論，根據其中之一的因素或各種因素相互影響下，政治傾向逐漸在個體意志中成形，考量到政治傾向的成形是一個動態的現象而並非線性的過程，所以各種可能的影響要素都必須加以考慮，這就必須藉由研究的流程與設計加以檢證。

依據Downs（1957）的研究，政治傾向與相關的選擇偏好是根據個體面對的各種政治相關經驗所累積的價值判斷，如就前述理性選擇觀點而言，政黨提出政策意向與意見表態，個體對之加以採納、判斷、選擇、展示偏好。然而從現實層面而言，亦有許多公民並不對政治事務感興趣，許多政黨在許多議題上也不一定會逐一表態，是以純就意識形態或過往形象與個體印象進行選擇與偏好也相當常見，甚至是相當重要的偏好來源。

States等人（1968）則發現政治符號與政治意向等意識形態，會經由學校的環境與教師的媒介被傳遞給學生，並常形成一種理想化的象徵，這種抽象的概念亦對個體具有重要的影響，隨著人際關係的積累與互動，意識形態、重大議題的認同與積極作爲被改變的可能性較低。甚至Jennings and Markus（1984）進行相關研究指出，固定樣本下的受試對象在18歲與26歲時所選擇的政黨偏好，其相關係數爲0.4，然而在26歲與35歲時所選擇的政黨偏好，其相關係數爲0.57，也就是說政治偏好在年紀愈小時愈不固定，不過在現今社會的資訊量下，相關的影響可能也隨之增加，可能在一定程度上對個體產生選擇偏好的聚焦作用。

調查結果是依據受訪者的個體價值觀，因此跨國乃至跨文化研究也應該盡可能

2　訪問調查的程序包括問卷設計、資料蒐集彙整、假設檢證、變項設定與控制等。

3　根據Erikson and Tedin（2007）的研究發現，個體在幼兒時期的潛移默化記憶，包括朝夕相處的父母、手足所灌輸的意識形態，在個體的學習模仿下，選擇偏好也因此被傳遞、承繼。

4　社會化是一個個體的成長學習歷程，個體在邁向成年的那段時期，是相對重要的意識形態塑形期間，藉由家中、學校等組織團體、同學、友人等，接觸其他人的意見影響而逐漸成型，並且在成型之後隨之定型，除非遭遇重大事件或切身相關的經歷，否則不再輕易改變（Erikson and Tedin, 2007）。

尊重差異化來調整，理解受訪對象的認知與情感，並在問卷設計中實現差異性與代表性的不同需求（Osgood, 2009），使得民主概念的抽象理解與實際探測方法超越西方價值觀的規範性意義，因此而成為民主相關研究方法論的重要議題，之後則再延續至包括建立可比性、數據的分析和研究結果的詮釋等研究步驟。

參、政治信任與民主支持

先進自由民主國家的公民對憲政體系與政治機構的政治信任大幅下降，政治參與如加入政黨和投票亦同。公民對於民主制度的不信任、不支持和不滿意，輕則是批評自由民主體制，重則是表露出對於威權或混合體制的信任、支持與滿意。從年齡而言，過去一般來說，年輕人比中、老年人更願意支持自由民主；但是根據比較近期的研究，中、老年人因為經歷過爭取自由民主的過程，所以對自由民主擁有更堅定的支持。

亞洲民主動態調查和世界價值觀調查，各波次一直以來皆有就政治信任（政治體制之信心程度）與政治支持（反對社會體制程度）進行調查。相關的數據顯示，目前許多自由民主國家對政治制度的信任與支持持續下降，儘管民主體制追求的是透過公平競爭來反映選民期待的責任政治，而自由體制則追求多元化以及實質的尊重與人權保障，但經濟成長疲軟、治理表現不佳、司法不公、憲政頹敗、政治失靈、民粹主義等因素，逐漸使得自由民主無法得到公民的全力信任與支持，民主化因而無法進展乃至倒退。

肆、治理能力之於民主化

當民主化進程隨時代開展，公民對政府治理的成績將會愈發嚴格，因為比起面對專制政府，公民面對自由民主政府具有更高的議價能力，責任政治的意義即在於此。在全球化時代下的現代國家，必須面對各種風險以及處理後現代的緩慢發展趨勢，如若以不同標準評價不同政治體制勢必不公平。但是換一個角度來觀察，專制國家由於行政權獨大以及無須顧慮各種議題的群眾運動反對，而具有較高的國家能力，如若能妥善運用往往能獲得不錯的治理成效，再加諸經濟系統的表現往往是大多數公民最有感的部分，若能在其他系統嘗試些微的回應手段，滿足公民的代表性需求，即可以得到相對高的政治支持與政治信任。

用相對較高的標準來評價治理成效是自由民主體制必須面對的主要問題之一，但相對於意識形態的論辯，自由民主正當合法性取決於實際的治理成績，則相對地具有參考性，尤其當社會結構開始變化，受過中等以上教育程度以及收入程度漸高的中產階級更有能力對於政治制度表達偏好與進行選擇，積極的政治參與、消極的不合作和移民，都能對於當前的政治體制表達其不滿。

第二節　政治體制偏好之相關理論

此處先對於民主化理論進行回顧，之後於下一節則是理論推演，首先對於東亞民主化進行新一輪的測量，查看如今較之過去有什麼不同的地方，尤其是結構上的因素是否仍然具有相當的影響力，再來是政治菁英的態度與外部影響，民主面對威權擴散的各種因素影響下，是否真的會造成典範而影響政治體制的選擇與發展。

壹、民主化理論之於政治體制偏好

當現今許多先進民主國家呈現民主倒退之時，最大的挑戰是民粹主義盛行抑或是威權復甦？過去對於結構論的假設，經濟富裕和教育水準提升的階級變動和民主化的關聯性是否開始鬆動？民主化理論是否走向新局？還是仍然在過程論與外部影響下亟待補充？民主化測量是不是可以初步解構上述問題？皆是本書對於民主化發展所擁有之疑問，然而在此之前勢必得先闡明民主化的意義。

一、現代國家之民主意義

民主一詞的多種用法和含義，使得民主概念由於立場、經驗觀點、個體與群體目標、視野環境而變化。加諸國際政治現實的具體現況以及眾多待解決的實際議題，使得定義民主這個議題愈發複雜。[5]當試圖對政權進行分類時，關鍵的區別當然是在民主國家與威權、混合體制等非民主國家之間。[6]而民主體制還有另外兩種

---

[5] 在一個不清晰、不一致且不受限制的政治現實中，在完全不同的事物上使用相同的詞彙，只能模擬出一種模糊而共享的通用語言。但實際上，概念的混亂將成為理論構建、知識積累與政治行為的障礙。

[6] 廣泛被接受的將一個國家區分為民主國家的標準包括公正、競爭、多元的選舉，公民受到法治完整保護，以及執政者不能行使武力壟斷政治權力。

非常類似但不同的類型，那些並非具有全部自由主義特徵的國家，介於民主與威權主義之間，這種半民主政權被稱爲選舉民主制。這種特定類型的半民主制，或多或少擁有競爭性選舉，但往往自由權利保障不足，其僅擁有競爭性選舉的政府，公民卻缺乏在許多重要領域去影響政策制定的權力，行政、立法和司法機關仍然受到專制特權的決定性約束，如果統治者或其執行人員侵犯了法律或個人和少數群體的權利，多亦不受執法機構合法職能之訴追制裁，如此該政權仍不算是完全民主，在這些自由化的非民主政權、半民主或與混合民主國家中，公民當然無法掌控非民主機構加以問責。

民主全球化的概念框架，描述了現代國家政治制度的一些可能方向，Max Weber（1964: 154）定義國家是在特定領土上合法的武力壟斷，其本質上是產生權力的集權階級制度，並藉此防衛外敵的侵害，確保國內的公共福祉和基礎建設。其同時也論述世襲君主制國家與現代國家之間的重要區別是——在世襲君主制國家中，統治者藉君權神授的宗教概念認爲國家是其私有財，並透過個人關係庇蔭其親友或特定人，利用政治權力爲自己的利益來掠奪資源；而現代國家非專屬於個人，平等對待其公民，清楚劃分出公共與私人界限。

是以正常運作的現代國家應該沒有任何政治菁英會聲稱其擁有國家，國家必須能夠回應對其服務的需求，而不是僅回應統治菁英的利益期待。現代國家想實現平衡限制政治權力的法治與民主制度，需要更加全面的憲政問責機制、限制行政權、持續的反貪腐作爲、政治風氣多元開放。

自由民主體制國家，最基礎的特徵即爲定期、公平、自由的多黨選舉，人民可以藉由選舉選擇政權的領導者，然而這是程序性民主層次。實質性民主層次則有賴問責機制的健全，來避免腐敗、行政怠惰或背離人民需求的施政，畢竟無法僅依賴統治者的個人意向來約束政府，這種奢求充滿了能力不足的可能與風險，實則非客觀性地要求政治菁英違背人性的基本傾向，分享政治權力且不掠取私人利益，並非是一蹴可幾、簡單的形式化變革而已。

具體來說，就算是在自由民主體制這個概念框架下，長期以來行政權中的自由裁量權也並非一直處於適當的運作，因爲習慣與經驗無法涵蓋所有情況，加諸在通常狀況下時常需要對具體情況進行即時決策，這種在特定領域的實質性的權力，很難確保監督的實行。[7]司法、檢查、警察、矯治機關以及法律制度都必須服膺公正

7 例如，中國自古的皇帝擁有極大的行政自由裁量權，但仍可能會受到其他因素的限制。理論

透明的原則，[8]且妥善運用被賦予的自由裁量權。

二、民主化的數種假設

回顧前述民主化相關文獻研究的發展與沿革，有探討民主、混合和威權體制，擁有何種條件有助於改變政體形式走向民主、邁向獨裁或過渡成混合體制？也有分析民主化是從威權到民主的過程——崩潰、轉型、鞏固、深化。威權復甦則是從民主到威權的一個相反歷程。總的來看，民主化理論大致上可以分爲三個部分，分別是內部因素相關的結構論、過程論和外部影響，21世紀的第一個十年所面臨到的民主退潮，其實並未脫離相關框架。

結構論是現代化理論的延伸，其呈現的史觀是線性的，認爲民主化是由於整體社會結構轉變。經濟水準和教育程度的提升，使得中產階級因而興起，由經濟系統帶動社會系統轉型，再推升政治系統的改革，催生國家的民主化（Lipset, 1959: 69-71）。雖然言之成理，但實際上結構論在其解釋力上仍有不足之處，世界上有愈來愈多的實例證明經濟並未帶動社會，更遑論政治的轉變，例如二元經濟假說中，國家發展面臨二元分化而整體轉型不力，或是掠奪型政權的現代化失敗，都證明經濟無法帶動社會轉型，而就算階級數量確實有所改變，卻仍未造成國家的民主化。

所以在後續比較近期的研究中，結構論的經濟條件與民主化之間，大多肯認其相關聯但並非是因果關係，結構轉型是必要但不是充分條件，這種非線性的看法確實也能避免歷史終結論般的武斷推測（Geddes, 1999: 115-117）。延續這個思維，經濟重分配中的失衡與再分配成爲民主化研究的顯學，這兩個重要變項爲民主化理論帶來新的視角。失衡與再分配都象徵著階級衝突，所以結構再次成爲民主化的重要因素，只是其所代表的意義大有不同。由於民主化會帶來顯著的經濟重分配結果，所以可以想見的是，若將經濟條件視爲一道光譜，從經濟條件最不平等到最平等之間，在最不平等的狀態下，原有的政治菁英與階級將會全力捍衛其固有利益來阻撓民主化；而在最平等的狀態下，則因爲沒有經濟重分配的誘因，導致並無重大

上的無限權威，在實踐中必須透過一個龐大的官僚機構來統治，這個官僚機構本身是在一系列複雜的規則和儀式下運作，並且常常會阻礙或拒絕皇帝的意志。像所有古代大型國家一樣，中國政府也面臨著巨大的訊息傳遞問題：中央往往不知道外圍發生了什麼，因此需要將權力下放給地方官員，然而地方官員的規則和儀式就不若中央般相對制度化。

8 平等原則也就是法律適用的普遍性，意義在於如果法律只是由政權擁有階層個人所掌握，而只對受統治者有約束力，那麼就不是眞正的法治國家。此外明確性與比例原則也都是法治國家對權力的約束。

的民主化需求，所以在光譜的左右兩端民主化的可能性都較低。

Boix（2003）和Houle（2009）的研究都討論到經濟重分配對於民主化是由下而上的結構論和由上而下的過程論，這兩種不同模型所造成的影響並不相同，而且對於民主化歷程不同階段者，如民主轉型與民主鞏固時期兩者，所造成的影響亦不相同。其中對於民主鞏固時期的探討，對於近期世界上先進民主國家所面臨的民主退潮與衰敗是相當有解釋力的，經濟表現低迷、M型化造成中產階級的沒落以及全球化移民文化融合失調等現象，都可以藉由經濟重分配來分析，其模式大致如下進行：上述相關現象所造成的不平等、各國傳統大黨因爲政治失靈無法妥善解決這些問題，導致政治的正當合法性降低，使得政治支持低落而造成民粹風潮。是以憲政問題與政治強人，共同使得民主表現大不如前、呈現衰敗。

有關民主轉型的大量實例，證明了民主化在東亞已經取得一些進展，但如何從一個世代向另一個世代過渡，仍然存在許多的問題，其實這些問題反映了一種概念上的缺陷，其根源在於對東亞民主化性質的誤解。

首先，民主國家與發展之間的關係，實際上遠比一般民眾所爭論、想像來得複雜得多，對經濟表現和教育水準較低的國家而言，民主和國家發展顯然是相互矛盾的。根據此概念框架，民主制度在一個國家邁向鞏固之前，往往靠的是廣泛的政治庇蔭進行鞏固，其原因在於賄賂更有可能動員選民。而後隨著民眾各項素質平均程度的提升而不容易被賄賂，加諸更爲普遍的中產階級想要更高治理程度的政府，以促進更大的公共利益。所以民主制度在一個國家邁向鞏固的同時與之後，治理程度對於一般民眾的普遍性感受相對重要，因此也決定了政權對相關議題重視的次序。[9]現代國家在建立的同時，所面對的普遍存在的問題，無法藉由單純政治體系的論辯而解決，自由民主的開放體系之於國家改革，更不及市場經濟的活絡爲個人提供的利益，故於此僅成爲了改革的替代途徑。

再者，我們常傾向於將威權或混合體制與國家治理的缺失聯繫起來，的確專制政府在許多國家中都存在有重大的發展問題，然而民主政府和國家表現不佳之間也存在高度相關性。東亞現代性的核心即在於處理壓縮和第二現代性相關的議題，所有的政治活動都需要對資源進行權威性的價值分配，觀察這些資源被客觀使用的程度只是其中一個面向，結果往往才是決定性的關鍵。自由民主對此呼籲改革聚焦、

9 國家往現代性的方向發展的同時，政府必須對於其政治權力進行鞏固，以使自身成功地繼續存活下去。

體現在參與式預算編列、開放非政府組織、橫向夥伴關係以及促進政府透明度等倡議，也就是說更高程度的民主被視爲下一階段民主化的解決方案。這種倡議的主要問題是辯證關係的錯置與誤解，幾乎沒有經驗證據證明類似倡議是成功的，相反地，部分威權與混合體制國家已經獲得了更大的成就，觀諸歷史上的許多國家都是在專制條件下創造了極大的治理成就。世界上愈來愈多的國家，包括東亞的許多國家明白到政權的正當合法性已經更少取決於其民主化的程度，諸如民主轉型、民主鞏固與民主深化，而是取決於其能夠提供高品質治理的能力、維持經濟動能、解決腐敗問題、提供基礎設施和公共服務，這些能提供決定性功能的強有力政府，能夠廣泛贏得人民的支持。

前述所及這種非線性的看法，更帶出了政體轉型的其他可能，威權體制的轉型並不全然走向民主化，可能是獨裁、一黨專制或軍政府間的轉換，也可能是混合體制的相關變體（Karl, 1990: 19-21）。是以民主轉型並非僅是威權走向民主這種線性的轉變，而是擁有多種不同的變體模式，像是混合體制的興起盛行，這種介於兩者之間的專制類民主政體，占比竟與威權與民主體制不相上下，其變體包括競爭性威權體制、非自由民主體制或半民主體制。觀諸現今威權體制國家也出現像是其他反對、在野政黨，也會有基層選舉甚是決定政治領袖的大選等，像是民主體制國家的外皮，但這些選舉仍然缺乏公平的競爭，這種不公平就是混合體制的特徵。

此外若從政治菁英的角度來看民主化，其會參考擁有強大國家能力的盟友或近鄰或相似國家的經驗，並在如何實現良善治理相關方面的議題達成共識。而政治菁英迫於國內的政治壓力，往往是造成區域情勢動盪與國家安全受到威脅的主要原因。由於民衆會獎勵對外有魄力、強勢的政府而懲罰對外畏縮、弱勢的政府，再對照攻勢現實主義中對戰爭的詮釋，現代東亞區域的大部分經驗也都體現了上述歸納，當然這之間的相關性取決於一些假設，然而卻比自由主義與規範主義對人性的期盼與全然的猜測來得實際。

除了內部因素外，外部影響代表的是國際上大國或地緣政治下的示範效果，既然經濟條件與民主化具有相關性，但並非因果關係甚至是互爲因果，那麼民主化勢必另闢蹊徑，是否民主化就可以如同滾雪球般，向周遭國家乃至世界層次推廣、擴散，成爲了值得探討的議題。

貳、理論推演

誠如前述關於民主化有兩股推進動力分爲結構論和過程論，Moore（1966）在其研究中指出，結構論重視的是經濟發展與中產階級崛起之影響，當經濟發展與教育程度至相當程度後，中產階級崛起並希望獲得更多的政治權利，相對影響上層階級之政治力量，產生追求自由民主的動力，現代化理論對於政治發展也採相同視角，肯認經濟發展與民主化的高度正相關。O'Donnell et al.（1986）則在其研究中指出，過程論從政治菁英之決策、分裂與鬥爭等政治過程著眼，認爲民主化發展與威權政治體制之內部矛盾更加相關，來自原有威權統治菁英[10]與民主抗爭勢力[11]的各自分裂，多股政治力量進行相互鬥爭，決策過程與互動結果，導致威權體制中的社會控制能力下降，促使自由權利與民主運動的發展，其中威權保守派的角色產生決定性的影響，[12]而威權改革派和民主溫和派之合作，對民主轉型亦有顯著關係，在某些案例中民主激進派之作爲亦可能造成不同結果（關弘昌，2008：53）。過程論對於民主化有很優異的解釋力，且與結構論之間並非對立關係，而可相互補充解釋。

本書考量到上述民主化發展之能動性，故在探討東亞民主化之主題時，從政治體制選擇偏好作爲分析核心，將影響民主化之內部因素分爲結構論（基層公民意向）、過程論（政治菁英意向）；並帶入重要外部影響（地緣政治之戰略投射的概念）（圖2-1），綜合相關資料庫指數進行個案分析，以利與上述研究發現交互參照，希冀能完整探索此議題，並藉此作爲未來發展預測之分析基礎。

---

10 該研究中又將其分爲保守派：通常是威權體制裡面的軍方勢力或是擔心政治清算之裙帶侍從主義分子；改革派：通常是威權體制裡面的年輕世代或行政官僚。

11 該研究中又將其分爲溫和派：通常是威權體制裡面反對勢力中擔心強力鎮壓或流血衝突造成不可逆後果者；激進派：通常是威權體制裡面反對勢力中認爲唯有激烈作爲才能一舉推翻或有效威脅威權體制者。

12 常顯見於軍隊國家化的成功與否。

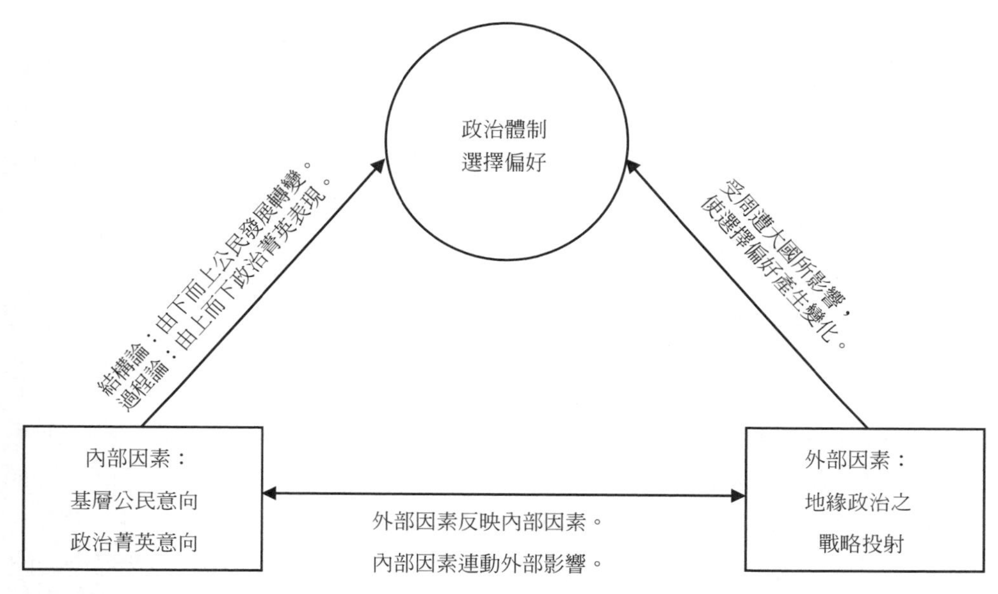

圖2-1　理論推演示意圖

資料來源：筆者自行整理繪製。

第三節　政治體制偏好之分析架構

本書將民主化的動力拆解爲內部因素：政治支持，其又可分爲一般公民與政治菁英之雙向互動；以及外部影響：地緣政治影響力擴張，以下試分述其理論概念。

壹、內部因素：政治支持

本書參考David Easton（1953）在其研究中所探討的政治系統理論相關概念作爲分析依據，雖然其相關研究本意並不是特別針對民主化議題，惟政治支持這個概念是對於國家在民主化過程中，所可能必須面對非常具有代表性的一個問題。依據David Easton提出在政治體系裡面人民之政治支持客體有三種不一樣的對象：政治社群、政權和統治機關；而就政治支持本身則可以分成特定和廣泛支持兩種。

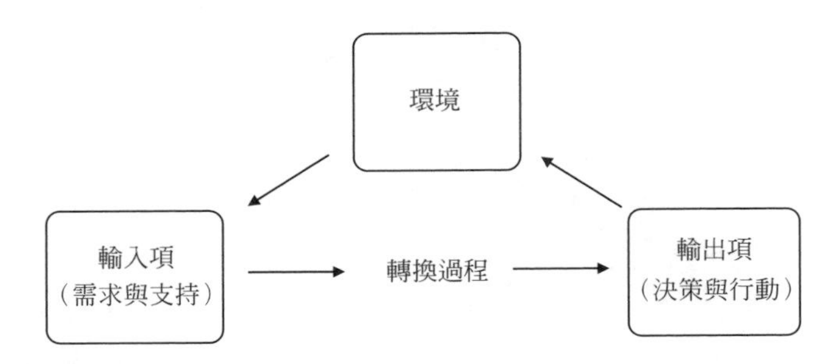

圖2-2　政治系統理論概念架構

資料來源：David Easton（1953），後經筆者自行整理繪製。

政治文化層面上，對政治體制的選擇偏好大多透過對於國家之間的比較，來蠡測人民對政治體制的支持做跨國比較研究。本書中所選定之年齡、教育程度，都與政治社會化的過程有所相關；而對本國政治體制之信心反映對於民主支持之影響，乃人民面對統治機關施政表現的政策產出下，所產生對於現行政權之政治體制的態度呈現。

特定支持是人民對於統治機關，例如三權分立的立法、行政、司法最高機關或我國五院的相關政策設計、執行與評估成果的判定，若統治機關表現好，人民之政治支持就高，屬於短期評價，隨著治理成績而起伏；廣泛支持則是人民對於政治社群和政權，與政治體制的維持和延續之合法正當性息息相關，肇因於個體之價值觀常常是透過長期政治社會化來塑型，屬於長期評價。不過如若統治機關長期對於人民的需求都能有回應與加以滿足，政治支持當然會提升，相對地，政治支持如果長期、大幅下降，不只會影響對於統治機關的支持，更可能引起對政權和政治社群的合法正當性危機。

McClosky et al.（1975）透過疏離感解釋人民對於現行政治體制之不支持，指出若人民對於政治體系的輸出高度不滿意，對於輸入也表現出高度無力感，如此對於現行政治體制之支持就會高度下降。

Miller（1974）的研究發現，人民對於統治當局的施政不滿意，會使統治當局的政治支持下降，而若不滿意長期、大幅地產生，即可能會讓人民對於現行政治體制產生懷疑。

Muller et al.（1982）於此則是提出反面看法，認為人民對於統治機關之輸出不滿意，不一定會造成對於現行政治體制之不支持，尤其是高度民主化國家，可以藉由公正和定期之選舉制度處理對於統治機關之不滿意；但對於新興民主國家來說，統治機關的施政表現通常被認爲和政權、政治體制之合法正當性高度相關，不像高度民主化國家擁有可以作爲民主傳統之政治文化，其民主制度的存在與延續端賴人民的支持，若人民對其不支持、無信任感，會反映在各種政治參與上，例如人民可能對於體制內選舉、參加政黨活動等政治參與冷漠，而熱衷在體制外抗爭、暴動，造成民主退步或民主崩潰。

然而可以發現，上述學者的研究大多聚焦在統治機關和政權層次，較少涉及政治社群，所以對於政治社群在民主化的意義，以下試詳述之。

在民主化研究中，除了結構論著重在經濟發展與社會結構轉型之外，Rustow（1970）的研究則關注在國族統一而非結構論的假設，其指出一個國家在邁向民主化時，國內大多數人必須確立所屬之政治社群之範疇。因爲民主政治是透過所謂臨時性多數來贏得選舉，雖然政權與政策能更替，領土與人民則須保持持續與固定性，畢竟國內之不同族群對於政治社群共組國家如有異議，那更遑論藉由選舉之民主化。

Linz and Stepan（1996）的研究針對第三波民主化國家也得出相同證據，即族群整合關於政治社群的範圍與身分認同是民主化非常重要的部分。是以政治社群、政權和統治機關，此三政治支持之客體是有順序性的，新興民主國家首先必須先處理政治社群之範疇，方能著眼後續民主化的政權與統治機關的治理成績。

此外Dalton（1994: 24-26）整理出政治支持之於政治社群，牽涉人民對於其隸屬之政治群體身分認同態度取向，顯現在國家認同和國家自豪感；政治支持之於政權，牽涉人民對於政治體制之價值觀整體運作的情感認同，顯現在政體價值觀與政體支持；政治支持之於統治當局，牽涉統治當局和執政者，顯現在施政評價與滿意度。

最後，如果要簡要區分，可以Easton（1975: 445-446）的研究來看，社會大衆對於政體的政治支持有兩個來源：一是政治社會化的影響，二是民衆對政權機關表現的自身經驗：短期、較容易改變、反映具體施政成績，是對於統治機關或執政者的特定支持；長期、較爲固定之偏好態度，是對於政治社群和政權的普通支持。

是以一般公民會依據上述標準來表達其政治支持，而政治菁英也會嘗試使用各種方法來試圖獲取政治支持，之間的互動即會基本構成國家政治體制的選擇偏好內部因素。

貳、外部影響：地緣政治影響力擴張

國際的外部因素會影響政治體制變遷，諸如從非民主體制轉型為民主體制的民主化過程，[13]抑或從民主體制轉型成威權或混合體制的民主倒退、民主衰敗或民主崩潰過程，而這種影響政治體制轉型的外部性因素又可分為國際間大國的實際政策與模型展示效果，[14]其中牽涉到國際政治體系、政治價值認同、文化與文明衝突、區域架構與國家現實利益等因素。國際影響力擴張除了目標國本身之政治、經濟、社會體系因素外，投射國之手段方式和意圖目的亦都非常相關，牽涉層面相當廣泛，不完全因為單一國家或個別因素所可以推動導致相關變化。

本書先前所述造成影響政治體制轉型的原因，使不同政治體制的國家數目產生變化的現象所在多有，但在本章外部影響——國際因素作為變項，有其非常值得探討的問題。過往研究曾針對如：

O'Loughlin et al.（1998）指出第三波民主化在地緣關係上具有群聚效應，鄰近各國會如滾雪球般先後出現民主化現象。

Starr and Lindborg（2003）發現外部影響——國際因素具有不同的層次，由近而遠包括周遭國家、區域環境、國際政治等。尤其周遭國家的影響在東歐民主化的實例中即非常顯著，而影響力擴張的具體項目則包括模仿、學習、威脅、控制、競逐、說服與條件限制等方式。

但依據Knack（2004）之研究來看，無論是外交恫嚇、經濟制裁或對外援助，[15]皆沒有非常明顯的證據表明相關政策作為能有效達成其行使主體的目的。外交恫嚇相關政策行為影響所及，雖可影響到社會中產、底層階級，產生心理層次的擔憂、害怕，來促使政治菁英修正相關政策，但也會有刺激國族團結以及效果疲乏等負面效果；再從制度層次來看經濟制裁或援助相關政策行為影響所及，大多僅限於目標國政治菁英階級可運用的資源，因之僅對行政、立法、司法體系之制度比較能產生影響力，如若是個體層次的影響則較小，而如若是獨裁國家因各項制度乃掌握在個人手上，更可不受其限制之影響。

---

13 民主化的擴散效果即藉由模仿學習或受地緣政治、民主戰略投射之影響，從非民主轉型朝向民主體制之過程。

14 即所謂雁型理論、滾雪球效應的擴散影響。

15 援助輸出可以軟性、間接影響國際戰略的整體規劃，是以透過援助來進行國際影響力擴張的方式更是屢見不鮮。

此外Levitsky and Way（2006, 2010）提出戰略投射的意義體現在兩國間的連結性，其政治、經濟與社會體系之間的跨國連結性愈高，則投射國對於目標國的影響方式愈多、影響愈大，除了連結性外，槓桿作用與組織性力量也是戰略投射影響的重要因素。

Ambrosio（2014）提出正當合理性和有效程度兩個觀察指標，來探討模型的實際施行與擴張是否能順利吸引其他國家模仿、學習。

Tansey et al.（2017）指出所謂威權鍵結，探討威權大國對於目標國之影響，從鍵結度到作用力再反映至其影響力，實例如中國大陸或俄羅斯之綜合國力所能產生之影響，不僅是地緣政治程度，乃至區域、全球性，可以產生較大規模的影響能量，達到威權擴張的目的。

Weyland（2017）對於威權體制國家的合作和擴張方式，是透過四個方向的證據來分析：目的、手段、能動性與範疇。並比對現今威權與混合體制國家大多缺少意識形態間之共識，改由透過相同政治利益來驅動合作，並藉由有特定意向、有整體規劃的共同合作與技術交流爲主軸。

Escriba-Folch and Wright（2015）整理有關專制和民主國家之間的關係，發現自由民主國家以限縮專制政權之能力（例如壓制反對勢力與公眾之能力），以及影響專制政權卸任政治領導者預期之政治延續影響力等方式來打擊專制國家。

以上的各階段、範圍研究並不互相排斥，反而可以相互補充、完善戰略投射國家對於目標國家之間的仿效、習得、競逐、威嚇、控制、侷限和說服，或是受到連結力、影響力和組織力量之影響，而有威權鞏固或威權轉型之後果。

第四節　本書分析架構之相關說明

本書於第一章緒論部分，於研究動機與研究目的，先行整理相關議題背景，並提出幾個待證問題進行說明；於文獻探討，蒐集、處理、分析相關文獻，藉此提出本書對東亞民主化此一主題之現況、發展和評估，並在該知識基礎上，嘗試探索相關文獻資料，對於各國政治體制選擇偏好的未來發展之可能影響；於研究途徑，因本書欲探討東亞制度選擇偏好，故採用新制度研究途徑之視角以利研究的開展；於研究設計，本書綜合使用多元迴歸模型分析法、文字探勘法、空間分析法，希冀能探求出東亞民主化的圖像，以爬梳理論與現實差異，嘗試對政治體制典範競爭之路徑做出預測；於研究步驟，依次說明本書擬列之研究進程；於研究範圍，敘明地域範疇設定在東亞地區，惟國別依各章研究資料之狀況而有所增減，時間設定於2010年代，惟時序依各章研究資料之狀況而有所增減。

本書於第二章首先敘明整體理論架構，透過爬梳民主化之結構論與過程論之論辯，以解釋本書內部因素之依據，再分述國際現實與外部因素重要性與實際作用，接著說明內、外部因素之互動與其影響，最後描繪東亞整體與個體之情境背景，爲本書後續研究設計提供完整理論依據。

本書於第三章使用多元迴歸模型分析，在操作上依據前述之文獻回顧，歸納出對於東亞政治體制選擇偏好可能產生影響的變項，以及該變項與民主化之相關性；其次透過「世界價值觀第七波調查」之資料，經由檢視上述資料，來討論個體對於民主支持受到性別、年齡、教育程度、自評該國民主程度以及經濟條件等影響，以多元迴歸模型檢證本書之假設；最後透過該模型來深入解釋、分析相關研究發現。

本書於第四章使用文字探勘法，將蒐集之篩選後東亞華語文化圈國家政治菁英近期之重要政治類發言原始文本，透過機器學習進行分類，再和人工給定之原始分類進行比較，來詮釋檢證東亞國家之政治菁英在重要發言中之關鍵詞或談話內容，是否顯露相關政治體制偏好。

本書於第五章使用空間分析法，在操作上透過蒐集中國路徑之相關資料，以地理資訊系統進行圖像化，來解讀中國路徑之於東亞民主化現象之空間分布特色，最後本書以疊圖分析，將各式相關指數，使用地理資訊系統的疊圖功能將群聚之國家套疊，以利後續相關之分析。[16]

本書於第六章透過東亞地區典範競爭之變化情形，重新回顧理論、偏好與現實不同的狀況，以對於三種形成典範的路徑進行綜合分析，希冀能獲致本議題之未來發展的呈現。[17]

本書在第七章結論部分，則擬依據前述各章之研究結果提出研究發現與研究建議，以求對於東亞民主化之理論與現實發展之具體貢獻。

---

[16] 楊喜慧、陳明通（2016）對於地緣政治之影響力擴散之研究，乃從多層次分析之總體資料部分進行套疊，來探討所謂中國模式，與本書之設計屬不同研究方法之嘗試。

[17] 因個案分析法有難以加以概化推論的缺點，本書著眼之主題環繞東亞區域研究，在方法論上，光譜化須依賴相關具代表性之特徵加以深入分析，希望能達成問題意識中理論與現實的對話設定，而相關指數與前述各章之研究發現參照檢證，更是能夠對未來發展路徑進行預測之重要關鍵。

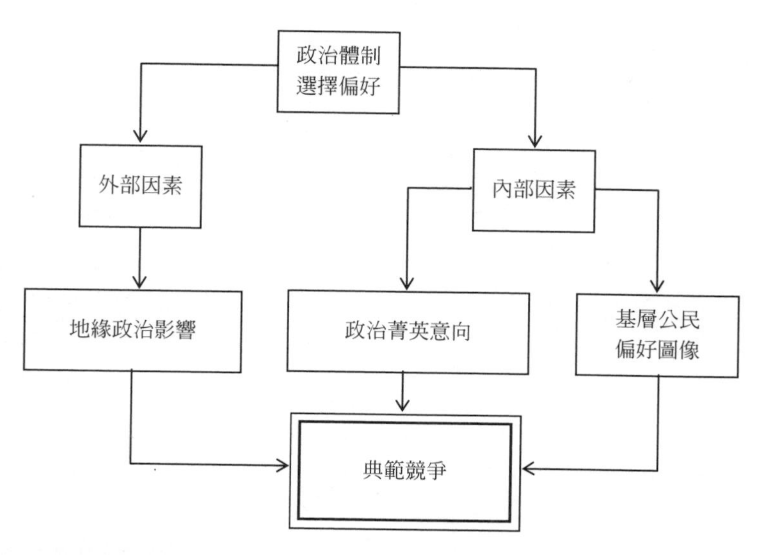

圖2-3　分析架構示意圖

註：箭頭表示本書研究分析步驟之先後次序。

資料來源：筆者自行整理繪製。

第三章　東亞公民個體主觀認知中之政治體制偏好

本章之重點扣緊東亞之一般公民，論述焦點在於透過多元迴歸模型，呈現出各國公民個體主觀認知中的政治體制偏好，來描繪東方現實圖像並比對西方理論假設，以此對照偏好與民主化現狀之關係。

第一節　西方民主理論假設及異例

民主概念的適用迭有爭議的原因在於，除了定義的認定不同，民粹主義、政治強人的影響、競爭性威權與非自由半民主等混合體制的挑戰，甚至是區域政治文化特徵的差異，都對民主的差異化產生影響。

有關全球民主的實證研究也在近期試圖重新詮釋相關主題，來直接處理不同的民主觀點，尤其訪問調查的各式題組，在關注公民如何看待民主的同時，其如何權衡民主的其他形式更是逐漸被重視的議題。深入去探討公民對民主的理解不同，代表了不同層次的意義。理論層次民主概念是一個有爭議的問題，實際層次民主概念則可以在不同的情況下被用於不同的目的。

壹、理論假設

民主概念的差異可以溯源自歷史發展的西方霸權遺留，概念上的歧義雖然使單一概念顯得模糊，甚至難以周延而互斥，但是保留模糊與彈性可以解決現今國際政治體系的變動性、不確定性、複雜性。從比較民主理論的視角，Dallmayr（1997）的研究即指出：自由主義和平等主義需要適度調整，以關注文化的異質性和個別政治差異；換句話說，文化特殊性應該在民主概念的適用中被考慮進去。

從下而上對民主的理解，以及自上而下的西方價值觀灌輸，會產生不同的知識互動結果，跨文化傳播的政治思想可能融合相互矛盾的元素，非西方含義的民主觀點肇因於現代化，雖然以西方爲中心的民主意義被引入，並遵循西方的定義，來建立具有其核心意義的民主。然而隨著東方價值觀的發展，透過多維檢視東方受訪者想像空間中的民主概念圖像逐漸清晰，和西方民主的相似與不相似，使得在這種情況下典型民主和非典型民主在其後的討論分析中呈現系統化差異。例如根據西方民主的定義，由公平公正選舉、尊重公民權利、平等主義所組成的典型民主意義，在不同地域、傳統背景下，交織非典型的軍事領袖、宗教領袖的統治主體後，逐漸產出不同的要素組合。

東亞國家政治文化的概念特徵比起自由民主主義，更接近社群主義，社群主義將個體視爲鑲嵌在社區之中，而不是僅視爲獨立的，並認爲融入社區的個體比獨立者更有能力和負責任，而且對家人、親戚、社區的責任感超越個體所擁有的權利，這也代表其更傾向會照顧親友、與鄰居合作。

在許多亞洲國家的傳統社群主義中認爲個人必須減少政治權利和個體自由，以保持社會和諧，因而導致了民主定義的分歧（Etzioni, 2010），是以民主似乎可以融合具有自由主義的意義和以社群主義的務實治理的觀點，兩者在民主的概念具有相似的特徵，若重新思考民主的價值以及務實地考量這兩者，在東亞社群主義下，後者被認爲是最合適也最正當合法的民主觀念且不衝突。

父權制的儒家國家傳統脈絡下，[1]國家常以實用主義意識形態來處理民主議題，也才會有亞洲價值觀的辯論。或者更確切地說，在這些國家民主的構建意義上不必具備規範性要素，畢竟政治制度的主要組成部分，依據政治系統理論可以粗略地解釋——需求和支持的輸入、政治制度及機構的黑箱、最終產出。該主要組成成分在其中反映了正當合法性的來源。

是以民主支持在西方民主重視自上而下的規範性內涵脈絡下，東方則採取較現實性的混合概念，將西方民主的基本核心加入各自文化背景的內涵，是以選舉是最低標準，公民權利和平等是民主概念的其中一部分意義，其他則是因應文化歧異下的主觀評價。如若消除了文化歧異的影響，即必須進一步思考這個定義是否代表特定階級觀點，還是適用於整個社會。

中產階級崛起在結構論下的現代化理論中發揮著重要的作用，因爲經濟發展與政治變革之間存在相關性，甚至其認爲威權統治的崩潰是不可避免的，由於中產階

[1] 儒家如被理解爲政治哲學，指的是在良善治理統治下，仁慈的官僚機構對政府的合法整體作爲，領導者得到臣民的忠誠和服從，仁愛而和諧在不平等的社會關係中進行調節。

級的經濟增長，最終將意味著蓬勃發展的公民社會。

此外也可以透過概念框架來解釋不同的民主化觀點，將內部因素的偏好主體區分為一般公民與政治菁英兩者。民主化對政治菁英來說，除非有其他強烈的行為動機驅使，政治菁英最在意的是捍衛自己的物質利益，因此對民主持懷疑態度，經濟菁英也對此相對保留以免危害自身利益，所以中產階級成為民主化的中堅。

貳、東方現實

亞洲區域的大國包括中國大陸、印度、[2]俄羅斯和新加坡，[3]都不算是完全的自由民主體制，卻都能取得政治或經濟上的成功，使得周遭的國家不禁思考民主化的同時不一定必須保持自由，一個國家雖然不是自由主義，但仍然可以是一個民主國家，來抵抗西方先進民主國家的話語權背後的意識形態與教條規範，意圖邁向反自由主義途徑發展。

一、東亞民主迎接外部挑戰之動態變化

自1970年代第三波民主化以來，[4]世界上許多國家都在嘗試轉型，試圖建立自由民主的政治體制形式，這種政治體制轉型可以被拆解為結合了兩種概念——民主和自由。有關自由與民主關鍵而被普遍接受的定義，由於其被眾多研究者所詮釋，各國間不同政治體制者亦皆嘗試對該話語權進行爭奪，考量自由與民主的意義都擁有過相關歷史變遷，在不同的時代和地域也都具有不同的含義，自由民主最普遍的看法是人民統治，並結合了法治和對個人自由的保護等特徵。

也就是說，自由和民主可以被理解為兩個不同的層次：民主是統治的意義，人民擁有統治主權，藉由公正的選舉能夠選擇自己的代表；而自由限定了統治權力的侷限，藉由法治來保護個人權利。雖然在西方先進自由民主國家中，民主主義通常與自由主義結合在一起，但實際上兩者並不是不可分的，許多混合制國家雖然是民主的但不是自由的；從歷史變遷的角度觀之，也可以反映出當時自由和民主非不可

[2] 印度在2021年自由之家的世界自由度調查評估指數中，已從自由調整為部分自由國家。
[3] 在此乃考量新加坡之經濟實力與區域甚至國際之影響力。
[4] 第一波民主化（1828～1926年）：起源於美國獨立戰爭以及法國大革命；第二波民主化（1943～1962年）：起源於第二次世界大戰，影響脫離殖民的新民主國家；第三波民主化（1974～1992年）：起源於1974年開始的西班牙、葡萄牙與希臘革命，導致後續東歐各國政治情勢的劇變（Huntington, 1991）。

分的歷史事實。

混合制國家透過接受民主的同時壓制自由主義，有效運用其特色來達到統治目的，這種非自由主義民主，由Zakaria（1997）的研究中被完整地整理介紹。自由民主在歐洲共產主義的衰敗後得到了全球性的增長，憲政主義、法治國與個人自由保障逐步推進，但在威權統治歷史悠久的國家中卻不容易實現，原因是大多數的西方民主國家，尋求個人權利的保障是在擴大選舉權之前進行的，因此在民主發展之前就已經是自由的了。

但第三波民主化將民主選舉擴散蔓延到缺乏自由傳統的國家，導致出現了許多政權採用了民主選舉機制，卻缺乏自由的權利保障，因此成爲非自由民主國家，其進一步分析，過早在缺乏自由傳統的國家進行民主選舉，會減少其演變成自由民主國家的機會，而透過自由專制的路徑，則更可能實現最終的自由民主。

自由民主往往伴隨著多數民眾在決定政府政策方面的消極作用，儘管司法審查和獨立機關的最初設立意圖是興利除弊，然而對於民眾情緒而言，過往威權統治之於政府部門的敏感記憶，使得那些擺脫威權專制統治的過渡國家，在透過民主選舉的同時，捨棄部分行政效率來建立能夠保障個人自由權利的制度、機構，限制執政的政權擁有者。

但是隨著政治格局逐漸發生了變化，在經濟發展趨緩的同時，對於治理能力的需求逐步上升，威權與混合體制國家的行政效率開始被重視與討論，尤其在上一個世代金融危機之後，自由市場經濟體制不再如過往被國際奉爲圭臬，搭配上中國大陸的政治實力與經濟影響力的崛起，更大幅削弱了自由民主體制的吸引力，導致威權復甦以及混合體制的執政者更肆無忌憚地傾向於以非自由的形式執政，具體展現出對非自由民主的積極認可。

尤其東亞各國在面對眾多社會問題上仍持相對保守的態度，就算在當代自由民主的強勢導入下，外來文化與移民人口使得原有的政治菁英將來有可能在民主選舉與意識形態上失去優勢，以及傳統文化的不被尊重，因而威權或混合體制的執政者試圖利用民眾對於政治和文化政策的疑慮，導向對自由民主的不信任，來接管西方政治話語權與塑造該國政治體制未來發展方向。

由於傳統主義深深扎根於東亞諸國的歷史和政治文化，因此它通常受到保守派的尊崇，而反對自由主義的顛覆性、開創性思想，但實則接受更廣泛的自由與傳統文化的基本規範，其實不一定位於天平兩端，可以在當地環境中實踐並培育創造新的和可行的文化理論，尤其可以家庭生活、經濟發展、政治結構，來創造更好的政治文化可行性。

此外民族主義爲這種保守觀點提供了強而有力的辯護，[5]當國家能夠決定自己的發展路線，培養自己的傳統並追求自己的利益而不受他國干涉時，即能做到民族自決的基本要求，來對抗西方價值觀和美國霸權建立的國際秩序。

保守思想因捍衛傳統主義與地區特殊性而崛起，那些批評自由民主主義者，並將其視爲適切且最眞實的形式，其基礎是符合大衆普遍性和理性選擇主義，不同於自由民主對憲政與法治的尊崇、支持有限政府職能和捍衛個人自由權利，反自由主義的保守派強烈捍衛所謂的傳統文化、民族主義甚至是對特定宗教的支持，提供政治上的支持與思想基礎。[6]

儘管被貼上不自由的標籤，也與西方先進自由民主國家在許多方面都有很大的不同，其內涵除了上述理論思維外，更明確借鑑了其他包括類似傳統主義、民族主義、現實主義的路徑偏離，將不自由轉化爲另一個詞來形容政治層面上追求的目標，從而以實證表明其對於支持或捍衛西方式自由民主沒有興趣。

二、從外部威脅回到內部挑戰

値得注意的是，隨著民粹主義的崛起，非自由民主的觸角從外部威脅轉變爲內部挑戰而獲得關注。民粹主義雖然主張民主，依靠選舉的合法性來表達民意，但忽視憲政法治、個人和少數族群的權利以及媒體的獨立性，就像非自由民主國家的情況非常類似。

例如西方先進民主國家也有另一種非自由民主形式——基督教民主，其試圖保護源於基督教文化的生活方式，傾向社會保守主義而更強調群體性，其與自由民主兩者之間存在一些差異：自由民主多主張多元文化主義，而基督教民主則是基督教文化優先；自由民主大多鼓勵與尊重移民，而基督教民主則是反對移民；自由民主多支持多樣形式的家庭生活模式，而基督教民主則是獨尊基督教的家庭模式（Gottfried, 2007）。

雖然基督教民主在多元文化主義、開放的移民政策以及對非傳統家庭結構的反

[5] 民族主義秩序的堅實基礎受到了西方現代性反動的深刻影響，首先過往建立的政治文化架構、當地文化傳統，與自由民主主義並不相同；而對政治思想進行了簡單化、去脈絡化的推動則導致了其發展的根本性缺陷。

[6] 對照歐洲國家許多右翼黨派儘管不一定占據主導地位，但許多相對位於光譜中央的保守派也不一定全然致力於支持自由民主，右翼黨派的內部鬥爭與擴張席次的外部挑戰，皆可能對於歐洲政治版圖產生饒富意義的發展。

對，與自由民主的前衛做法大相逕庭，但深入爬梳許多自由民主體制國家也並不一定推崇多元文化主義、高移民率和同性婚姻。儘管相關規定已經入法，但擁有投票權的公民也有極大比例持有不同的看法。

對自由民主政治體制來說，其面臨的內部威脅是實質性權利被忽視。[7]無論是極端主義次級團體或是新興的民粹主義，以不同形式出現的利益相關人，使得民主的公正選舉和自由權利保護未能夠實現眞正的內涵意義，而主流政黨比起獲得勝選，對於前述自由民主實質性權利的忽視更是助長其威脅，正是因爲政黨政治傾向於爭取權力的鬥爭影響了民主的發展，比起外部威脅——威權擴散的挑戰，自由民主的內部競爭在政治思想的領域內蔓延開來。

對於東亞民主內涵向混合乃至威權體制過渡產生之疑慮更在於，東亞自由民主體制的統治與專制體制的統治在許多方面其實極爲相似，特別是在個人自由方面，儘管兩者都擁護現代化的思想，但群體主義和社會上政治正確的思維，再面對到自由民主近年逐漸衰落與惡化，導致各國更傾向保守派的觀點與作爲，[8]畢竟自由主義民主是建立在個人自由、獨立媒體和憲政法治的保障之上，如若這些價值能被其他類型的政府和社會所取代，那麼這些國家即不屬於自由民主。

第二節　東方政治現實之民主偏好特殊性

東亞民主也正在經歷民主化轉型運動中的短暫挫折，過去十年的相關事件表明國際政治的廣泛轉變，嚴重影響新興崛起的民主國家與先進的民主國家而幾乎無一例外。先進的民主國家面臨的最大問題是公民的政治冷漠，一個非常重要因素是對於民主的許多挫折經驗，尤其是制度化的失敗結果會對於現有民主轉型的改革產生影響，造成部分世代民衆冷漠與無關緊要的態度；新興民主國家在許多方面的表現也令人失望，飽受國內各種群衆運動的影響，公民社會的高度期待除了針對原來威權或混合專制政權的民主化運動，對於新的民主政治菁英的表現要求也同樣嚴苛，這反映出現下的個體價值觀。以下即透過實證分析探討東方政治現實之民主偏好特殊性。

7　自由民主主義相當重要的內涵是允許對不同議題擁有相異的觀點，並在自由開放的政治進程基礎上做出決定。

8　在話語權的意義上，一直以來自由民主主義力求將自由民主一詞中的自由，與用來描述政治光譜範圍左派的自由一詞畫上等號，也就是保守派的對立面：開放派或進步派。

表3-1　東亞11國民主重要性題組之訪問調查次數分配表

	總和	緬甸	中國大陸	台灣	香港	印尼	日本	南韓	馬來西亞	菲律賓	越南	泰國
1（完全不重要）	1.40%	0.60%	0.70%	0.10%	1.10%	4.20%	0.30%	-	0.50%	4.10%	0.20%	0.70%
2	0.60%	0.20%	0.30%	0.10%	0.20%	1.30%	0.20%	-	0.50%	2.10%	0.20%	0.80%
3	1.00%	1.20%	0.70%	0.40%	1.30%	1.70%	0.30%	0.60%	0.50%	2.20%	0.20%	1.00%
4	1.10%	0.80%	0.70%	0.30%	1.10%	1.20%	0.40%	0.80%	1.10%	2.90%	0.30%	3.50%
5	6.30%	4.10%	4.10%	4.30%	8.90%	4.30%	4.80%	6.20%	8.50%	12.20%	2.20%	12.70%
6	6.30%	4.60%	4.60%	2.50%	10.40%	4.40%	3.50%	10.20%	9.40%	8.50%	2.90%	9.80%
7	9.10%	5.00%	6.00%	5.70%	15.00%	7.30%	7.10%	16.90%	11.00%	8.90%	10.20%	10.40%
8	17.70%	11.40%	17.80%	16.90%	23.60%	15.40%	18.00%	28.50%	16.80%	14.40%	18.30%	14.20%
9	14.60%	10.60%	17.50%	15.50%	10.60%	15.50%	12.50%	21.60%	17.10%	12.20%	12.20%	12.30%
10（非常重要）	40.60%	61.60%	47.00%	54.10%	27.10%	43.40%	43.00%	15.20%	34.70%	32.50%	53.20%	33.60%
不知道	0.80%	-	0.10%	-	0.70%	1.40%	6.90%	-	-	-	-	-
無答案	0.40%	-	0.60%	-	0.10%	-	2.90%	-	-	-	-	1.10%
總受訪數	18,545	1,200	3,036	1,223	2,075	3,200	1,353	1,245	1,313	1,200	1,200	1,500
除去遺漏值	18,311	1,200	3,014	1,223	2,057	3,155	1,220	1,245	1,313	1,200	1,200	1,483
平均值	8.33	8.93	8.71	8.96	7.83	8.23	8.7	7.9	8.19	7.51	8.91	7.83
標準差	1.99	1.76	1.72	1.47	1.91	2.39	1.63	1.49	1.86	2.55	1.45	2.14

資料來源：世界價值觀調查第七波（Haerpfer et al., 2020）資料，後經筆者自行整理。

壹、台灣

台灣在東亞民主化的進程中躋身於韓國與日本之列，一舉成爲東亞相對活躍的自由民主國家之一，民主化帶來的影響，包括民主選舉和尊重自由人權的改革，已經成爲公民價值觀中相當重要的組成，而這一種價值觀也充分體現在2020年總統、副總統及立法委員選舉中，該次大選的投票人數爲歷年最高，東亞地區首位女性政治領導人代表民進黨參選的蔡英文再次當選，擊敗代表國民黨的韓國瑜，然而總統蔡英文對台灣主權以及意識形態上的堅定立場將加劇了與中國大陸之間的緊張關係，後續影響值得持續觀察。

一、多元迴歸模型數據檢視

透過本書之研究設計與上述相關之統計分析如下：

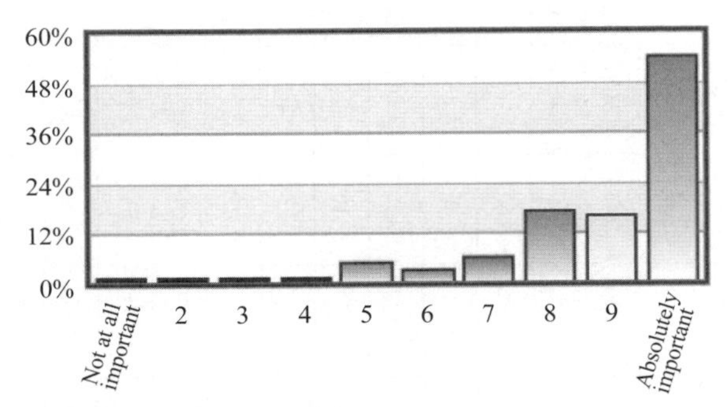

圖3-1　台灣的民主支持次數分配圖

資料來源：世界價值觀調查第七波（Haerpfer et al., 2020）台灣區資料，後經筆者自行整理。

表3-2　台灣的民主支持描述性統計表

	總數	最小值	最大值	平均值	標準差
民主的重要性	1,223	1	10	8.95	1.507

資料來源：世界價值觀調查第七波（Haerpfer et al., 2020）台灣區資料，後經筆者自行整理。

表3-3　台灣的民主支持多元迴歸模型

模型	非標準化係數		標準化係數	T	顯著性
	B	標準誤	β		
（常數）	8.464	.267		31.691	.000
性別（女性=0）					
男性	-.025	.083	-.008	-.294	.769
年齡（50歲以上老年人=0）					
16～29歲（青年人）	-.490	.128	-.122	-3.815	.000***
30～49歲（中年人）	-.196	.101	-.062	-1.928	.054
教育程度（高教育程度=0）					
低教育程度	-.286	.127	-.077	-2.247	.025*
中教育程度	.012	.102	.004	.118	.906
對本國民主認知（低認知=0）					
高認知	.911	.106	.241	8.628	.000***
經濟條件（高水準=0）					
低水準	-.140	.250	-.042	-.559	.577
中水準	.025	.239	.008	.106	.916

註：*** $p \leq .001$, ** $p \leq .01$, * $p \leq .05$。

資料來源：世界價值觀調查第七波（Haerpfer et al., 2020）台灣區資料，後經筆者自行整理。

如若研究結果呈現自變項與依變項間彼此具有顯著關聯性，則可以說驗證了本書之前的研究假設。

從上述圖表可以發現，在人口統計學層次中，年齡變項：青年人的迴歸係數為負，且達到統計上的顯著水準；教育程度變項：低教育程度的迴歸係數為負，且達到統計上的顯著水準；惟性別變項則並未具有顯著關聯性。

故性別變項未證實本書之研究假設，年齡變項證實本書之研究假設，教育程度證實本書之研究假設，整體來看人口統計學層次僅部分證實本書之研究假設。

於政治學層次之檢證上，對本國民主體制之認知變項與民主支持達到非常顯著之正相關，是以證實先前之研究假設。

於社會學層次之檢證上，經濟條件變項與民主支持無顯著關聯，是以未證實先前之研究假設。

二、模型分析：影響民主化發展的因素

台灣作爲承繼中華文化的民主國家，證明了中華文化可以和自由民主共存，成爲人權保障的堡壘，並肩負在東亞推廣自由民主價値觀，展現示範效果向前邁進的角色（Rigger, 2018: 150-154; Strong, 2021），民主化在近年對台灣帶來的影響包括：

（一）在國內面向：雖然不一定皆對自由民主制度保持高度滿意，但本書所採調查顯示出對自由民主制度的高度支持，確定該國公民普遍都希望生活在一個自由民主的社會中，而且主要政黨或政治領袖皆無公然倡導、反對民主選舉以及皆尊重和保障人權。

（二）在國際面向：提倡建立更加自由民主的政治秩序更爲符合台灣的利益，國際政治的自由主義與規範主義相比現實主義，更能減少暴力被用於國際政治手段所造成的風險，達到永久和平的國際秩序目標（Bush, 2021; Everington, 2021）。近期目標不只是國際民主聯盟制衡中國大陸對台灣的主權、領土訴求；中、長期目標更在於推動中國大陸的民主化。

台灣在自由民主領域可以爲東亞諸國，無論是日本、韓國先進發展國家，提供積極意義的榜樣，也可以作爲威權專制國家如中國大陸的消極對照模組，並成爲一個實證經驗，如何從專制國家邁向民主鞏固國家的可行途徑（Newcomb, 2021）。

惟由於受限中國大陸的牽制，台灣的外交力量相對有限，這也反映在自由民主議程的範疇，只限於在柔性呼籲以及台灣與其友邦之間的發展援助計畫，在某個程度上也可以成爲對比中國大陸的一個樣板，但實際上卻並不能對中國大陸的相關制度和政策產生任何影響。

三、其他數據參照[9]

台灣無論是民主發展和人權保障現況都被評以相當優異的分數（Freedom

---

[9] 定期民意調查所產生的數據是自下而上的，來自於普通一般基層公民的經歷反映出的意見；而相關智庫的評比指數則是自上而下，是來自於專家長期觀察，突顯具有系統性意義的重大事件。雖兩者皆屬次級資料，惟各有不同之應用與解釋範圍（鈕文英，2015：253-260）。

爲了研究東亞國家之政體選擇偏好，本書擬在分析過程中加入《經濟學人》（*The Economist*）的民主指數（Democracy Index）來進行交互參照，以期透過光譜式的途徑，解構東亞政治體制路徑，重新建構自由民主、混合、威權體制之間的關係，在不同國家情境下進行調整適用。此處並補充整理出其他六項常見具代表性之著名資料庫調查指數：

1. 民主指數是《經濟學人》分析相關國家或地區的民主程度。其涵蓋五項變量作爲指標，包

括公民自由、政治文化、政府運作、選舉程序與多樣性和政治參與。民主指數愈高，該國政治體制愈民主，從小於4的威權體制、4～5.9的混合體制、6～7.9的部分民主體制到8～10完全民主體制，並將世界上167個國家概分爲四類——威權體制、混合體制、半民主體制和全面民主體制。東亞區域在該民主指數中被評爲完全民主的國家分別是台灣、日本和韓國，光譜另一端的威權體制則有中國大陸、寮國和北韓（The Economist, 2020）。除了民主指數的標準外，其他研究也曾透過不同的三個變量來衡量民主程度：代表性（透過正式的政治途徑取得代表公眾意見和利益的程度）、參與性（個人能夠影響政策的程度）和公平性（政治菁英和普通公民在多大程度上共同遵守公正透明的規則，而非受到腐敗和恩庇侍從主義的影響）。

2. 其他補充包括：自由之家的世界自由度調查（Freedom in the World）、The Polity V Project政體變遷評估測量（Polity Data Sets）、世界銀行（World Bank）的DPI指數（Database of Political Institutions）中關於選舉競爭度調查、傳統基金會（Heritage Foundation）的經濟自由度指數（Index of Economic Freedom）、無國界記者（Reporters Without Borders）新聞自由指數（Press Freedom Index）等資料。
   (1) 自由之家的世界自由度調查評估指數是7分制爲單位，從最自由的1分到最不自由的7分，東亞各國依分別獲得的分數而被評爲自由、部分自由與不自由，顯示出東亞地區自由民主程度存在之差異，以及可以與世界其他國家進行自由度比較（Freedom House, 2019）。
   (2) The Polity V Project政體變遷評估測量，該研究資料之變量包括參與的競爭性、參與的規制、行政甄補的競爭性與行政甄補的開放性。換言之，其區分政治體制的評分標準，主要以選舉之競爭力、開放程度和參與程度給分，從-10～10，-10～-6屬於專制威權體制，-5～5屬於混合體制（-5～0：封閉無支配體制或封閉半民主體制；0～5：開放無支配體制或開放半民主體制），6～10屬於民主體制（6～9：民主；10：完全民主）（Polity V Project, 2018）。
   (3) 世界銀行的DPI指數屬於其政治機構資料庫的一環，當中就選舉競爭度之研究資料變量而言，爲行政選舉競爭度和立法選舉競爭度，選舉競爭度最低的1至選舉競爭度最高的7（World Bank, 2020）。
   (4) 經濟自由度指數是由傳統基金會和《華爾街日報》（*The Wall Street Journal*）所共同調查提出的指數，涵蓋179個國家或地區，共計50個變量指標來評估該國或地區政府對經濟的干預程度，其研究假設是，經濟自由度高的國家或地區將有相對高的長期經濟成長速度，從經濟自由度最低的1到經濟自由度最高的100，分別爲1～49.9：壓制；50～59.9：比較壓制；60～69.9：有限度自由；70～79.9：比較自由；80～100：完全自由（Heritage Foundation, 2020）。
   (5) 新聞自由指數乃是由無國界記者組織評估相關國家、地區或組織的新聞自由狀況紀錄後評比。反映記者、有關組織與民眾身處新聞自由之程度、政府部門的程度保護與促進新聞自由之程度。評比內容主要包括：媒體立法框架、媒體內部自我審查程度、媒體獨立性、新聞多元化、透明度與相關基礎設施等。指數愈小則新聞自由度愈大：從不自由、受較重限制、受限制、稍受限制、正常、近自由到自由（Reporters Without Borders, 2020）。
   (6) 全球治理指標是世界銀行對治理維度做出的評估，治理的概念囊括國家行使權力時所採用的機構、過程、能力以及與公民之互動狀況，而全球治理指標涵蓋世界215個國家或地區在六項治理概念的數據：公共參與程度與人權保障、政治穩定性、政府效能、管理品質、法治和腐敗控制。該指標綜合受訪企業、公民和專家的觀點，加權統計相關數據，指標範圍從-2.5～2.5，值愈高表示更好的治理程度（World Bank, 2018）。

3. 最後補充國際貨幣基金組織（International Monetary Fund）之人均國內生產總值（Real

House, 2021），甚至在相對前衛的性別與婚姻議題上亦成爲發展相對領先的國家之一，[10]不過在死刑存廢議題上台灣社會仍未有共識。

根據《經濟學人》於2021年2月2日發布的年度民主指數，台灣是東亞評等表現最優異、最民主的國家，並位居世界第11名，監督透明性以及政治、司法改革的嘗試是台灣近年在評等上升的主要關鍵（The Economist, 2021）。

貳、新加坡

新加坡的政治現實狀態有其特殊性，對新加坡的混合體制的負面看法的確立基於客觀現實，這些客觀現實與西方自由民主概念背道而馳，背離西方式價值觀所理解的樣板。這樣的意識形態對立關係，加諸新加坡擁有的眾多華人人口，使其擁有眾多的中國文化特徵，以及歷史路徑的依賴所產生的抽象支配關係，除此之外與鄰國的地緣政治生態，都是這些基本現實的延伸。[11]

新加坡政治現實上的條件塑造出具有主導性的因素，包括有關政治、經濟協作的治理模式以及中國文化背景的多元文化社會。新加坡的華人都是移民，所以無論在地理、歷史和文化組成部分皆相似但異於中國大陸。

新加坡的族群和諧經過政府的嚴格管理，技術操作下的和諧是務實的，但社會現實卻充滿張力，這種張力既存在於個人，也存在於社群，這種隱性的衝突根源，仰賴多元寬容的公共秩序和多元的文化理想來維持表面的平和，該社會形態的特徵因而引起關注。[12]

一、多元迴歸模型數據檢視

世界價值觀調查第七波截至2021年5月4日尚無新加坡區資料。

GDP per capita）亦可觀察一國之經濟發展現況，作爲背景補充，其計算方式爲國內生產總值除以年中人口數，且該數據按現價美元計數。

[10] 台灣於2019年5月17日成爲亞洲第一個將同性婚姻合法化的國家。

[11] 由於歷史、文化背景與地緣政治關係，所以和其鄰國的政治、經濟、宗教、文化傳統關係相對緊張，這也給予政府充分的理由對新聞自由和言論自由進行限制，以防止社交媒體任意發布任何可能影響新加坡與馬來西亞或印尼之間的訊息（Cheang and Choy, 2021: 1-24）。

[12] 在歷史上新加坡一直以來是一個多種族的自由商港，缺乏堅定的民族認同感、具約束性的集體共識與相關的共同記憶，在任何現實意義上都並非民族國家。

二、影響民主化發展的因素

1959年新加坡取得完全自治成立獨立政府，雖然李光耀一直致力於與馬來西亞聯邦合併，但是在1964年爆發了激烈的種族動亂後，馬來西亞將新加坡從聯邦逐出，直至1965年完全獨立成爲現今之新加坡共和國。新加坡是混合體制國家，負責選舉的並非是獨立機關，而是由總理和內閣所控制的政府單位，這使得人民行動黨能夠利用完全有利的法律、規則來獲取選舉優勢，其倚仗的核心假設是大部分公民並不了解民主的眞正意義，也不是每次都踴躍參與選舉，是以民主的功能需要執政者的協助與指導（Bruns et al., 2002: 203-232）。

儘管新加坡擁有反對政黨，擁有經民主選舉產生的議會，有互相獨立彼此制衡的政府機關，以及尙稱獨立自主的新聞媒體，但選舉制度和人民行動黨的諸多行政、立法、司法手段，卻實際上干預了選舉的公正與公平性。最爲人詬病的是，藉族群和諧之名調整候選人以及重劃選區；部分席次由未當選的非選區議員所塡補；利用司法制度與程序壓制反對派議員、候選人與公民等負面方式，來保證人民行動黨的長期執政。當然不可諱言，政治菁英的不足與施政經驗的薄弱，也是反對黨派選舉不利的原因之一，反對黨在新加坡面臨最大的挑戰，是因爲有一個執政已有五十年歷史的政黨，而任何試圖反對該政黨的人都會遭遇許多程序與實質阻礙，使其不再試圖參加選舉。惟從2011年開始，反對黨漸漸開始取得部分的成功，諸如工人黨和新加坡進步黨更試圖透過社交媒體平台表達、申述政治理念，儘管屢屢遭到打壓，但仍持續堅持相關的政治改革訴求。隨著經濟成長趨緩和內部政治緊張局勢加劇，人民行動黨必須讓其形象維持在最好的政黨而努力，並將一次比一次艱難地贏下大選（Tamura, 2003: 184-185; Garfinkle, 2017）。

新加坡不遵循西方自由民主體制，演變出一套非自由民主體制。政治上的實用主義：透過廉潔、透明的政黨改革、菁英管理的政治甄補原則、多元種族和諧政策、[13]呼籲社群團結等方式；經濟上的管理與發展：混合自由市場與社會主義的制度與政策，並廣泛利用私人公司和政府的合資企業優勢，產出對經濟發展極佳的成功結果；社會上的安全保障：重視全方位治理的實際表現，致力提供良好的生活條

[13] 新加坡所遵行的多元文化主義著眼多元人口、宗教和文化的社會組成，華人約占人口組成的70%。馬來人、印度人和其他族裔（如歐美人士）則是新加坡的少數民族，不可避免地產生種族衝突和歧視，是以多元文化主義提供了拒絕歧視相關政策的良好立基，然而新加坡擁護多元文化主義和多種族和諧，在表層意義上是相當符合自由主義的特徵傾向，在深層意義上，這是人民行動黨維持統治合法性的治術工具。

件、主動協助工作媒合、給予失業救助、建造經濟且實用的公共住宅、打造穩定的醫療保健設施、先進安全的運輸基礎建設等，試圖使新加坡更宜居與更安全。新加坡在治理的成效上，切合實際的做法賦予其充分而有效的理由拒絕西方式自由民主制度，並宣稱是保護傳統社會免受西方自由民主帶來的負面影響（Mutalib, 2000: 338-340）。

不可否認，新加坡在西方自由民主體制和具新加坡特色的混合體制之間取得巧妙的平衡，然而其在許多層面仍然招致批評，諸如人民的表見自由、人權議題、道德與宗教和諧議題以及司法機關醜聞，但無法否認執政黨產出符合自己和國家最佳政治利益的結果。這種利己與利他主義的共存，從規範性實踐的角度來看，是由菁英主義、社群主義、技術官僚主義與家父式管理所構成，也給予其他發展中國家提供另一種路徑範式。

三、其他數據參照

新加坡2020年的民主指數平均6.03，排名世界第74名，較2019年上升1名，其中選舉程序與多樣性得分爲4.83、政府運作得分爲7.86、政治參與得分爲4.44、政治文化得分爲6.25和公民自由得分爲6.76（The Economist, 2021）。

參、菲律賓

菲律賓在1986年斐迪南・馬可仕（Ferdinand Marcos）獨裁政權覆滅後走向民主，但近年來該國民主持續衰敗，特別是基本權利的侵害、政治菁英長期拒絕加強政治競爭和問責制的改革、政府的執法公正和行政管理缺失以及公民社會參與的大幅下降，都對民主進程構成挑戰（Coronel, 2020）。

一、多元迴歸模型數據檢視

透過本書之研究設計與上述相關之統計分析如下：

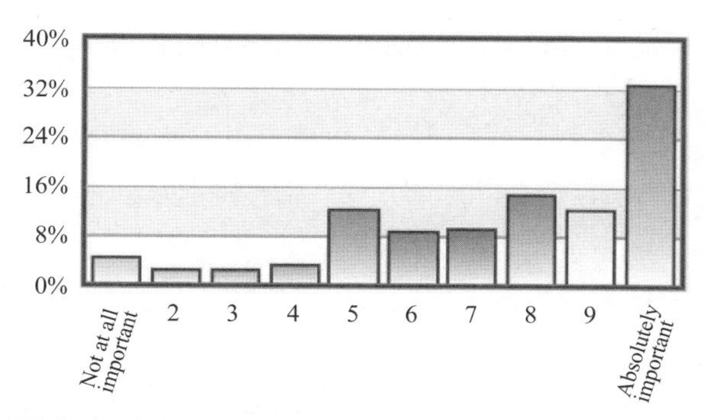

圖3-2　菲律賓的民主支持次數分配圖

資料來源：世界價值觀調查第七波（Haerpfer et al., 2020）菲律賓區資料，後經筆者自行整理。

表3-4　菲律賓的民主支持描述性統計表

	總數	最小值	最大值	平均值	標準差
民主的重要性	1,200	1	10	7.48	2.531

資料來源：世界價值觀調查第七波（Haerpfer et al., 2020）菲律賓區資料，後經筆者自行整理。

表3-5　菲律賓的民主支持多元迴歸模型

	非標準化係數		標準化係數	T	顯著性
	B	標準誤	β		
（常數）	7.061	.358		19.740	.000
性別（女性=0）					
男性	.080	.140	.016	.571	.568
年齡（50歲以上老年人=0）					
16～29歲（青年人）	-.111	.190	-.018	-.581	.561
30～49歲（中年人）	-.002	.160	.000	-.012	.990
教育程度（高教育程度=0）					
低教育程度	-.562	.200	-.101	-2.812	.005**
中教育程度	-.262	.263	-.035	-.994	.320
對本國民主認知（低認知=0）					
高認知	1.539	.156	.276	9.887	.000***
經濟條件（高水準=0）					
低水準	-.187	.299	-.035	-.624	.532
中水準	-.330	.285	-.064	-1.159	.247

註：*** $p \leq .001$, ** $p \leq .01$, * $p \leq .05$。

資料來源：世界價值觀調查第七波（Haerpfer et al., 2020）菲律賓區資料，後經筆者自行整理。

如若研究結果呈現自變項與依變項間彼此具有顯著關聯性，則可以說驗證了本書之前的研究假設。

從上述圖表可以發現，在人口統計學層次中，教育程度變項：低教育程度的迴歸係數爲負，且達到統計上的顯著水準；惟性別與年齡變項則並未具有顯著關聯性。

故教育程度變項證實本書之研究假設，性別、年齡變項未證實本書之研究假設，整體來看人口統計學層次僅部分證實本書之研究假設。

於政治學層次之檢證上，對本國民主體制之認知變項與民主支持達到非常顯著之正相關，是以證實先前之研究假設。

於社會學層次之檢證上，經濟條件變項與民主支持無顯著關聯，是以未證實先前之研究假設。

二、模型分析：影響民主化發展的因素

來自反對黨以及公民的批評、復以能不受阻礙地接觸本國和國際媒體，某種程度證明了菲律賓的自由度，但自由民主發展問題不只是缺乏自由，而可能是缺乏平等，雖然這兩者常是相伴而生，但是平等必須置於更優先的位置，因爲單純的自由將容易催生出獨裁和不受控的資源競爭。

其民主的倒退體現在決策的獨斷以及機關內部的腐敗，杜特蒂（Rodrigo Duterte）的專制作風顯現於關於毒品戰爭的政策和言論所造成的權力濫用，[14]影響了該國本就脆弱的自由民主制度：警察和軍隊等強制力機構被賦權，破壞了對於安全部隊的控制機制；[15]對反對黨、司法機關和媒體的系統性侵犯，削弱了監督、審查和追究行政權的能力；反恐怖主義法的通過，更進一步削弱媒體和公民權利，[16]

---

[14] 杜特蒂擁有民粹主義政治領導人的鮮明特徵，當其擔任達沃市市長時，即採用非常規的治理方法，使達沃市的公共秩序與安全大幅改善，其後在擔任總統時履行其競選承諾，發動反毒品戰爭而導致大量死傷，且當中不小比例並未與阻止毒品有關（Dressel and Bonoan, 2019: 135-140）。

[15] 治安部隊包括警察和軍隊，採取消極的宵禁和積極的打擊或懲罰措施執行反毒政策，並保證治安部隊不因反毒政策執法而受懲罰，使得對安全部隊的民主控制制度化遭到破壞，對安全部隊的問責制形同虛設。一個處於準戰爭狀態的國家會產生監督眞空的環境，助長專制政策的氾濫，當政治議程聚焦在治安與公共安全議題上時，民眾對於自由民主的期待就會被轉移，更因爲正當程序是一個緩慢發展的過程，但將之破壞卻非常容易（Dressel and Bonoan, 2019: 135-140）。

[16] 新聞記者進行自我審查，社交平台上眞相和事實模糊，難以透過資訊多元透明辯證自清。

而旨在遏制新冠病毒傳播的限制，也附帶影響了公民集會遊行抗議的權利（Curato, 2021）。

民調的滿意度使杜特蒂的專制作風獲得正當合法性，其更擅長操作公眾話語權，藉由訊息的系統性扭曲來操控輿論，政府贊助的網軍創造了一種兩極分化的網路環境，忽視或貶低不同意見者，也促使菲律賓成爲民主國家專制主義的實驗場域，菲律賓的政治變革不只是妨礙民主問責制的運作行動方式，行政權力濫用、破壞民主多元競爭和民主問責制，[17]從而侵蝕了民主制度的內涵（Beltran, 2021）。

杜特蒂的專制作風愈演愈烈，但菲律賓仍然存在鮮明的民主表現形式，包括地方自治、[18]數位創作自由和完備的選舉形式，此外菲律賓的人口組成相對年輕，青年在數量上漸漸成爲菲律賓民主相對有影響力的參與者，但是政治議程的邊緣化，[19]使得其對漸進式的改革和政治參與漸失信心，轉向諸如抗議遊行、志願服務和社群媒體串聯運動（Wanless, 2020）。

三、其他數據參照

菲律賓在2020年的民主指數中，選舉過程和多元化得分爲9.17、政府職能得分爲5、政治參與得分爲7.78、政治文化得分爲4.38、公民自由得分爲6.47、平均得分爲6.56。其被描述爲擁有自由和公正選舉的國家，即使存在如侵犯媒體自由的問題，但基本上尊重大部分公民自由（The Economist, 2021）。

肆、蒙古

蒙古於1911年宣布脫離中國獨立，但直到1992年才確立現行的競爭性多黨制憲政政治體制和自由市場經濟體制（Pomfret, 2000: 149-150），然而蒙古也正面臨民主衰敗的威脅。

一、多元迴歸模型數據檢視

世界價值觀調查第七波截至2021年5月4日尚無蒙古區資料。

[17] 監察機關和新聞機構這些政治與非正式問責的能力被限制，司法審查與輿論質疑因而連帶受阻，相關的威脅和侮辱也延伸到這些機構場域。

[18] 中央權力集中化和軍事化執政模式與地方開放式和參與式治理形成鮮明對比。

[19] 更具體而言是由於經濟條件、宗教信仰、缺乏接觸機會和易受到激進派的影響而被邊緣化。

二、影響民主化發展的因素

2017年哈爾特瑪・巴圖加（Khaltmaa Battulga）透過民粹主義運動贏得了蒙古總統大選，當時其指稱過去的執政黨藉由寡頭政治祕密分贓蒙古豐富的礦產資源，損害了普通民衆的利益，但接著在2019年蒙古取消對於法院和反腐敗機構維持其獨立性的部分保護與保障措施，其中主要包括透過立法賦予其可以在六年任期屆滿前無故解僱法官、檢察長與廉政公署負責人。哈爾特瑪・巴圖加總統進一步的擴權行爲，被解讀爲民主有開始衰敗逐漸走向專制體制的趨勢。除了司法機關的獨立性被削弱之外，選舉制度的驟然改變——由多數決與比例代表混合制改爲贏者全拿制，使得小黨和獨立參選人更難贏得議會席位；賄選貪污醜聞；以及2017年透過將誹謗定爲刑事犯罪的修法議程，使記者與公民面臨言論的自我審查等，皆對蒙古的自由民主體制產生衝擊（Sambuu and Menard, 2019）。

此外，由於蒙古被兩個大國環繞，中國大陸和俄羅斯，一個是共產主義威權專制國家，而另一個競爭性威權專制國家，在地理位置上位於中國大陸和俄羅斯兩個威權大國之間，被吞併的威脅時刻充斥著蒙古的政治生活之中，但是正由於中俄之間的矛盾，自由民主的政治體制促使其與美國、日本和韓國產生緊密聯繫，形成一種政治緩衝，有助於維持各方力量的平衡（Fish and Seeberg, 2017: 138-141）。

三、其他數據參照

蒙古2020年的民主指數平均6.48，排名世界第61名，較2019年上升1名，其中選舉程序與多樣性得分爲8.75、政府運作得分爲5.71、政治參與得分爲5.56、政治文化得分爲5.63和公民自由得分爲6.76（The Economist, 2021）。由於教育普及、識字率高、網路普及率也極高，公民可以不受限制地透過網路自由與世界各地進行交流，這不只是溝通媒介，也提升了公共透明度，可用於問責政府機關的賄賂和腐敗行爲。

伍、泰國

泰國近來一系列的民主改革示威抗議活動，迫使政府對此發布緊急法令，禁止大規模示威抗議。日益激烈的民主改革運動訴求是結束軍事統治、進行修憲、重新舉行大選、結束對公民和反對派人士自由權利的壓迫、[20]限制國王的權力、[21]重新檢討濫權機關的適法與適任性、並要求總理帕拉育・占奧差（Prayuth Chan-ocha）[22]辭職（BBC News, 2020）。

一、多元迴歸模型數據檢視

透過本書之研究設計與上述相關之統計分析如下：

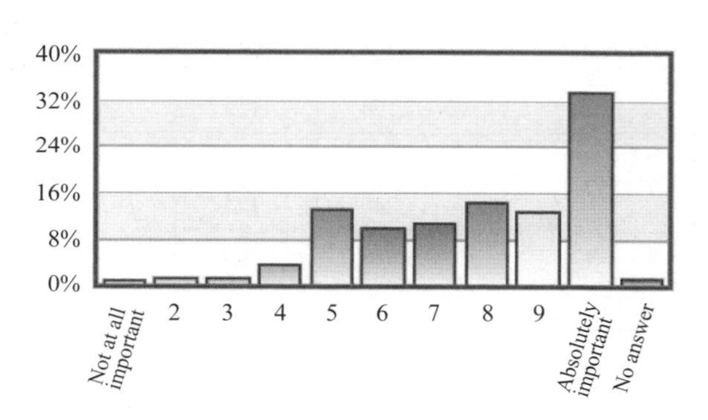

圖3-3　泰國的民主支持次數分配圖

資料來源：世界價值觀調查第七波（Haerpfer et al., 2020）泰國區資料，後經筆者自行整理。

表3-6　泰國的民主支持描述性統計表

	總數	最小值	最大值	平均值	標準差
民主的重要性	1,481	1	10	7.82	2.148

資料來源：世界價值觀調查第七波（Haerpfer et al., 2020）泰國區資料，後經筆者自行整理。

20 泰國所頒布禁止對君主制進行侮辱的法律是世界上最嚴格的相關法律之一，其被認為屢屢用以壓制言論自由。

21 要求遏制瓦吉拉隆功國王（Kaj Vajiralongkorn）的權力，肇因於其在新冠病毒大流行期間大部分時間都滯留在國外以躲避疫情，但由於期間國王鉅額的花費以及過往奢侈的行事作風飽受爭議，致使相關的質疑聲浪日益嚴重（BBC News, 2020）。

22 帕拉育・占奧差是在2014年政變中奪取政權的前陸軍參謀長，後來在有爭議的選舉中被任命為總理。

表3-7 泰國的民主支持多元迴歸模型

	非標準化係數		標準化係數	T	顯著性
	B	標準誤	β		
（常數）	8.979	.264		34.064	.000
性別（女性=0）					
男性	-.200	.110	-.047	-1.809	.071
年齡（50歲以上老年人=0）					
16～29歲（青年人）	-.377	.187	-.059	-2.011	.044*
30～49歲（中年人）	-.190	.122	-.044	-1.558	.119
教育程度（高教育程度=0）					
低教育程度	-.840	.174	-.179	-4.838	.000***
中教育程度	-.288	.204	-.049	-1.415	.157
對本國民主認知（低認知=0）					
高認知	.626	.111	.146	5.644	.000***
經濟條件（高水準=0）					
低水準	-.618	.232	-.123	-2.665	.008**
中水準	-.694	.210	-.150	-3.311	.001***

註：*** $p \leq .001$, ** $p \leq .01$, * $p \leq .05$。

資料來源：世界價值觀調查第七波（Haerpfer et al., 2020）泰國區資料，後經筆者自行整理。

如若研究結果呈現自變項與依變項間彼此具有顯著關聯性，則可以說驗證了本書之前的研究假設。

從上述圖表可以發現，在人口統計學層次中，年齡變項：青年人的迴歸係數爲負，且達到統計上的顯著水準；教育程度變項：低教育程度的迴歸係數爲負，且達到統計上的顯著水準；惟性別變項則並未具有顯著關聯性。

故性別變項未證實本書之研究假設，年齡變項證實本書之研究假設，教育程度證實本書之研究假設，整體來看人口統計學層次僅部分證實本書之研究假設。

於政治學層次之檢證上，對本國民主體制之認知變項與民主支持達到非常顯著之正相關，是以證實先前之研究假設。

於社會學層次之檢證上，經濟條件變項（低水準的迴歸係數爲負，且達到統計上的顯著水準、中水準的迴歸係數爲負，且達到統計上的顯著水準）與民主支持亦達顯著之正相關，是以證實先前之研究假設。

二、模型分析：影響民主化發展的因素

與過去的紅衫和黃衫（泰國反對派的支持者）之間的衝突不同，過去在2005年至2006年、2008年的政治衝突主要是涉及前總理塔克辛・欽那瓦（Thaksin Shinawatra）的支持與反對勢力之間的對抗（Bunbongkarn, 2015: 361-366），如今泰國的相關衝突是牽涉到政治改革、世代衝突與君主制禁忌。

2019年對民主持相對開放態度的未來前進黨領導人塔納通・宗龍倫吉（Thanathorn Juangroongruangkit）帶領該黨成爲國會第三大黨，並在年輕的初次投票選民中尤其受到歡迎，但其後其被法院裁定收受非法政治獻金並下令強迫該黨解散，該舉更是衝擊其自由與民主制度發展。雖然其後新冠病毒使得2020年底席捲泰國首都的大規模民主改革抗議活動受到抑制，但過度和嚴厲的執法行爲卻意外加劇了抗議熱度（Ekvittayavechnukul, 2021）。

三、其他數據參照

泰國2020年的民主指數平均6.04，排名世界第73名，較2019年下降5名，其中選舉程序與多樣性得分爲7.00、政府運作得分爲5.00、政治參與得分爲6.67、政治文化得分爲6.25和公民自由得分爲5.29（The Economist, 2021）。

陸、馬來西亞

2020年2月24日馬哈迪・穆罕默德（Mahathir bin Mohamad）辭去馬來西亞總理的職務，正式宣告與希望聯盟的合作終結，這也使得2018年催生首次政黨輪替的結盟影響顯得更加意義深遠。

一、多元迴歸模型數據檢視

透過本書之研究設計與上述相關之統計分析如下：

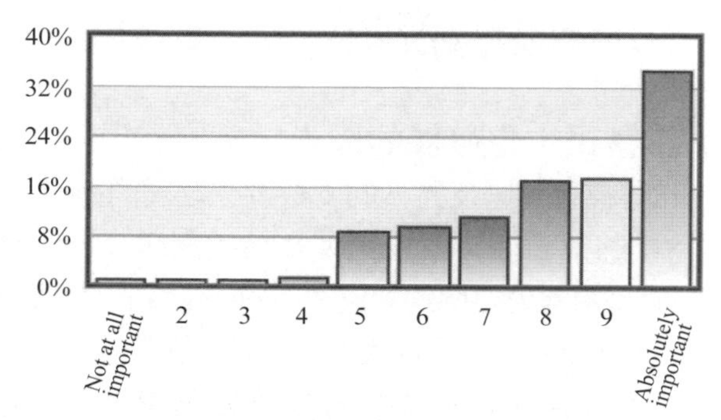

圖3-4　馬來西亞的民主支持次數分配圖

資料來源：世界價值觀調查第七波（Haerpfer et al., 2020）馬來西亞區資料，後經筆者自行整理。

表3-8　馬來西亞的民主支持描述性統計表

	總數	最小值	最大值	平均值	標準差
民主的重要性	1,313	1	10	8.19	1.859

資料來源：世界價值觀調查第七波（Haerpfer et al., 2020）馬來西亞區資料，後經筆者自行整理。

表3-9　馬來西亞的民主支持多元迴歸模型

	非標準化係數		標準化係數	T	顯著性
	B	標準誤	β		
（常數）	8.457	.199		42.590	.000
性別（女性=0）					
男性	-.084	.102	-.023	-.826	.409
年齡（50歲以上老年人=0）					
16～29歲（青年人）	-.553	.135	-.139	-4.084	.000***
30～49歲（中年人）	-.207	.127	-.055	-1.622	.105
教育程度（高教育程度=0）					
低教育程度	-.103	.121	-.028	-.850	.395
中教育程度	-.007	.151	-.002	-.048	.962
對本國民主認知（低認知=0）					
高認知	.205	.106	.053	1.932	.054
經濟條件（高水準=0）					
低水準	-.319	.189	-.080	-1.693	.091
中水準	.112	.174	.030	.647	.518

註：*** $p \leq .001$, ** $p \leq .01$, * $p \leq .05$。

資料來源：世界價值觀調查第七波（Haerpfer et al., 2020）馬來西亞區資料，後經筆者自行整理。

如若研究結果呈現自變項與依變項間彼此具有顯著關聯性，則可以說驗證了本書之前的研究假設。

從上述圖表可以發現，在人口統計學層次中，年齡變項：青年人的迴歸係數爲負，且達到統計上的顯著水準；惟性別與教育程度變項則並未具有顯著關聯性。

故性別與教育程度變項未證實本書之研究假設，年齡變項證實本書之研究假設，整體來看人口統計學層次部分證實本書之研究假設。

於政治學層次檢證上，對本國民主體制之認知變項與民主支持無顯著相關，是以未證實先前之研究假設。

於社會學層次之檢證上，經濟條件變項與民主支持無顯著相關，是以未證實先前之研究假設。

二、模型分析：影響民主化發展的因素

2018年大選前馬哈迪曾做出承諾，勝選後將擔任政府的過渡領導人，並在適當時間開始過渡進程，將權力移交給他的副手安華・伊布拉欣（Anwar Ibrahim），然而由於馬哈迪一再推遲移交進程，導致政局動盪，希望聯盟內部原來因勝選考量所壓抑的意識形態和本位主義已經不復以往，馬希亞丁（Muhyiddin Yassin）在馬哈迪辭職後接任總理，至此馬來西亞再次政黨輪替（Paddock, 2020; Lemière, 2021; Zainuddin, 2021），之後的政治影響可能轉向更加明確的以馬來人優先的政治議程，並催生更加兩極分化的政治立場，華人人口衆多的城市地區和馬來人人口較多的鄉村地區的平衡更加難以維持，不同族裔之間的隔閡可能加劇。

就馬來西亞政治常態中所組成的跨黨派聯盟而言，由於是權力妥協與利益權衡的結果，馬來西亞公民很可能對執政黨派聯盟所產出的決策沒有控制權甚或積極、消極參與的機會，更有鑑於內部分裂的侷限，這樣的執政組成是不穩定的，表面上的和諧更難以將行政中立的治理概念融入政治生活之中，相對卻破壞民主政治的平等原則（Welsh, 1996: 882-883）。此外，不同派系之間的權力鬥爭仍在延續，這種鬥爭不僅會爲馬來西亞政局帶來不確定性，還會引發深遠的派系糾紛和動盪局勢。

三、其他數據參照

儘管馬哈迪辭任總理導致政治動盪，但馬來西亞的民主指數仍然保持穩定上升，馬來西亞2020年的民主指數排名第39名，高於2019年的第43名，近十年馬來西亞的民主指數分別爲6.19（2010、2011）、6.41（2012）、6.49（2013、

2014）、6.43（2015）、6.54（2016、2017）、6.88（2018）、7.16（2019）、7.19（2020）。馬來西亞在選舉過程和多元化、政府職能、政治參與以及政治文化上相對表現穩定，但公民自由仍待加強，也就是說被認爲擁有尚屬自由公正的選舉，[23] 但仍存在某些侵犯媒體自由的問題，以及仍可改善的治理問題和仍可增進的政治參與（The Economist, 2021）。

柒、中國大陸

從中國大陸歷史背景與政治文化的層次來看，儒家傳統並不是阻止民主發展的理由——東亞其他具有儒學背景的國家如台灣、日本和韓國皆建立起極佳的自由民主政治制度；儒家對教育的重視導致社會階級的流動，在結構論上提供共同的民主化變項假設；對人民的平等地位追求以及科層體制官僚對於政治權力的濫用有責任提出反對，也都符合民主化的概念。

一、多元迴歸模型數據檢視

透過本書之研究設計與上述相關之統計分析如下：

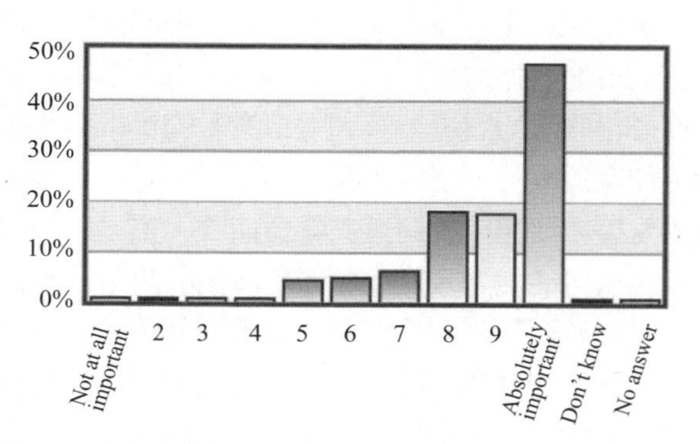

圖3-5　中國大陸的民主支持次數分配圖

資料來源：世界價值觀調查第七波（Haerpfer et al., 2020）中國大陸區資料，後經筆者自行整理。

---

[23] 馬來西亞的選舉雖然因爲屢因具目的爭議性的選區調整而難稱完善，但在程序上卻是尚屬透明開放的。

表3-10　中國大陸的民主支持描述性統計表

	總數	最小值	最大值	平均值	標準差
民主的重要性	3,013	1	10	8.77	1.666

資料來源：世界價值觀調查第七波（Haerpfer et al., 2020）中國大陸區資料，後經筆者自行整理。

表3-11　中國大陸的民主支持多元迴歸模型

	非標準化係數		標準化係數	T	顯著性
	B	標準誤	β		
（常數）	8.172	.210		38.953	.000
性別（女性=0）					
男性	.046	.060	.014	.765	.444
年齡（50歲以上老年人=0）					
16～29歲（青年人）	-.388	.093	-.091	-4.163	.000***
30～49歲（中年人）	.021	.068	.006	.312	.755
教育程度（高教育程度=0）					
低教育程度	-.470	.084	-.140	-5.605	.000***
中教育程度	-.150	.090	-.038	-1.673	.094
對本國民主認知（低認知=0）					
高認知	.971	.074	.233	13.049	.000***
經濟條件（高水準=0）					
低水準	.271	.189	.078	1.436	.151
中水準	.097	.185	.029	.525	.600

註：*** $p \leq .001$, ** $p \leq .01$, * $p \leq .05$。

資料來源：世界價值觀調查第七波（Haerpfer et al., 2020）中國大陸區資料，後經筆者自行整理。

如若研究結果呈現自變項與依變項間彼此具有顯著關聯性，則可以說驗證了本書之前的研究假設。

從上述圖表可以發現，在人口統計學層次中，年齡變項：青年人的迴歸係數爲負，且達到統計上的顯著水準；教育程度變項：低教育程度的迴歸係數爲負，且達到統計上的顯著水準；惟性別變項則並未具有顯著關聯性。

故性別變項未證實本書之研究假設，年齡變項證實本書之研究假設，教育程度證實本書之研究假設，整體來看人口統計學層次僅部分證實本書之研究假設。

於政治學層次之檢證上，對本國民主體制之認知變項與民主支持達到非常顯著之正相關，是以證實先前之研究假設。

於社會學層次之檢證上，經濟條件變項與民主支持並未具有顯著關聯性，是以未證實先前之研究假設。

二、模型分析：影響民主化發展的因素

中國大陸並非屬於自由民主制度國家，但其市場經濟蓬勃發展，在自上而下的社會主義計畫經濟中成長，也獲得了政治上的正當合法性，進一步去探討可以發現，中國大陸的民主是存在於中國共產黨內部的菁英集體決策階級以及地方層級的基層民主上，[24]儘管中國大陸在政治菁英階級以及地方基層並非沒有民主的發展，但這並不代表中國大陸會在不久的將來成為自由民主國家，迄今為止中國共產黨持續使用強制力來壓迫其他反對的政治勢力，並妥善運用民族主義和愛國主義，凝聚對抗自由民主之首美國的共識（Gokhale, 2020）。

自從1970年代末經濟上的改革開放以來，因應政治改革的壓力也一直在增加，[25]中國共產黨過去的領導階層曾試圖在限制個人權力而又不放棄共產黨全面控制的前提下，設計一系列規定包括：高階職務的任期限制以及黨員的強制性退休年齡，來防止政治強人的權力濫用。這樣的領導體制制度化強調決策過程中的規範性程序與制度機制，約束黨內政治菁英，對外使其對社會基層的需求更為敏感，對內則對己身的施政表現負責（Yu, 2016: 138-157）。

多黨競爭是民主國家的基本特徵，而在中國大陸則藉由社會主義民主來宣稱其不遺餘力推動民主進程，中國共產黨將社會主義民主描述為一種將權力集中在中國共產黨中的制度，說服其相信中國共產黨致力於為人民的利益服務，而黨完全代表了人民的意志。中國大陸有八個民主黨派，分別是中國國民黨革命委員會、中國民主同盟、中國民主建國會、中國民主促進會、中國農工民主黨、中國致公黨、九三學社、台灣民主自治同盟，但是與西方自由民主國家的政黨不同，中國沒有任何政黨可以挑戰共產黨的執政權，其與共產黨之間是合作關係而不是競爭關係。而全國人民代表大會由大約3,000名成員組成，並非所有成員都是共產黨員，但實際運作

---

[24] 中國大陸允許公民行使有限的政治權力，例如在地方選舉中投票，如村委會選舉在一定程度上具有選舉民主。

[25] 政治改革的主要目的之一是減緩民主化的壓力與威脅，但隨著政治改革的進程，公民也對其應有合法權利有更深層的理解。

上仍然是由共產黨主導，導致本應負責制定法律和監督政府的機關，無法發揮其民主功能（Yu, 2016: 57-63）。

但近來中國政治領導人習近平採取了各種軟性威權主義政策措施，[26]擴大政治權力壟斷、加強數位監控。新技術在巨大的中國大陸市場中被推動，私人企業與中國共產黨被鑲嵌、編織在一起，經濟的快速成長催生新參與者的出現，更複雜的政商利益集團成形，中國共產黨和國家政治機器繼續蓬勃發展，在此證明了稱職的威權政府在提供實質性的經濟成長和治理品質的同時，有效地抑制個人自由、媒體自由以及網路自由，可以將民主化進程有效推遲（Krekó, 2021: 119-121）。[27]再透過家父長式協商代替自治政治參與，地方基層的選舉則遵循類似的民主路線進行分權，採用代表制與授權諮詢來建立利益衝突下的共識，期待有助延續中國大陸專制政權的存在（Fang, 2015: 93-105），來爭取政治話語權和民意疏導，畢竟民主是改革的重要驅動因素，它可能對建立更優質、更能回應民眾需求的政府產生重要影響，但這種具中國特色的部分民主在宣示與象徵意義上卻大於實際成效與對未來的民主正面發展。

習近平鞏固了他在中國大陸愈來愈不自由的獨裁統治，並加強了對外部國際政治、經濟、社會的影響，在中印邊界、台灣、南海伸張相關主權爭議，並對香港、澳門、新疆、西藏進行徹底的穩定控制（Davidson, 2021）。

中美之間日益激烈的競爭是國家如何治理的制度性安排，在東南亞地區，中國大陸的治理模式獲得廣大的支持，如果中國大陸在習近平的領導下持續取得政治、經濟、社會層次上的成功，這種模式將成爲威權主義的榜樣，供其他發展中國家學習甚至複製，並進一步成爲對自由民主主義價值觀的威脅，成爲新的全球和區域秩序與主流價值觀。

三、其他數據參照

中國大陸2020年的民主指數平均2.27，排名世界第151名，較2019年上升2名，其中選舉程序與多樣性得分爲0.00、政府運作得分爲4.29、政治參與得分爲2.78、政治文化得分爲3.13和公民自由得分爲1.18（The Economist, 2021）。

---

[26] 雖然習近平曾承諾共產黨將擴大黨內民主，強調應該在黨內進行制度化的制衡，但黨內民主的代表性制度——集體領導在習近平透過修憲取消任期限制後，已經近乎宣告結束。

[27] 威權政府逐漸了解到不需要剝奪人民所有自由，僅將網路導向用於娛樂而非傳遞反動訊息目的。

捌、緬甸

緬甸的民主化進程受到嚴峻挑戰，2021年2月1日軍方透過軍事政變推翻了民選政府，沒有提供任何證據而宣稱全國民主聯盟是以詐欺方法於2020年11月的大選獲得壓倒性優勢勝選，並隨即宣布進入緊急狀態，將國務顧問翁山蘇姬（Daw Aung San Suu Kyi）[28]和總統溫敏（Win Myint）逮捕，然而緬甸民眾對於此次政變的抵抗相當強烈，使得軍方採取更爲徹底的暴力鎮壓。截至2021年4月10日爲止已導致701人死亡，而如同民主化的理論假設，民主的結束將導致衝突的失控，愈來愈多的少數民族武裝組織與抗議示威者取得共識，與軍方的衝突日趨激烈。

一、多元迴歸模型數據檢視

透過本書之研究設計與上述相關之統計分析如下：

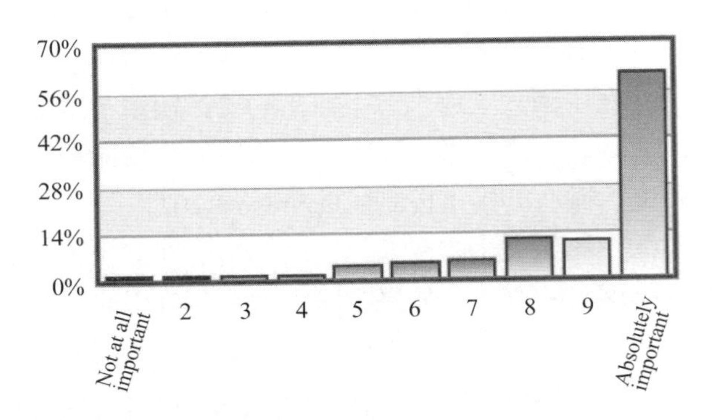

圖3-6　緬甸的民主支持次數分配圖

資料來源：世界價值觀調查第七波（Haerpfer et al., 2020）緬甸區資料，後經筆者自行整理。

表3-12　緬甸的民主支持描述性統計表

	總數	最小值	最大值	平均值	標準差
民主的重要性	1,200	1	10	8.93	1.757

資料來源：世界價值觀調查第七波（Haerpfer et al., 2020）緬甸區資料，後經筆者自行整理。

[28] 政治強人的缺陷特徵在於，除了其自身外，沒有其他更廣泛的連結足以達成其他任何政治目的，這一點在威權混合或民主體制中皆然，所以反抗示威組織、規模相對有限，容易被軍政府控制。

表3-13　緬甸的民主支持多元迴歸模型

	非標準化係數		標準化係數	T	顯著性
	B	標準誤	β		
（常數）	8.464	.270		31.362	.000
性別（女性=0）					
男性	.228	.103	.065	2.216	.027*
年齡（50歲以上老年人=0）					
16～29歲（青年人）	.010	.142	.003	.071	.944
30～49歲（中年人）	.213	.123	.060	1.740	.082
教育程度（高教育程度=0）					
低教育程度	.171	.167	.047	1.022	.307
中教育程度	-.022	.182	-.006	-.123	.902
對本國民主認知（低認知=0）					
高認知	.390	.106	.107	3.685	.000***
經濟條件（高水準=0）					
低水準	-.155	.199	-.039	-.778	.437
中水準	-.079	.184	-.022	-.429	.668

註：*** $p \leq .001$, ** $p \leq .01$, * $p \leq .05$。

資料來源：世界價值觀調查第七波（Haerpfer et al., 2020）緬甸區資料，後經筆者自行整理。

如若研究結果呈現自變項與依變項間彼此具有顯著關聯性，則可以說驗證了本書之前的研究假設。

從上述圖表可以發現，在人口統計學層次中，性別變項：男性正相關；惟年齡與教育程度變項則並未具有關聯性。

故性別變項證實本書之研究假設，年齡變項與教育程度變項未證實本書之研究假設，整體來看人口統計學層次僅部分證實本書之研究假設。

於政治學層次之檢證上，對本國民主體制之認知變項與民主支持達到非常顯著之正相關，是以證實先前之研究假設。

於社會學層次之檢證上，經濟條件變項與民主支持未具有顯著之關聯性，是以未證實先前之研究假設。

二、模型分析：影響民主化發展的因素

緬甸高度多樣化的民族結構使其政治局勢更顯複雜，[29]集中化的軍事獨裁統治，更對公民的自由民主權利產生強勢的壓迫（Clapp, 2007: 1-2）。

在2010年之後，民主化的逐步進展促使翁山蘇姬帶領的全國民主聯盟贏得了2015年的全國大選，如同民主化的理論假設民主有利於和平進展，民主化帶來了短暫的和平，同年「全國停火協議」結束了數十年的武裝衝突。從2015年起始的民主化進程，雖然取得部分國家機關的控制權，擁有更爲公平與多元競爭的選舉，但受限於軍方的勢力，在政治環境上卻仍保留先前軍政府壓制異議與政治多元化的反民主措施，包括對媒體自由和政治集會結社的限制（David and Holliday, 2018: 199-204）。緬甸於2021年發生的流血軍事政變震驚國際，但是緬甸的地緣政治因素使得國際難以找到著力點，阻礙國際輿論即時介入與援助的反應及共同制止暴力並確保恢復民主（Cuddy, 2021; Reuters, 2021）。

而若從民主化的外部影響上進行分析：在經濟層面，緬甸的地理位置使其成爲中國大陸一帶一路倡議的要角，也是印度通往南中國海的戰略要地，而其他東亞經濟先進國家如新加坡、日本和韓國在緬甸也有很大的經濟利益。在軍事層面，中國大陸和俄羅斯是緬甸的兩大武器供應國，因此其自然會阻止聯合國安理會實施武器禁運，並爲維護其在緬甸的戰略利益，中國大陸宣稱此次政變是一次重大的政府改組，俄羅斯宣稱此次政變是緬甸的國內事務。

在國際體系層面，儘管不能接受民主選舉產生的政府被推翻並被軍事獨裁所取代，但歐盟與美國在地緣政治上對於緩解緬甸政局的直接作用有限，儘管過去曾爲推動緬甸民主化進行一系列國際合作政策（Wells, 2021: 199-210），包括引進選舉觀察團，增加國際發展援助基金和武器除外的免關稅、免配額優惠待遇（Everything but Arms），政變發生後也立即暫緩了給予緬甸政府的發展援助款項以及相關的培訓合作計畫，並對主導政變的政治菁英實施了第一輪制裁，但由於緬甸軍方已經對於國際制裁擁有非常完整的應對經驗，是以制裁本身並無法對現況產生立即影響，如何建立一個溝通平台以協助緬甸人民凝聚共識，恢復緬甸民主化的進程，是下一步可以努力的方向。

儘管東南亞國家協會在其序言中清楚表示堅持民主、法治和善政，尊重和保護

---

[29] 例如自獨立以來，少數民族羅興亞人與中央政府之間的衝突一直在持續。

人權與基本自由的原則，但由於其是一個共識決的國際組織，大幅限制了其在這類衝突中可以發揮作用的程度。

三、其他數據參照

緬甸2020年的民主指數平均3.04，排名世界第135名，較2019年下降13名，其中選舉程序與多樣性得分爲1.75、政府運作得分爲3.93、政治參與得分爲2.78、政治文化得分爲4.38和公民自由得分爲2.35（The Economist, 2021）。

玖、印尼

印尼透過1999年那一次極具意義的大選，將高度專制集權的政治體制正式過渡到民主國家的路線上，然而近期愈發激烈的民粹主義、宗派主義、政治失靈以及公民自由的惡化，愈來愈不寬容的社會文化氛圍，導致民主化倒退的現況，而新冠病毒疫情的大流行以及日益嚴重的經濟衰退，使得印尼在建立健全的民主政治上面臨著巨大挑戰（Pepinsky, 2021）。

一、多元迴歸模型數據檢視

透過本書之研究設計與上述相關之統計分析如下：

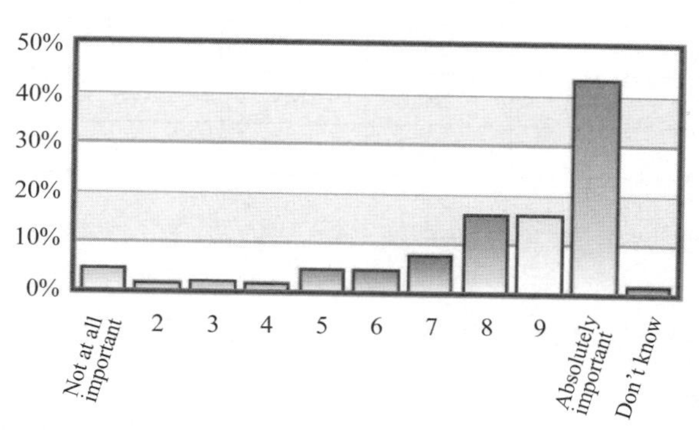

圖3-7　印尼的民主支持次數分配圖

資料來源：世界價值觀調查第七波（Haerpfer et al., 2020）印尼區資料，後經筆者自行整理。

表3-14 印尼的民主支持描述性統計表

	總數	最小值	最大值	平均值	標準差
民主的重要性	3,164	1	10	8.43	2.261

資料來源：世界價值觀調查第七波（Haerpfer et al., 2020）印尼區資料，後經筆者自行整理。

表3-15 印尼的民主支持多元迴歸模型

	非標準化係數		標準化係數	T	顯著性
	B	標準誤	β		
（常數）	8.145	.208		39.151	.000
性別（女性=0）					
男性	.183	.079	.041	2.307	.021*
年齡（50歲以上老年人=0）					
16～29歲（青年人）	-.418	.117	-.081	-3.568	.000***
30～49歲（中年人）	.079	.099	.018	.801	.423
教育程度（高教育程度=0）					
低教育程度	-.802	.136	-.178	-5.877	.000***
中教育程度	-.317	.140	-.067	-2.263	.024*
對本國民主認知（低認知=0）					
高認知	.972	.097	.176	10.060	.000***
經濟條件（高水準=0）					
低水準	.207	.148	.045	1.397	.162
中水準	-.028	.143	-.006	-.199	.842

註：*** $p \leq .001$, ** $p \leq .01$, * $p \leq .05$。

資料來源：世界價值觀調查第七波（Haerpfer et al., 2020）印尼區資料，後經筆者自行整理。

如若研究結果呈現自變項與依變項間彼此具有顯著關聯性，則可以說驗證了本書之前的研究假設。

從上述圖表可以發現，在人口統計學層次中，性別變項：男性正相關；年齡變項：青年人的迴歸係數爲負，且達到統計上的顯著水準；教育程度變項：低教育程度的迴歸係數爲負，且達到統計上的顯著水準，中教育程度的迴歸係數爲負，且達到統計上的顯著水準。

故人口統計學層次之性別、年齡與教育程度變項，全部皆證實本書之研究假設。

於政治學層次之檢證上，對本國民主體制之認知變項與民主支持達到非常顯著之正相關，是以證實先前之研究假設。

於社會學層次之檢證上，經濟條件變項與民主支持未具有顯著之關聯性，是以未證實先前之研究假設。

二、模型分析：影響民主化發展的因素

佐科威（Joko Widodo）於2014年與2019年二度贏得大選，再次穩固了印尼的民主體制，惟在缺乏自由和平等保障的印尼，公民對民主的需求儘管可以透過選舉與憲政獲得部分滿足，但是在與自由相關的基本權利上，諸如種族、性別、宗教信仰和教育水準的差異，卻難以獲致平等並時常導致錯誤的權力濫用（Primandari, 2021）。

除此之外，在行政層次上，印尼的政治菁英和資本家亦削弱了民主化的正面影響，富裕菁英階級和大眾中低收入階級之間的不平等分配，導致了分配正義上的兩極分化；在立法層次上，透過立法程序將成立新政黨的門檻提高，促使原有政黨組織聯盟以最大化實現控制力，但政治妥協與利益分配的結果不僅降低了政治制衡的有效性、決策的效率低下，公民反映自身利益的空間也隨之減少；在司法層次上，2019年印尼透過肅貪會法，將肅貪會納入行政體系，並受行政監督，此舉破壞監察獨立性，侵害民主問責制（Liddle, 2021: 191-193, 228-230, 277-280）。

另一方面，印尼一直在討論持續改革該國的選舉制度，其中改變幅度最大者莫過於改變當前的區域選舉制度，從直接選舉改為間接選舉，這直接牽涉到33名省長、415名區長和93名市長。這之間的問題核心在於選民的民主成熟度，直接區域選舉制被認為適合在選民被認為有足夠能力做出負責任的選舉選擇時採用，[30]相對地，間接區域選舉制被認為適合在選民被認為不準備承擔此類責任的地區，然而這種觀點將造成印尼民主化改革中最嚴重的倒退（Aspinall and Mietzner, 2019: 104-108; Jaffrey, 2020）。雖然直接區域選舉制被認為的缺點包括直接選舉高昂的

[30] 直接選舉在本質上並不比間接選舉更民主，但是不可諱言，將權力下放給公民，代表公民的偏好與需求可以被賦予更多意義，選出最能代表其政策偏好的候選人，提升公民在政治參與的程度，並可以避免導致對貧窮地區的選民進行制度化的歧視。

成本、間接鼓勵候選人競購政黨提名和賄選、引發族裔間兩極分化和暴力衝突的危險，[31]然而上述問題的解方應是改革政治腐敗以及對政黨完整性與健全度進行修正，而非修正選舉制度。

三、其他數據參照

印尼2020年的民主指數平均6.30，排名世界第64名，較2019年持平，其中選舉程序與多樣性得分爲7.92、政府運作得分爲7.50、政治參與得分爲6.11、政治文化得分爲4.38和公民自由得分爲5.59（The Economist, 2021）。

拾、越南

2018年越南國會投票選舉出共產黨中央委員會總書記阮富仲（Nguyen Phu Trong）擔任國家主席，而2021年則由時任總理阮春福接掌國家主席，而阮富仲繼續擔任中央委員會總書記。

但越南自由與人權保障在2018年後更爲惡化，政府將持不同政見者判處更長的徒刑，暴力對待參與抗爭人士，乃至動輒跟蹤監視、軟禁、旅行遷徙禁令、任意的行政或刑事拘留和訊問等，並透過更嚴厲的法律規範控制基本的公民和政治權利、壓制新聞自由和訊息獲取，例如越南政府持續禁止獨立或私人媒體經營，嚴格控制廣播電台和電視台以及印刷出版物。越南國會更通過了關於網路安全相關法律，包括網路服務提供商必須在收到公安部或訊息通訊部的請求後，二十四小時內刪除違法內容；網路公司必須在沒有法院命令的情況下，依照行政機關的需求，驗證用戶訊息並提供本地儲存數據，凡此種種都威脅到隱私權，並進一步壓迫異議分子（Le, 2021）。

一、多元迴歸模型數據檢視

透過本書之研究設計與上述相關之統計分析如下：

[31] 解決暴力衝突需要的是更完善的民主制度，多元包容才能徹底改善政治暴力，增加選舉過程的透明度和制定司法監督與審查的完整程序，方能降低發生政治暴力的風險。

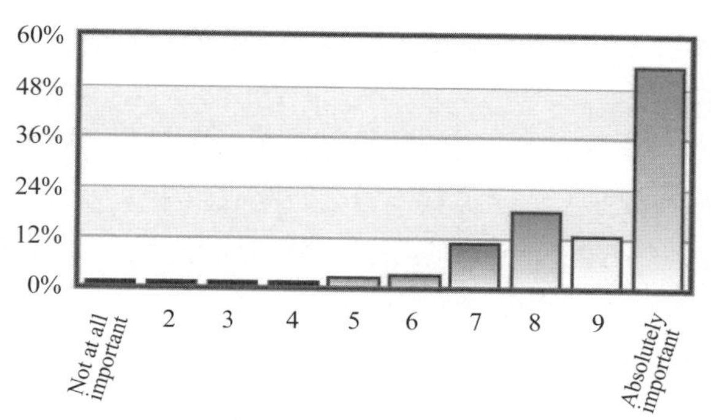

圖3-8　越南的民主支持次數分配圖

資料來源：世界價值觀調查第七波（Haerpfer et al., 2020）越南區資料，後經筆者自行整理。

表3-16　越南的民主支持描述性統計表

	總數	最小值	最大值	平均值	標準差
民主的重要性	1,200	1	10	8.91	1.449

資料來源：世界價值觀調查第七波（Haerpfer et al., 2020）越南區資料，後經筆者自行整理。

表3-17　越南的民主支持多元迴歸模型

	非標準化係數		標準化係數	T	顯著性
	B	標準誤	β		
（常數）	8.843	.263		33.625	.000
性別（女性=0）					
男性	.050	.085	.017	.587	.557
年齡（50歲以上老年人=0）					
16～29歲（青年人）	-.214	.136	-.068	-1.580	.114
30～49歲（中年人）	-.091	.119	-.031	-.769	.442
教育程度（高教育程度=0）					
低教育程度	-.168	.127	-.054	-1.322	.187
中教育程度	.152	.109	.052	1.395	.163
對本國民主認知（低認知=0）					
高認知	.212	.128	.049	1.657	.098
經濟條件（高水準=0）					
低水準	.082	.219	.019	.374	.708
中水準	-.066	.189	-.018	-.351	.725

註：*** $p \leq .001$, ** $p \leq .01$, * $p \leq .05$。

資料來源：世界價值觀調查第七波（Haerpfer et al., 2020）越南區資料，後經筆者自行整理。

如若研究結果呈現自變項與依變項間彼此具有顯著關聯性，則可以說驗證了本書之前的研究假設。

從上述圖表可以發現，在人口統計學層次中，性別、年齡與教育程度變項，與民主支持皆未具有關聯性。故未證實本書之研究假設。

於政治學層次之檢證上，對本國民主體制之認知變項與民主支持未具有關聯性，是以未證實先前之研究假設。

於社會學層次之檢證上，經濟條件變項與民主支持未具有關聯性，是以未證實先前之研究假設。

二、模型分析：影響民主化發展的因素

自1980年代後期以來，越南進行經濟改革，順利推動經濟成長的同時，也面臨環境惡化、分配不均以及貪污腐敗造成的相關後果，受到了東亞部分國家民主化所帶來的發展優勢所啓發，有看法認爲越南需要的是第二次結構性政治改革，來全面改變政治體制和實踐新的治理方式。[32]儘管民主制度國家已經證明政治多元化有助於國家發展，而社會主義價值觀和民主制度在某些情況下是兼容而非互斥，但是越南共產黨政府仍然堅信政治多元化將威脅到越南一黨制的穩定，其認爲越南具有獨特的歷史文化和政治發展背景，沒有外部模式可茲轉換應用，這種看法在意識形態上促使威權國家一方面希望找出自由民主國家的弊端和失敗，另一方面則希望證實自由民主多元化的政治模式並不適用於本國的政治環境（Gainsborough, 2012: 34-35; Nguyen, 2016: 43-61）。

制度改革是動態的過程而非靜態現象，越南是一個轉型中的國家，體制的改革對於維持經濟成長是必要的，而自由民主體制正如世界上許多先進國家的發展路徑，已有相關經驗證據可資證明，只是自由民主制度並非沒有缺陷，關於治理的提升，每個國家都必須根據其政治、經濟、社會狀況而調整改革的進程。

對照中國大陸模式，中國大陸作爲相同的共產主義國家，透過經濟上成就對內賦予其政治的正當合法性來鞏固其政治權力，對外更逐步發展獨特的模型在全球範圍內發揮影響力，以愛國主義的名義操作意識形態、限制公眾參與政治事務，透過數位技術來達成公眾與資訊的控制，這給予越南另一個層面的選擇。

---

[32] 第一次政治改革的範疇僅限簡化法規來避免行政組織重疊，諸如權力制衡、公民社會等民主化的概念仍然被視爲反政府的政治敏感詞彙。

中國大陸雖然是影響越南最重要的國際力量，但海上的領土主權糾紛使得同為共產國家的兩國雙邊關係複雜化。自由民主聯盟對應於此，美國藉此繼續擴大與越南交流關係，包括軍事訪問、國務卿與國防部長等高層訪問以推動兩國之間的雙邊關係（Tran, 2021）；澳洲在2018年與越南建立了戰略夥伴關係；歐盟也藉由其經濟影響力來表達對於人權保障的態度。

三、其他數據參照

越南2020年的民主指數平均2.94，排名世界第137名，較2019年下降1名，其中選舉程序與多樣性得分為0.00、政府運作得分為2.86、政治參與得分為3.89、政治文化得分為5.63和公民自由得分為2.35（The Economist, 2021）。

拾壹、香港

隨著中國大陸頒布「中華人民共和國香港特別行政區維護國家安全法」（以下簡稱國家安全法）以及一系列的選舉制度改革，香港一國兩制的民主發展已然終結。

一、多元迴歸模型數據檢視

透過本書之研究設計與上述相關之統計分析如下：

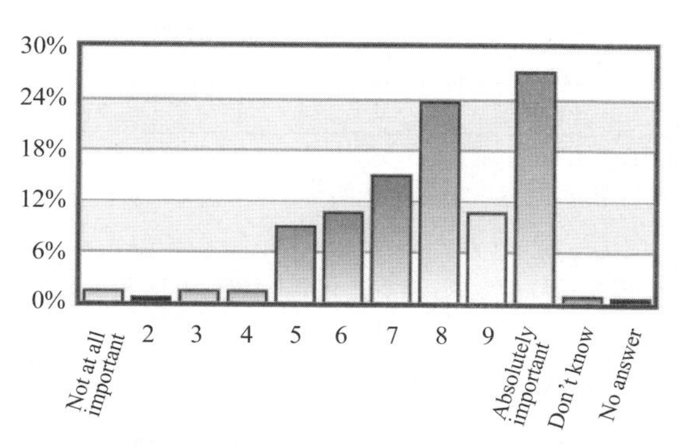

圖3-9　香港的民主支持次數分配圖

資料來源：世界價值觀調查第七波（Haerpfer et al., 2020）香港區資料，後經筆者自行整理。

表3-18　香港的民主支持描述性統計表

	總數	最小値	最大値	平均値	標準差
民主的重要性	2,064	1	10	7.83	1.852

資料來源：世界價值觀調查第七波（Haerpfer et al., 2020）香港區資料，後經筆者自行整理。

表3-19　香港的民主支持多元迴歸模型

	非標準化係數		標準化係數	T	顯著性
	B	標準誤	β		
（常數）	8.175	.235		34.719	.000
性別（女性=0）					
男性	-.148	.083	-.040	-1.783	.075
年齡（50歲以上老年人=0）					
16～29歲（青年人）	-.366	.128	-.073	-2.850	.004**
30～49歲（中年人）	-.379	.097	-.100	-3.895	.000***
教育程度（高教育程度=0）					
低教育程度	-.082	.132	-.018	-.622	.534
中教育程度	.003	.095	.001	.033	.974
對本國民主認知（低認知=0）					
高認知	-.017	.084	-.004	-.200	.842
經濟條件（高水準=0）					
低水準	.048	.226	.011	.215	.830
中水準	-.077	.211	-.019	-.365	.715

註：*** $p \leq .001$, ** $p \leq .01$, * $p \leq .05$。

資料來源：世界價值觀調查第七波（Haerpfer et al., 2020）香港區資料，後經筆者自行整理。

如若研究結果呈現自變項與依變項間彼此具有顯著關聯性，則可以說驗證了本書之前的研究假設。

從上述圖表可以發現，在人口統計學層次中，年齡變項：青年人的迴歸係數爲負，且達到統計上的顯著水準、中年人的迴歸係數爲負，且達到統計上的顯著水準；惟性別與教育程度變項則並未具有顯著關聯性。

故性別與教育程度變項未證實本書之研究假設，年齡變項證實本書之研究假設，整體來看人口統計學層次部分證實本書之研究假設。

於政治學層次之檢證上，對本國民主體制之認知變項與民主支持未具有顯著關聯性，是以未證實先前之研究假設。

於社會學層次之檢證上，經濟條件變項與民主支持未具有顯著之關聯性，是以未證實先前之研究假設。

二、模型分析：影響民主化發展的因素

在香港結束一國兩制之後，香港依然將舉行新的選舉，在相關國家安全法進行政治掃蕩與「完善香港特別行政區選舉制度的決定」之愛國者治港法案後，建制派將有可能以壓倒性優勢獲勝。香港人民面臨的政治選擇與過去是不同的，尋求由國家統治作爲實現個體價值的途徑已然失效，目前相關抗爭衝突並不利反對派的個人、組織、團體和其他國家的支持者，因爲中國大陸本身不是民主國家，而且近期自由民主國家的政治秩序與中國大陸的政治秩序相比，其實並沒有相當的說服力。

2021年爲改革香港選舉制度，中華人民共和國第十三屆全國人民代表大會第四次會議透過「全國人大關於完善香港選舉制度的決定」修正行政長官、選舉委員會委員和香港立法會議員的候選人參選資格與議席產生辦法，以實現對香港的全面管治權並落實愛國者治港，闡明香港政府的行政、立法和司法部門必須由愛國者來管理，乃至於香港的公務員必須簽署聲明表示擁護香港基本法、效忠香港特區，來表明奉行愛國主義，並且改選過程由中國共產黨的忠實擁護者所組成的選舉委員會來決定，可以預見的是，民主派人士掌握的席位將被技術性調整選區、選制與選舉委員會委員名單而大幅縮減（Illmer, 2021; Maizland and Albert, 2021）。[33]

由於反對派在選制改變後的2021年12月19日的立法會選舉，開始成爲永久性少數派，香港將向中國一黨專制模式靠攏，大大違背鄧小平於1997年當初承諾的一國兩制，保證維持其自由的生活方式和獨立的法律制度。

香港過去的言論和參政自由一直都是自由民主象徵的重要觀察指標，而上述兩者所倚賴的基礎，即是獨立的司法機關和部分自由選舉制度，但在習近平緊縮對於香港的自治權後，開始將香港的自由民主基礎視爲對香港全面控制的阻礙，修改選制的同時，對香港的司法系統施加更大的壓力，來進一步遏制反對派，這將使得香港公民對於政治系統的信任與支持大幅減弱，但迫於政治局勢卻難以凝聚如2019年

[33] 雖然過去親中國共產黨建制派始終主導著香港立法會，但民主派人士仍然有影響、反映政府政策的空間。在區議會的選舉由於當時尚屬自由和公正，民主派人士候選人常能獲得戰略上的部分成功。

反對逃犯條例修訂草案運動當時的反抗力度（Roantree et al., 2021）。

中國大陸通過國家安全法來全面控制司法系統，影響原有的正當法律程序，賦權警察對民主派人士、維權人士與相關勾結外國勢力者進行了大規模逮捕，指控其違反國家安全法後，將由香港行政長官挑選的法官進行審判，來具體影響審判結果，期望全面控制香港，並一勞永逸地消除民主改革運動產生任何對於政權的風險（Soo, 2021; Ramzy and May, 2021），有鑑於反對逃犯條例修訂草案運動抗議示威者對於暴力鎮壓之後的反應是更強烈的反擊，中國共產黨加強對於上述對象的壓迫，導致除了被抓捕、判刑、入獄外，或被迫前往國外尋求政治庇護。

三、其他數據參照

香港2020年的民主指數平均5.57，排名世界第87名，較2019年下降12名，其中選舉程序與多樣性得分爲3.17、政府運作得分爲3.64、政治參與得分爲5.00、政治文化得分爲7.50和公民自由得分爲8.53（The Economist, 2021）。

拾貳、日本

日本作爲東亞發展自由民主時間最長的國家，其擁有自由公正的選舉、完善的法治系統、充分的公民自由權利和獨立不受限制的新聞媒體。

一、多元迴歸模型數據檢視

透過本書之研究設計與上述相關之統計分析如下：

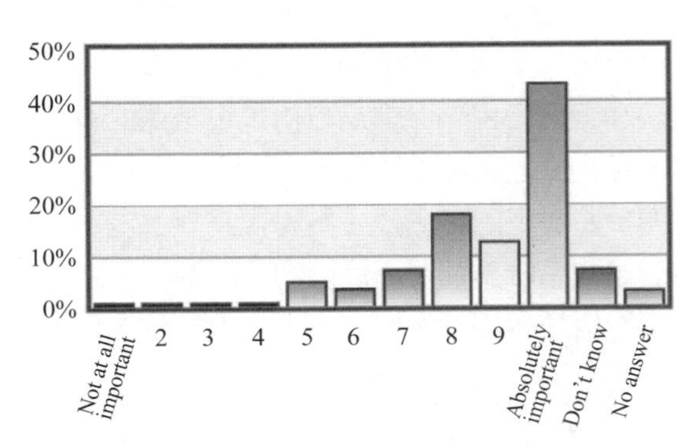

圖3-10　日本的民主支持次數分配圖

資料來源：世界價值觀調查第七波（Haerpfer et al., 2020）日本區資料，後經筆者自行整理。

表3-20　日本的民主支持描述性統計表

	總數	最小值	最大值	平均值	標準差
民主的重要性	1,220	1	10	8.70	1.632

資料來源：世界價值觀調查第七波（Haerpfer et al., 2020）日本區資料，後經筆者自行整理。

表3-21　日本的民主支持多元迴歸模型

	非標準化係數		標準化係數	T	顯著性
	B	標準誤	β		
（常數）	8.263	.168		49.314	.000
性別（女性=0）					
男性	.177	.088	.057	2.016	.044*
年齡（50歲以上老年人=0）					
16～29歲（青年人）	-1.291	.177	-.215	-7.307	.000***
30～49歲（中年人）	-.703	.101	-.209	-6.972	.000***
教育程度（高教育程度=0）					
低教育程度	-.637	.196	-.096	-3.257	.001***
中教育程度	-.178	.096	-.056	-1.862	.063
對本國民主認知（低認知=0）					
高認知	1.130	.118	.274	9.587	.000***
經濟條件（高水準=0）					
低水準	-.122	.130	-.040	-.941	.347
中水準	-.056	.131	-.017	-.428	.669

註：*** $p \leq .001$, ** $p \leq .01$, * $p \leq .05$。

資料來源：世界價值觀調查第七波（Haerpfer et al., 2020）日本區資料，後經筆者自行整理。

如若研究結果呈現自變項與依變項間彼此具有顯著關聯性，則可以說驗證了本書之前的研究假設。

從上述圖表可以發現，在人口統計學層次中，性別變項：男性正相關；年齡變項：青年人與中年人的迴歸係數皆爲負，且皆達到統計上的顯著水準；教育程度變項：低教育程度的迴歸係數爲負，且達到統計上的顯著水準。

故人口統計學層次之性別、年齡與教育程度變項，全部皆證實本書之研究假設。

於政治學層次之檢證上，對本國民主體制之認知變項與民主支持具有非常顯著正相關，是以證實先前之研究假設。

於社會學層次之檢證上，經濟條件變項與民主支持未具有顯著之關聯性，是以未證實先前之研究假設。

二、模型分析：影響民主化發展的因素

當前的政治穩定情勢主要因爲反對黨的分裂，自由民主黨的長期執政[34]突顯政黨之間的競爭不足，[35]選民更因政府透明度和回應能力不足以及問責制效果削弱，而展現出政治冷漠的態度。在理解日本的民主體制軌跡時，自由民主黨長期執政的現象提供了一個分析框架（Schmidt and Kleinfeld, 2020: 189-195），[36]來探討是什麼使日本可以與現今民粹主義帶來兩極分化的政治現象迥然不同。2020年9月日本首相安倍晉三（Shinzo Abe）成爲日本歷史上任期最長的首相，其在經濟貿易談判對抗國內通貨緊縮、移民改革政策中獲致相對的成功，並成爲國際事務中更積極的參與者（Yamaguchi, 2021），但日本陷於長期的經濟停滯和明顯的收入不平等狀況卻仍未見明顯改善，機會和風險的不平等日益加劇，使日本整個社會陷於系統性風險的結構性問題中。

此外，新冠病毒的大流行考驗日本政府的公共衛生治理以及重啓經濟復甦的能力，更急迫的問題在於原訂2020年舉行的東京奧運在延期一年後的實際辦理情形也讓日本政府受到了嚴峻考驗，菅義偉（Yoshihide Suga）作爲前任內閣官房長官，透過操作黨內政治派系並在政局動盪時期取得保持良好形象，奠定了其成爲安倍晉三後繼任首相的地位。

在國際政治的場域上，儘管美國和日本並未就促進民主的戰略採取步調一致的積極態度，但是日本長期以來對於將自由民主國家納入其東亞的區域戰略架構保持開放態度，並願意進行更深度的安全合作，這種路徑已經引起時任拜登政府的共鳴，重新加深與其他自由民主國家的合作，提供對亞洲發展中國家的援助，來展示民主治理的經驗成果。

---

34 除了1993年8月大選後的數個月，以及2009年至2012年三年間。

35 值得注意的是，2020年擁有149個眾議院席位的立憲民主黨，成爲第二大在野黨。

36 制度層面上，過去日本曾進行幾次重要的選舉和政治獻金改革，來提升日本民主的品質，導致政黨派系的作用下降，減少貪污腐敗狀況，刺激競爭性與回歸政策辯論的健全制度（Geiger, 2019）。

加諸美中之間矛盾加劇，與中國和美國的地緣政治關係、歷史文化背景、經濟依存度，都使其不得不在東亞區域合作或反對中國威權主義的意識形態底蘊中進行選擇，這時印太戰略能否填補國際領導權力真空的狀態將更爲重要。日本在2016年提出印度—太平洋戰略構想來呼應美國的印太戰略，透過和澳洲、印度、美國的四方安全對話，建立民主國家之間更緊密聯繫，更大範圍的國防和情報合作來抵抗中國大陸的影響，力圖應對東亞區域力量平衡的明顯轉變，並在區域架構尋找著力點，促進自身國家利益，其融合了政治上自由民主的普世價值以及經濟上援助計畫的議程，以改善治理能力（Solís, 2021），但值得注意的是，其更加強調民主制和非民主制都可以認可的自由規則，將帶給東亞地區更加穩定的區域架構。

日本過去曾將自由民主和基本人權等普世價值觀納入其外交政策中，但意識到中國大陸在東亞區域的影響力，以及東南亞對於自由開放價值並不熱衷，相對地更在意不干涉內政的默契規範，故在這之後並未採取更積極的作爲。[37]然而在美國拜登政府重返多邊主義、區域主義以及與盟國進行協調的承諾後，將強化上述這些過去不曾有的努力衍生的後續效果。

三、其他數據參照

在2016年的亞洲民主動態調查中，95%的日本受訪者認同以下觀點：儘管民主可能會帶來問題，但民主仍然是政府的最佳形式（亞洲民主動態調查，2017）。2020年世界新聞自由指數，日本位居第66名（Reporters Without Borders, 2020）。

拾參、南韓

2016年南韓民眾進行爲期數個月的和平抗爭，要求前總統朴槿惠（Park Geun-hye）下台，而在朴槿惠被彈劾罷免後，文在寅（Moon Jae-in）勝選接任總統，其競選政見即爲打造更民主、法治與透明的韓國政府。

一、多元迴歸模型數據檢視

透過本書之研究設計與上述相關之統計分析如下：

[37] 日本長期以來避免積極的對外政策，主要是考量日本軍國主義在亞洲區域所曾造成的傷害，故在軟性的作爲上包括防止濫用國家權力、保護人權、協助緩止衝突，以及發展市場經濟體制上著力甚多，而在發揮戰略利益，捍衛自由民主普世價值則並未那麼積極。

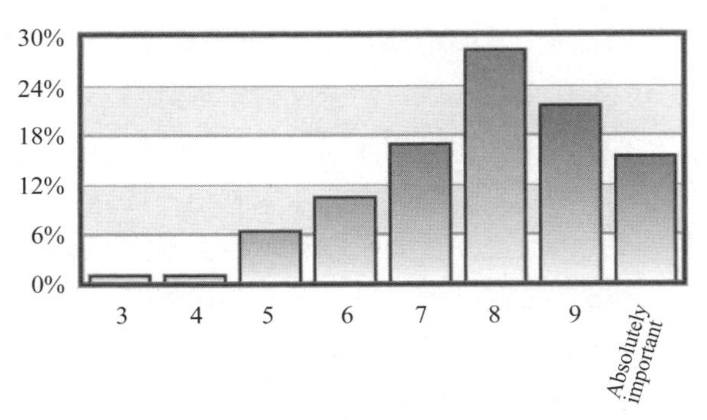

圖3-11 南韓的民主支持次數分配圖

資料來源：世界價值觀調查第七波（Haerpfer et al., 2020）南韓區資料，後經筆者自行整理。

表3-22 南韓的民主支持描述性統計表

	總數	最小值	最大值	平均值	標準差
民主的重要性	1,245	3	10	7.90	1.489

資料來源：世界價值觀調查第七波（Haerpfer et al., 2020）南韓區資料，後經筆者自行整理。

表3-23 南韓的民主支持多元迴歸模型

	非標準化係數		標準化係數	T	顯著性
	B	標準誤	β		
（常數）	7.062	.349		20.239	.000
性別（女性=0）					
男性	.002	.082	.001	.021	.984
年齡（50歲以上老年人=0）					
16～29歲（青年人）	.111	.119	.030	.932	.352
30～49歲（中年人）	.071	.108	.023	.663	.507
教育程度（高教育程度=0）					
低教育程度	-.598	.161	-.127	-3.720	.000***
中教育程度	-.054	.097	-.018	-.562	.574
對本國民主認知（低認知=0）					
高認知	1.307	.130	.273	10.049	.000***
經濟條件（高水準=0）					
低水準	.048	.328	.012	.147	.883
中水準	-.356	.314	-.091	-1.136	.256

註：*** p ≤ .001, ** p ≤ .01, * p ≤ .05。

資料來源：世界價值觀調查第七波（Haerpfer et al., 2020）南韓區資料，後經筆者自行整理。

如若研究結果呈現自變項與依變項間彼此具有顯著關聯性，則可以說驗證了本書之前的研究假設。

從上述圖表可以發現，在人口統計學層次中，教育程度變項：低教育程度的迴歸係數爲負，且達到統計上的顯著水準；惟性別與年齡變項則並未與民主支持具有顯著之關聯性。

故性別與年齡變項未證實本書之研究假設，教育程度變項證實本書之研究假設，整體來看人口統計學層次僅部分證實本書之研究假設。

於政治學層次之檢證上，對本國民主體制之認知變項與民主支持具有非常顯著正相關，是以證實先前之研究假設。

於社會學層次之檢證上，經濟條件變項與民主支持未具有顯著相關，是以未證實先前之研究假設。

二、模型分析：影響民主化發展的因素

韓國同樣被民粹主義和政治上的兩極分化所困擾（Schmidt and Kleinfeld, 2020: 113-117; Lee, 2021）。

文在寅在接任朴槿惠取得執政後，更一舉掌握了行政、立法與司法三權，雖未背離政黨政治與自由民主憲政規範，但仍影響司法體系的公正性、正當合法性以及三權分立概念（Lee, 2020; Shin, 2020: 100-103），也就是說幾乎沒有任何制衡手段可以限制文在寅。

而從民主化的對外影響上觀察，韓國努力在維護言論自由與阻礙假訊息傳播之間取得平衡，假訊息可能是敵對國家準軍事行爲的一部分，或者僅僅是網路上有意無意傳播充斥的陰謀論（Kim, 2021: 219-220; Pak, 2021），但無論其來源，若民衆無法就客觀眞實達成共識，即會造成政府治理的挑戰，惟韓國政府對言論自由抱持標準不一的態度，還是造成不小的疑慮。

三、其他數據參照

南韓2020年的民主指數平均8.01，排名世界第23名，較2019年持平，其中選舉程序與多樣性得分爲9.17、政府運作得分爲8.21、政治參與得分爲7.22、政治文化得分爲7.50和公民自由得分爲7.94（The Economist, 2021）。

拾肆、柬埔寨

柬埔寨至今仍是一個專制國家，擁有偏頗的選舉制度和司法體系，柬埔寨人民黨的政治強人總理洪森（Samdech Hun Sen）自1985年執政以來，持續使用威脅、恐嚇、賄選與大規模選舉舞弊，雖然曾進行半競爭性選舉，但選舉結果被推翻，反對黨被解散，從此再度回歸獨裁專制統治。

一、多元迴歸模型數據檢視

世界價值觀調查第七波截至2021年5月4日尚無柬埔寨區資料。

二、影響民主化發展的因素

由於1992年至1993年間於柬埔寨實施維和行動時，柬埔寨過渡時期聯合國權力機構未能解除所有軍事和準軍事部隊的武裝，以及未能在1993年大選後建立完整的政權移交程序，造成柬埔寨後續的民主化困難重重，導致柬埔寨救國黨[38]在2013年7月於國會123個席位中取得55個席位，約占其中的44%，卻於2017年被最高法院宣告解散，並被沒收2013年國會選舉的55個席次以及2017年區域選舉的489席市級首長席次和5,007席市級議員席次（其總共獲得43.8%的選票），再禁止救國黨成員五年內參與政治活動（Un, 2005: 19-20; Baaz and Lilja, 2014: 5-9; Nachemson, 2019）。

沒有反對黨派與監督制衡機制，由洪森領導的柬埔寨人民黨在2018年的選舉中取得了100%的席位，使柬埔寨轉變爲事實上的一黨制國家，洪森並未致力於解決柬埔寨大部分人口所面臨的貧窮問題，相反地，對於反對派人士、獨立新聞媒體和示威者來說，仍然面臨其軍警安全部隊的暴力騷擾、逮捕或被迫前往海外尋求政治庇護（Enos, 2020），儘管2013年至2014年金邊爆發的抗爭活動要求結束專制集權統治，改革貪污腐敗與民主化，而國際上有取消柬埔寨出口的免關稅准入以及其他相當制裁措施（Brunnstrom, 2021），但仍未能對於柬埔寨的民主化產生實際影響。

[38] 該國的自由民主黨派，從未取得過執政權，但曾是國會中的第二大黨與最大的反對黨。

三、其他數據參照

東埔寨2020年的民主指數平均3.10，排名世界第130名，較2019年下降6名，其中選舉程序與多樣性得分爲0.00、政府運作得分爲3.93、政治參與得分爲3.89、政治文化得分爲5.63和公民自由得分爲2.06（The Economist, 2021）。

第三節　東亞公民政治體制偏好認知之分析

觀察本書所採調查數據中，整個東亞地區對於民主支持的自評總和分數是達到8.33的高分，其後又可分爲四個區間，可分爲高分群的泰國8.96、台灣8.93、日本8.91、菲律賓8.71與緬甸8.7；次高分群的中國大陸8.23與越南8.19；中等程度的印尼7.9、南韓7.83與馬來西亞7.83；最後是略低分的香港7.51。以下試就整體檢證過程，進一步分析東亞一般公民對於政治體制之偏好認知。

壹、理論失準下表裡不一的選擇偏好

可以發現其中的區分，並不是建立在現有政治體制的差異上，亦不是反映國家發展的強弱或先後次序上，頂多可以將南韓與香港的低分歸咎於近幾年的政治動盪情勢，但高分群的分布則較難以歸納出非常具有說服力的分析解釋，僅可就整個東亞地區各國對於民主支持的共同高評價，來說明高分群、次高分群與中等程度相對而言差距僅1.06，整體差異並不大的原因。以下試解釋東亞一般公民呈現對民主政治體制偏好的現實圖像。

一、肇因於自由民主的理論主體適用侷限

回顧過往自由民主的普世價值以及歷史終結論的看法，推動民主輸出的相關政策、活動，[39]促成許多非民主國家走向民主化，但卻也製造了許多新的問題。政治現實與政治理想之間的差距，無論是自由主義或是民主主義，都有其基礎價值觀而奉爲圭臬，自由主義對於資本市場的概念思維與制度框架構成，是相對軟性的制度

[39] 過往歐美先進民主國家與推動民主的國際組織，透過價值觀外交來推動自由民主，但在經濟資源緊縮與保守派復興的政治環境結構下，其政治動能不大如前。

改革。

自由主義在經濟層次上，儘管相關貿易保護作爲不斷推陳出新，但立基於布列敦森林體系和關稅暨貿易總協定的制度架構與國際貨幣基金組織、世界貿易組織，調和、折衝全球化下自由市場的利益衝突，完全體現制度變遷的伸縮彈性與可創造性，更重塑了國際政治的基礎架構，卻也造成了邊陲與核心國家的不平等，加劇國內菁英與非菁英、跨國資本集團與本土勞工的利益失衡。對於全球一體化的式微，卻也是區域架構的重大突破階段，甚至是傳統的雙邊談判復甦的契機，反映出原有霸權與傳統既得利益國的國家實力有所下降，而進入重整階段，改變其自由經濟開放市場價值觀的跡象。區域全面經濟夥伴協定與跨太平洋戰略經濟夥伴關係協議都是對於上述全球經貿一體化的反動，作爲一種貿易保護作爲，兩者卻衍生出截然相反的意圖，例如跨太平洋戰略經濟夥伴關係協議試圖將中國大陸排擠出該協議之外。

自由主義在社會層次上的文化多元主義，訴求保障少數族群的權利，核心概念包括價值觀、宗教信仰、生活形式、道德規範、婚姻組成、家庭建構、語言慣用等多元自由，然而對許多先進民主國家而言，民主化所表彰的主權在民與票票平等觀點，這些基本價值面對利益衝突時，往往不再重要；對許多新興民主國家而言，帝國主義支配下的殖民體系記憶再次回歸，但從過去的民族解放變爲現今的傳統復興運動，以往固有的生活模式與政治傳統面對平等、性別、階級、種族與宗教訴求，在歷史脈絡下是一種打破規律的革新，而深具政治實踐意義，只是若在文化衝突的脈絡下，可能更像是Huntington（2014）在其專書《文明的衝突》中指出，並不存在普世價值，強勢的、主流的價值觀僅是霸權國家與民族的一種物質文明的氾濫，其他國家與民族的價值觀注定無法形成具主導性的價值觀，既然如此又何謂普世價值。[40]

綜上所述，全球化實現了突破實際地理距離，提高各國經濟貿易依存，更催化民族、社會、文化融合，然而自由民主相關影響在與一般公民切身相關的實際層面，卻是利益大幅被跨國資本集團與政治菁英所掠取，底層階級與本地勞工難以享受全球化的成果。中產階級在經濟成長趨緩後，亦難以承受經濟轉型之負面效果，

---

[40] 該書（Huntington, 2014）提出之文明衝突論設定在中華文明、日本文明、印度文明、伊斯蘭教文明、西方文明、東正教文明、佛教文明、拉丁美洲文明、非洲文明的衝突，將成爲未來國際上週期性的政治問題。

自由民主國家的政治訴求與因應政策，雖然是透過民主選舉授權，但卻難以同時兼顧所有個體、族群的身分認同、各方利益。面對這樣的政治現實，反全球化與希冀強人政治的大政府組織形式，訴求刺激政治生態的兩極分化、自由民主政治理念中的多元性，本是爲了透過彼此尊重相互妥協取得共識，凝聚不同個體、族群，如今卻難以如常運作。

二、對民主體制選擇偏好的認知差異與全面支持

對非西方式自由民主評價比較好的受訪者，其對於民主核心概念的了解，因爲迥異於西方自由民主的思維邏輯，因此可能對於混合體制乃至威權體制中的民主概念擁有較高程度的肯定。

是以東亞各國中之混合體制乃至威權體制各國的受訪者，可能更願意對於自己國家或具領導示範作用之中國大陸與新加坡式民主表達支持與肯定，[41]無論是政治制度或經濟發展等成就，中國大陸雖然不是自由民主國家，但是其對於民主則發展出另一套迥異於西方自由民主國家之定義，甚至謂之中國特色的社會主義民主制度或中國特色的協商民主，來進一步否定西方自由民主與資本主義的不足，由此可知，若中國大陸民眾肯認上述中國共產黨對於民主之定義，據以對於中國所謂的民主制度採取正面評價，就產生了中國大陸雖然並非民主國家，但因爲採取中國式民主定義，而認爲中國大陸具有高度民主的評價可以被理解；同理可證，如若該國民眾肯認西方自由民主價值觀，則應該愈發不會對於其他定義下的民主制度擁有正面評價，而會辨別其爲威權體制或混合體制國家。

貳、分布圖像上對立分殊的發展現實

然而若再回顧前述東亞各國民主支持之多元迴歸模型，則可整理出以下發現：

在人口統計學變項中的性別之於民主支持，僅緬甸、印尼、日本三國具有統計學上之意義，證實本書之假設，男性相較女性支持民主。

---

[41] 中國發展路徑乃融合威權政治與社會主義特色的自由市場經濟，並同時逐漸與世界各國產生密不可分的貿易關係，當然包括政治民主、自由資本市場國家；而新加坡在內部對己身的政治經濟體制相當肯定，在區域與國際的外部關係上，有吸引許多國家願意嘗試其發展路徑，比起西方先進自由民主與開放市場資本主義，新加坡模式在東亞地緣政治上有其一定的吸引力。

在人口統計學變項中的年齡之於民主支持，有七個國家／地區，台灣、泰國、馬來西亞、中國大陸、印尼、香港與日本，證實本書之研究假設，即愈年長愈支持民主。

在人口統計學變項中的教育程度之於民主支持，也有七個國家，台灣、菲律賓、泰國、中國大陸、印尼、日本與南韓，證實本書之研究假設，即教育程度愈高愈支持民主。

綜合上述人口統計學變項中之研究發現，可見在人口統計學變項之年齡與教育程度，對於民主支持是相對有解釋力的。

在政治學變項——對本國民主體制之認知之於民主支持，共有八個國家，台灣、菲律賓、泰國、中國大陸、緬甸、印尼、日本與南韓，證實本書之研究假設，即對本國民主體制之認知愈高愈支持民主，可見該政治學變項也對於民主支持是相對有解釋力的。

最後是社會學變項——經濟條件之於民主支持，僅泰國一個國家證實本書之假設，經濟條件愈佳愈支持民主。

最後值得說明的是，正由於東亞一般公民在民主支持上擁有理論失準下表裡不一的選擇偏好，以及分布圖像上對立分殊的發展現實，這兩個層次的獨特性，是以其難以直接將公民需求轉換成政治體制轉型的動力，畢竟肇因於自由民主的理論主體適用侷限，而形成對民主體制選擇偏好的認知差異與全面支持，會使威權與混合體制國家的一般公民誤解並滿足於現有政治體制，形成理論建構和現實圖像之間的巨大差異。

表3-24　多元迴歸檢證總覽

	台灣	菲律賓	泰國	馬來西亞	中國大陸	緬甸	印尼	越南	香港	日本	南韓
性別						○	○			○	
年齡	○		○	○	○		○		○	○	
教育	○	○	○		○		○			○	○
認知	○	○	○		○	○	○			○	○
經濟			○								

註：○表示證實本書中之研究假設。

資料來源：筆者自行整理。

第四章　華語文化圈政治菁英修辭與政治體制偏好

本章在此乃透過民主發展研究的詞彙蠡測概念，使用時下愈來愈被廣泛運用的文字探勘工具，就問題意識而言，本章希冀釐清的問題包括：東亞政治菁英的政治體制偏好特徵與轉變趨勢、新型態政治宣傳樣貌、傳播主體、客體與媒介的政治議題核心關懷、不同政治體制的國家其領導人發言內容的相對距離。

在超越個別問題的層次上，可否透過共現字分析以萃取共同重要關鍵詞的方式來驗證文本相似性，並進一步試圖找出近年東亞地區華語文化圈政治菁英所使用之主要關鍵詞與關注主題取向爲何？再解讀政治體制的不同與時序變遷是否會影響前述關鍵詞與關注主題取向？文字探勘技術等數位人文學新式科學方法可否使用操作於選定之問題領域？如若可行，則可大幅拓展知識應用範圍。

研究步驟上，本章首先綜合討論相關大數據研究方法的回顧與文字探勘的近期進展，繼而進行文字探勘對於本書之應用，接續整理研究成果，最後提出延伸之反思與前瞻性建議。

第一節　語料庫建構之概念與邏輯

數位人文學可以更客觀的角度分析社會網絡相關議題，雖然仍會受限於學識、技術層次的問題與錯誤詮釋、演算法的應用侷限，但不可諱言的是，方法論的限制不會掩蓋理論、概念與問題意識之間的連結，其中大數據研究方法之應用，綜合了近期資料科學與機器學習的相關技術，廣爲使用於資訊科學，乃至於社會科學研究領域皆可從各種多方面角度探討研析。在此大數據研究方法變革之浪潮下，已對於傳統的社會科學研究領域與研究方法產生重大影響，然而這並不是全然放棄原有的研究方法與研究途徑，而是以新工具與新技術來進行分析，產生比過去更多的方向與更全面的理解，不過畢竟相關大數據研究方法尚屬新穎的應用技術，對此的相關研究仍較少，較欠缺系統性的整體綜合應用、探討與反思。[1]

大數據用以處理巨量資料，在科技技術日新月異的現代社會生活中，大量資料、訊息充斥現實乃至網路世界，想要處理大量龐雜的各式資料並加以分析重要的關鍵訊息，大數據分析賦予這個想法成眞的可能。在大數據相關研究方法應用上，除了文字探勘，資料探勘也是常見的分析手法，然而兩種大數據方法論有其根本上的差異：文字探勘可以用於操作非結構式資料抑或是半結構式資料，像是郵件、文稿等文字集；資料探勘可以用於操作結構式資料，像是表格化內容（謝邦昌、謝邦彥，2016）。

壹、文字探勘之應用概念

文字探勘並非單指一個程式或操作技術，而是衆多程式與操作技術之集成，其研究步驟在基礎技術上包括：研究資料蒐集、前處理程序（斷詞）、字詞共現分析、獲取關鍵詞、文本分群、關鍵詞視覺化（製作文字雲）、成果詮釋。

一、詞彙蠡測相關說明

文字探勘在社會科學中，尤其是政治學上，漸漸成爲新穎流行的研究方法，開始有愈來愈多的研究人員投入相關研究，將之發表於各種不同主題上，例如Margaret et al.（2014）利用結構式主題模型，處理文本的結構化相關問題；Boecking et al.（2015）透過LDA演算方法來進行社會模型的預期性研究；邵軒磊、吳國清（2019）以文字探勘與犯罪學和法學領域做結合；王貿（2020）從大數據文本資料中分析PTT公職版中公職人員的相關偏好議題與其態度，來做巨量資料的文字探勘；在東亞政治研究主題上，邵軒磊（2019b）從習近平公開講稿文本中進行文字探勘分析，試圖來理解中國大陸大外宣與銳實力的相互關係。

---

1 例如，陳瑋芬（2005）的研究就是很好的例子，其曾就日本近代漢學與儒學之關係進行關鍵詞爲客體之相關研究。首先回顧日本近代漢學研究之思想背景與特色，帶出日本中國學這個角度的學術史觀點，區分出實證主義學派、批判主義學派和新儒家學派各家研究成果，其發現日本漢學從朱子學到成爲確立日本主體性之國學，政治思想逐漸自天理轉向人和心之價值的王學，再到自由和解放的左派王學，雖然該研究亦以關鍵詞爲客體，討論分析近代、日本、漢學等關鍵詞，研究途徑是典範研究途徑無庸置疑，其擺脫西方或中國之單向量度標準，從相互對照中希冀掙脫所謂典範霸權，惟研究方法的主心骨卻並非文字探勘，而是屬於質性研究。

將傳統文本資料以質化資料分析，轉而以量化分法加以處理探討，使用愈來愈多元先進的技術，來獲得本文資料中各種不同面向的視角。文本資料的來源可以是經過整理的文本集、未經整理的文本，更可以是影片、語音檔等資料，蒐集這些文詞資料的目的，乃是爲處理、分析與觀察文字下隱含的態度邁向各種變化之過程，諸如引領輿論、政治宣傳或事件反思。

從個體層次而言，這也是一種量化自我的方式，文字探勘的概念不僅僅可作爲自我意識的延伸，提供他者探索個體的相關訊息和態度的指向，就本書而言，在政治相關領域中更是當前新興走向主流的應用技術。

二、前提預設

此外，本書使用之文本具有幾個前提預設，一爲公開演講之政治類文稿資料[2]皆可呈現該領導人之政治戰略，並表意爲眞；二爲整理出之關鍵詞頻、文字雲、主題分析模型亦皆可眞實完整呈現其論述之政治戰略。公開講稿類的文本資料的準備工作與後續處理，不只要求研究人員本身對於該主體、政策的詮釋，更需要對影響力投射客體的趨勢走向加以理解，還必須對於作爲媒介的資訊流擁有相對應的探索工具。

考量到由於國情不同與資料蒐集之限制，公開演講之政治類文稿資料不一定皆有留下文件紀錄，故採用哪些文詞資料爲探索資料，必須加以說明資料處理策略。[3]

哪些關鍵詞與談話主題能作爲主體的政治戰略，亦必須仰賴傳統之詮釋學途徑，然而哪些詞句並非承載原本之語境脈絡，作爲隱藏、倒裝、反諷主體之特定意圖載體，表達出相關政治主張，則需要特別擷取判定政治路線與意向，用詞上的討論，除了該國時下政治、經濟、社會現況與區域、國際環境之描述性政策分析文稿詮釋外，最大的限制即是僅在詞句字面的解釋。

考量本書研究屬初期的探索性研究，亦受限於時間成本、資料可近性、各機關

---

[2] Tseng et al.（2007）即發現比起分析全部文本，分析摘要在主題聚落的歸納上，在過去很多研究中能呈現更好的研究成果，更不用提摘要比起全文的取得成本與相關格式、虛字的文本前處理程序較爲簡易，是以如若在分群研究成果並未產生顯著差異甚至未能獲得更佳的成果，依需求判斷下，全文與摘要皆不失爲可供選擇的研究客體。

[3] 另外值得一提的是，相關使用文字探勘技術方法之研究，可針對社群軟體如臉書（Facebook）、X（前身推特Twitter）帳號之發文、轉貼文、推文、回文等進行分析，也是屬於合理可期的探討方式，另待其他研究詳述。

與單位因各種因素考慮下之選錄問題等因素，故難以將東亞地區華語文化圈國家三位政治領導人所有公開演講之政治類文稿，收錄進語料庫。

以本書收錄之中國大陸文稿資料而言，乃選擇採用人民網（2021）之習近平系列重要講話資料庫，該公開資料庫作爲中國大陸國務院正部級直屬事業單位新華社所整理之媒體資料庫，擁有相對完整的相關文稿資料與明確的分類基礎，其主題分類已區分爲八大類，包括政治、外交、國防、黨建、社會、文化、生態、經濟等，是以在後續資料篩選上更可以事半功倍；而本書收錄之台灣與新加坡兩國文稿資料，乃自行搜尋整理自中華民國總統府網站與新加坡總理公署網站之公開資料，是以相較中國大陸之文稿資料可能相對不完整，以及就原始資料而言難以有明確的分類基礎等問題。

貳、操作邏輯

在數量篩選基礎上，本書選擇數百篇文本資料作爲文字探勘之研究客體，在方法論上是否合適？放眼其他已發表之學術論文，以文字探勘作爲研究方法者，在面對文本資料之數量篩選問題時，邵軒磊（2019b）於〈機器學「習」──以文字探勘法探索習近平時期之大外宣戰略〉，即選擇使用數百篇文本資料作爲文字探勘之研究客體；邵軒磊、曾元顯（2018）於〈文字探勘技術輔助主題分析──以「中國大陸研究」期刊爲例〉，亦僅選擇使用數百篇文本資料作爲文字探勘之研究客體。是以雖然巨量文本在測量之信度可以更高，然而對於初期探索型研究，選擇數百篇至千篇左右之文本資料，亦不失爲可行方案。

研究人員運用文字探勘技術在處理各種文詞資料的細節上，由於量的可處理能力大量增長，更應該小心注意質的運用與分析，機器判讀對比個體經驗分析判別的研究方法，優勢在於數位工具可以檢證更大量的資料並確實、精準地加以積累而避免失誤，缺點則是數位工具之觀察與判讀能力不若研究者敏銳，因而在分析模型與研究成果上容易遭受挑戰，相對於此勢必需要進行必要的調整。

本書使用數位工具技術在文字探勘之主題分析模型，於數量龐雜的政治類公開演講文稿中，嘗試爬梳主題分析模型，透過蒐集東亞華語文化圈政治領導人在公開演講之政治類文稿，分析、歸納其展現之政治概念與價值，更欲將中華民國總統、民進黨主席蔡英文，新加坡總理、人民行動黨主席李顯龍，中國大陸國家主席、中國共產黨中央委員會總書記、中央軍事委員會主席習近平，三者執政時公開演講文稿在政治類主題中之輪廓描繪出來。

以上述三者公開演講之政治類文稿來建立主題分析模型，可以非常直觀地發現，著重使用的關鍵詞擁有非常大的不同，文字探勘技術能夠辨識並歸納目標對象的用詞習慣，藉以找出其特色：

在中華民國總統蔡英文的文稿中，由於是使用中華民國總統府官方網站中之新聞與活動未整理分類文稿，其無法將各不同主題資料做初步篩選、分離，是以本書在做資料蒐集與篩選整理時，乃初步分類政治類文本進行彙集，惟相關內政、外交、軍事以及國防等類型難免有所相關，抑或有同一文本內涉及多主題之現象，以上分類邏輯與限制先予說明。此外，由於本書筆者之主體性與地緣性之故，台灣的相關資料在蒐集上最為完整與充足，在文本資料的數量上為求三國總體均衡，乃設定從蔡英文總統第二任任期首年開始，即2020年元月1日至2021年5月10日，共計一年五個月十日的文本資料，123篇，124,210字。值得注意的是，民進黨政府執政後，由於對中立場鮮明，且願意與之進行政策論辯與斡旋，雖與過去馬政府之兩岸密切交流時期較無實際進展，但比之陳水扁政府時期卻展現出更為彈性、平和與務實的態度。故常藉防務視導以及將領晉升場合進行精神講話，但為保持衝突創造空間、妥協鞏固戰果的談話風格，以及由於黨政分離原則，總統府的公開談話不會對民進黨事務進行闡述與評論，較諸中國大陸與新加坡有明顯不同。

在新加坡總理李顯龍的文稿中，由於是使用新加坡總理公署（Prime Minister's Office Singapore）中，李顯龍總理分類項內含中文講稿的公開資料，故在資料選取上會具有一定之集中性與盲區。在集中性層面上，由於新加坡的官方語言是英語，新加坡總理公署以中文講稿發布之公開談話必定有很大一部分集中在重大節慶、中國新年、中國特殊節日或活動以及全國性重大事件等；在盲區層面上，由於本文為切合華語文化圈文化意義上東亞的主旨，僅選取中文文本，且又限縮集中在政治性文本，故更可能在族群、治理以及文化相關領域中有所重疊。另外值得一提的是，新加坡總理公署官方網站分類中未標示政治分項，可能與該國之社會氛圍仍有政治敏感意義高度相關，故不標示政治一詞，而改採其他分類項名稱予以區分，是以本處同台灣的文本選取方式，在做資料蒐集與篩選整理時，乃先行初步分類政治類文本進行彙集，設定從李顯龍總理於2015年大選後開始，即2015年9月11日至2021年4月30日，共計五年七個月二十日的文本資料，54篇，135,447字，以上先予敘明。

在中國大陸國家主席習近平的文稿中，由於是使用已整理出主題分類的文詞資料庫，故首先即須將黨建、國防、經濟、生態、外交等主題領域之資料分離，僅使用政治主題之文詞資料，設定該文詞資料的初始收錄值，即2012年11月19日至2021年5月12日，共計八年五個月二十三日的文本資料，115篇，529,184字。之所以總字數數值較大，乃因中國大陸的相關政治談話仍帶有規訓、教育性質，故會於相關場合以長時間、大篇幅的談話進行思想教育，以上先予敘明。此外，由於中國大陸的政治、經濟與社會系統，於近年產生重大改變，從地緣政治的角度對於東亞地區發散巨幅影響，國際社會環境對於中國大陸的整體印象與以往亦有所不同，自從國家主席習近平採取較過往更為激進的外交策略後，國家形象的改變也更爲明顯，相關現象與影響更值得探討，由於習近平非常著重內、外部主題式宣傳手段，西方先進民主國家漸漸發現中國不同於軟實力的大外宣銳實力影響，[4]意圖就是威權體制國家對於民主體制國家的準戰爭影響力投射。於不同層次的戰略意識下，公共政策的具體內涵還是需要透過公開發言來體現，之所以使用相關文詞，除了在政令宣導與政策溝通上，製造資訊流或是時下十分流行的所謂政治聲量，也是可以預見的。

本書關注三位領導人公開演講之政治類文稿，並加以比對其相關作為，希冀使用數位工具探討其政治性文詞的同時，能正反並陳、反覆驗證相關結果。從民主發展的相關理論來看，政治宣傳是政治菁英用來完成己身之意念與加以執行其政策的輔助工具，因而在傳統的民主發展理論中，執政與在野政治菁英其對內與對外的戰略意涵和戰術動態，即非常具有透過觀察其公開發言並加以分析的必要性，以及觀察三個國家對內與對外展現政治影響力時所關注的核心關鍵主題。

第二節　政治菁英關鍵詞組之客觀呈現

在先前已發表的研究中，文字探勘即將政治領域文本當作可以被拆解、分析、探討、運算的資料，就本書而言，包含運算、歸納與分群處理，試圖將語言轉化為具體的數據，以深入探討其脈絡與規則化。文本蒐集、彙整與應用的科學化，演進帶動文本資料的重新組合，概念、主題分析等過往未被重視的資料隨即躍然紙上，從新聞、公開談話、聲明稿、新媒體社交網絡平台的推文、回應、心情符號、經典

---

[4] 銳實力的特點是由上而下的影響力作爲，例如透過國家漢辦指導孔子學院的戰略手法，或更具體地藉由公開發言的相關手法，像是推動政黨、民間智庫輔以媒體宣傳，由上而下的操控、疏導輿論走向，在現代社會中資訊的管控與媒體的交相配合，可以表現爲政治宣傳、挑選訊息、詮釋假新聞等操作方式。

名著、法案、研究論文全文或摘要等語料，皆成為可以被分析也值得分析的文本資料。

雖然文字探勘技術能節省人工閱讀時間與資源等成本，並賦予其科學化研究方法之於文字研究的可能，但是由於不論文本與言談都具有表意的模糊特性，是以量化研究方法的運算分析模型，難以準確處理與解讀該特性，所以文字探勘技術僅能盡可能貼近文字分析原本預期的效果，甚至很難排除整體過程中人工閱讀、分析、詮釋的介入，來重複檢證與確認，而且非常難找到一種一體適用的文獻探勘技術，來處理所有不同類型文本，回答所有待證問題，需要因問題與文本的不同，採用不同技術方法。

本書系統性蒐集、檢視東亞地區華語文化圈近十年（2010～2019年）政治領導人之發言稿，透過建立近期中文文字探勘，能對華語文化圈政治相關領域發言進行自動化的分類，來理解語料中所蘊含的特徵與語意走向，包括中國大陸、台灣、新加坡三國政治相關領域發言。這些文稿來自各政治領導人之公開發言，再揀選政治相關領域的部分進行文字探勘之模型分析，來掌握議題之核心關懷，期能詳盡預測解釋、發現交互關係等相關應用可能。即以文字探勘技術應用於不同角度相關實證資料，來充實東亞民主化之研究品質，更期待拋磚引玉帶動後續研究發展，也就是說展現數位工具之能力，藉由處理大量文稿，達成研究旨趣的同時，在另一方面解釋當代東亞民主政治制度之發展趨勢與變遷脈絡。

是以資料處理實際操作步驟而言，概述如下：

一、資料蒐集：從人民網所彙整之習近平系列重要講話資料庫、中華民國總統府所公布之焦點議題——蔡英文總統之重要談話、新加坡總理公署所公布之李顯龍總理中文公開談話講稿，蒐集相關研究資料。

二、資料前處理：將相關研究資料透過文字探勘分析系統進行前處理，包括文本統計之次數分配表、虛字移除、語句分析。

三、建立文字矩陣：於試算表（Microsoft Excel）中建立矩陣，透過斷詞得出所有詞句，再求得共現詞，接著求得詞頻和相關詞句權重。

四、製作文字雲：將高頻關鍵詞進行分類後求得集群加以視覺化。

五、研究結果詮釋：整理發掘出之前述文本資料相關成果，比對本書相關研究問題之假設。

壹、文本資料之描述性統計

本書自2020年6月25日到2021年5月13日之間蒐集台灣、新加坡與中國大陸文本資料，從2012年11月19日到2021年5月12日之間，總計共八年五月又二十三日，期間三位東亞華語文化圈之政治領導人相關政治領域公開講稿文本資料。第一步先彙整至試算表，刪除諸如非蔡英文、李顯龍、習近平三位政治領導人與非政治領域等不相關文本之後，選用剩餘之292筆文本資料進行接續之文獻探勘分析。

將上述篩選完後之資料，依據發布主體、發布時間與關鍵議題等相關內容來排序，進行描述性統計，後續更可以主體、年分、議題繪製進一步之視覺化文本資料相關分布，來描繪出整體資料的大致狀況。

本書文本資料之描述性統計如下：

就總體資料而言，文本資料總數為292篇。就個別國家而言，台灣文本為123篇，約占42.1%；新加坡文本為54篇，約占18.5%；中國大陸文本為115篇，約占39.4%。

就文本年分而言，2021年文本為78篇；2020年文本為115篇；2019年文本為26篇；2018年文本為14篇；2017年文本為12篇；2016年文本為19篇；2015年文本為7篇；2014年文本為13篇；2013年文本為5篇；2012年文本為3篇。

就個別國家文本年分綜合而論，台灣2021年文本為37篇；2020年文本為86篇。

新加坡2021年文本為3篇；2020年文本為16篇；2019年文本為11篇；2018年文本為9篇；2017年文本為8篇；2016年文本為6篇；2015年文本為1篇。

中國大陸2021年文本為38篇；2020年文本為13篇；2019年文本為15篇；2018年文本為5篇；2017年文本為4篇；2016年文本為13篇；2015年文本為6篇；2014年文本為13篇；2013年文本為5篇；2012年文本為3篇。

從上述文本資料之描述性統計初步內容探索觀之，就其各項變化而言，文本數量以年分論最大值為2020年、最小值為2012年；以國別論，最大值為台灣、最小值為新加坡。

大部分之文本集中於2020年，有可能是因為台灣部分資料取樣以及其為完整年分之故。另從時間序列觀之，年分愈近者，相關文稿資料愈多，但同前所述，不能直接解釋、轉化為相關公開談話受到各該執政者重視之程度，儘管文本資料總數將隨時序與日俱增，所以更值得觀察的應該是文本內含的資料特徵。

台灣擁有最多的文本資料，在蒐集上最爲完整與充足，除了筆者身處國家之主體性與地緣性之故，另一方面更爲實際的原因是，畢竟最高政治機關所釋出之相關資料擁有更高、更豐富的資料特性，相比官方媒體所彙整之資料必須考量政治效應與效率，必定較之更爲完整。

貳、初步內容分析

此處之初步內容分析，首先乃就本書研究文本資料之發布趨勢進行整理歸納，並說明虛字移除的操作與意義，再詳述詞句權重判斷之依據與做法採擇，最後是文字雲實作以呈現本書視覺化分析之成果。

一、發布趨勢

公開講稿數之統計，依據篩選之文本資料從2020年6月25日到2021年5月13日之間，可以見到這幾年之間，三個國家的公開講稿數皆呈現逐漸增加的趨勢，除了相關資料的發布顯示其重視媒體宣傳的意義外，予以保存使之便於查找的觀念也愈發普及。

二、虛字移除

由於若將未經處理的文本資料直接進行操作，極可能會被虛字占據了大部分的篇幅，因此若想進一步分析相關概念，將虛字進行移除，再觀察剩餘之關鍵詞將展現出什麼變化，即爲較可行的做法。[5]

將所有文本資料之字型、字元、大小，英文部分之大寫、小寫調整至相同規格，設定虛字移除——含無意義字詞、無用字詞、連接詞、基本代名詞與部分同意詞、誤植之亂碼符號等，最後選擇留下重要關鍵詞。

本書之斷詞方式選用自動斷詞法，計算二字詞與四字詞，移除標點與特殊號，移除之乎者也語助詞以及部分無意義字詞，文字雲則僅顯示前幾名高頻關鍵詞。

---

[5] 在分詞技術上，可以採取詞庫分詞、長詞優先分詞等自動分詞方法，同時過濾虛詞，再移除不具研究主題相關意義之關鍵詞。

三、詞句權重

原始文本資料聚焦在政治性分類下，觀察到關鍵詞比例與使用方式程度，最簡單的是進行高頻關鍵詞分析，即可以見到有00篇文稿與「XX」一詞相關。[6]

第二種是較爲深入的做法，設定文字矩陣來計算詞句之關鍵詞使用次數，並藉由詞頻與逆向檔案頻率來得出Term Frequency – Inverse Document Frequency，即TF-IDF之權重。

本書採取之計算法，乃將一份文稿設定爲一個文件單位，故0000份文稿即爲0000個文件單位。

詞頻爲一個字詞於該文件單位之中被使用之頻率，即詞頻 = 某詞出現之次數／該文件單位之所有字詞數。

逆向檔案頻率爲一個字詞普遍重要性的度量，即逆向檔案頻率 = Log10(語料庫中文件單位總數／(包含某詞出現之文件數+1))。

包含某詞出現之文件數+1之中的+1，計算目的是爲了預防如若某詞不在文件中，將導致分母爲0的狀況，抑或是如若某詞之使用過於普遍，即總文件單位數 = 該詞出現文件數時，會變成Log10(1) = 0產生。

例如，若想知曉「民主」在文件A此文件單位中之詞頻值，文件A「XXXXXXXXXXXXXXXX」經斷詞後即會變爲「X1 / X2 / X3 / X4 / X5 / X6 / X7 / X8 / X9 / X10 / X11」，共Xn個詞，可知此文件A之總詞數；因「民主」在文件A出現了Z次，所以「民主」在文件A的詞頻值即爲Z/Xn（若Z = 1，Xn = 11，則Z/Xn = 0.0909），同理可證「民主」在文件B之詞頻值爲1/4 = 0.25、「民主」在文件C之詞頻值爲1/20 = 0.05。

例如，若想知曉逆向檔案頻率，由於本書將一份文稿視作一個文件單位，故0000份文稿則會有0000個文件單位。若「民主」該詞在這些0000份文稿中共計有XXXX份文稿有提到「民主」一詞，故「民主」之逆向檔案頻率值爲Log10(0000/(XXXX+1))；同理可證，若「自由」一詞在1000份文稿中，共計有500份文稿有提到「自由」一詞，故「自由」之逆向檔案頻率值即爲Log10(1000/(500+1))= 0.3001。

TF-IDF之權重會是詞頻與逆向檔案頻率之乘積，若「民主」在文件A的TF-IDF

---

[6] 值得注意的是，單詞的使用如不配合前、後詞與段落文義之脈絡，則難免會有判讀、分析之困難。

是Z/Xn* Log10(0000/(XXXX+1))+文件B的TF-IDF是0.XXX*0.XXX+文件C持續加總至最後一份出現「民主」之文稿，得到之總數爲0000，該值即爲「民主」一詞在該份研究中之TF-IDF值，而文稿資料中所有字詞之排序，即是使用加權後之TF-IDF指標來進行排序。[7]

第三種關鍵詞分析方式則是選擇利用隱含狄利克雷分布（Latent Dirichlet Allocation）來運算，概念上是利用詞袋模型來運算特定字詞組合之最大機率貝式定理組成（Blei and Lafferty, 2007），來尋找文稿之主題，使用隱含狄利克雷分布之考量因素，乃在於自然界最基礎之原子化概念，依此文稿形式可以拆解爲兩種模組，包括詞組—文稿雙層模型或是詞組—主題—文稿三層模型，該模型可利用貝氏定理中一種對機率的解釋——貝式機率來處理。[8]

在確定數量之文稿、確定數量主題、確定數量詞組之前提下，該機率總和的極值是可以被計算的，也就是說某種模型的主題分布樣態是最具解釋力的，可被稱作最佳文本分群。然而值得注意的是，文字探勘之軟體在運算時，該系統並無法理解詞組的串聯是否具有意義，僅可計算出某些詞組的串聯機率較大，是以詞組的串聯而成爲主題的這一部分，仍須透過人工加以分析與詮釋。[9]

本書於此處將不欲強行進行選擇何種分析方式更爲優越，僅對不同分析方式加以闡明，俾利後續研究採擇使用。

四、文字雲

依據不同主題之文稿，再配合其使用之字詞，透過文字探勘系統製作文字雲可以將關鍵詞加以視覺化，藉此理解不同主體之政治領域文稿特性；亦可反向透過文字雲工具進一步篩選高頻關鍵詞，來從巨量繁複之文本資料中獲取有用之資訊，加以理解其脈絡。

---

[7] 換句話說，關鍵詞可能在語料庫中各文件被使用之數量極高，但其是否爲具主題性之關鍵詞，則可用此處所述之詞頻與逆向檔案頻率來得出，即TF-IDF之權重來處理，如此更能夠得到反映主題性之關鍵詞分析。

[8] 值得一提的是，可以透過「民主」與「國家」兩個字詞來分析討論，在透過TF-IDF分析之前，單純僅看高頻關鍵詞可能會得出「民主」比「國家」的次數少，但在透過TF-IDF分析之後，可能「民主」比「國家」的權重更高，是以可能「民主」將會比「國家」更具有辨別度，也更爲適宜作爲該選定文稿之關鍵詞。

[9] 當然單純的關鍵詞萃取在文本數量不大時，亦可使用人工整理的方式來蒐羅分析關鍵詞之使用頻率與政治意向變動的趨勢。

根據本書之關鍵詞分析在文本資料前處理之後，依據高頻關鍵詞選取前幾名的字詞，進行文字雲製作。

圖4-1　蔡英文文稿之文字雲

資料來源：中華民國總統府（2021）資料，後經筆者自行整理。

圖4-2　李顯龍文稿之文字雲

資料來源：Prime Minister's Office Singapore（2021）資料，後經筆者自行整理。

圖4-3　習近平文稿之文字雲

資料來源：人民網（2021）資料，後經筆者自行整理。

此外，文字雲的製作由於圖像化與視覺化的關係，不僅可以找出文稿隱含的部分特質，也可以增加後續關鍵詞選擇與分析之精確度。

第三節　修辭語境、偏好之主觀詮釋分析

自由民主已經是現代發達先進國家的相對主流的政治體制，儘管各國政治體制之形態各有不同，威權、混合、民主體制在數量與區域發展上各有千秋，然而值得注意的是，愈來愈多威權、混合體制的政治領導人嘗試往民主靠攏，包括聲稱具有某某特色的民主，或是即使現在尚未完全民主，未來也可能更加民主，抑或是指稱國內、外政治對手不民主。民主一詞逐漸成爲現今政治話語權的兵家必爭之地，隨著民主一詞變成衡量國家現代化程度的指標、政治話語權與政治動能的能量來源，是以能掌控民主一詞的詮釋權力，也就代表能在國內、外政治環境中占據主流地位，並得到一定程度的話語權，實際產生政治領域之具體影響。

對此亦有從個案分析來探討，惟單一國家的案例固有相當參考性，可以對於其民主實踐與哲學反思進行深度分析，然而個案能否套用到其他國家、其他區域、其他文化圈、乃至縱向時序不同時間帶，就屬於普世價值與歸一化之議題，探究普世價值與歸一化，發展沿革即是其敘事主軸，西方先進民主國家經歷了民主轉型、民主鞏固與民主深化等民主化過程，經由實踐產生範式，藉由重複發生的歷史事實，

證明民主是值得被依循的政治體制。然而過度簡化的論證過程，卻常忽略每一個國家的初始條件、經濟發展、社會組成結構、菁英態度與地緣政治，具有根本上的差異，是故並非每一個國家都能複製相同的民主經驗，而需要因地制宜地推動最適合其國情特色之修正式民主。另一方面，預測國家政治體制的未來走向亦非易事，單一國家或區域的發展路徑，甚或實踐、改造模式，對於政治研究更是一個巨大的挑戰，歷史所能指引出的解決手段或帶來的可能性必須正反並陳地去探究，諸如不同文化圈之間面對自由民主的態度與想像，而之於東亞則可能是發現西方與非西方敘事之視角對於民主意涵與特徵的論辯。

本書中所探討的關鍵詞頻、文字雲，即是藉數位人文學來分析的整體思考脈絡，雖然在推論語境脈絡的過程中難以保證與原意完全相同，但卻能盡可能接近絕對眞實，因爲個體的論述藉由拆解的程序，試圖發掘其本身蘊含的概念，而獨立於其他社會背景關係情緒來保存，因爲詞語的力量展現在不同系統中，會產生各種不同的反應。此外在不同時間、空間，各式政治、經濟和社會結構的相關檔案累積也考驗相關知識技術的能力，在過去類似研究受限於研究人員的文獻蒐集、研究方法彙整、自身記憶能力而難以窮盡來驗證，單一國家或文化圈的描述性分析十分耗費前述能力，若非今日發展出相對的數位工具技術，實難以畢其功。[10]

壹、初步成果呈現

本書並不認爲所運用之文獻探勘方法能將特定語料進行一體適用且全面的分析，來得到東亞民主化相關主題的預測或解答，而是就東亞地區華語文化圈政治菁英所關注之主題，將其差異透過萃取關鍵詞，進一步進行檢證，得出偏好、關注主題之意向發展，解讀不同資料呈現狀況。

就台灣文本資料而言，以未來、發展、持續、希望爲例，其反映的是東亞的時間概念；而以國際、關係、全球、世界、區域、夥伴、美國爲例，其反映的是東

---

[10] 除了關鍵詞，更可藉此分析文本中各種概念、主題層次，包含文本中各種資訊，如作者、年分、國別、出版商等，來進行統計分析，深入探討諸如變項間之關係與影響性、變項分布情形、概念與主題的變化沿革。在過去是透過人工方式，以單純數量多寡占比的方式來分析，文字探勘技術的進步則無疑是賦予了文本分析更多的應用可能。作爲一種科學方法，不只提供了與過往依研究者學識之詮釋方式完全不同的證據基礎、資料本位分析方式，更是自下到上來研究文本線索的探索模式。此外，亦可相互參照其他研究者之相關研究成果，來應證分析結果。

亞的空間概念；再以民主、自由爲例，其反映的是東亞的制度概念；復以經濟、產業爲例，其反映的是東亞的經濟貿易概念；若進一步以人權、人民、疫情、安全爲例，其反映的是東亞的社會發展概念。

就新加坡文本資料而言，以繼續、現在、同時爲例，其反映的是東亞的時間概念；而以中國、美國、世界爲例，其反映的是東亞的空間概念；再以社會、文化爲例，其反映的是東亞的制度概念；復以經濟、貿易爲例，其反映的是東亞的經濟貿易概念；若進一步以合作爲例，其反映的是東亞的社會發展概念。

就中國大陸文本資料而言，以發展、歷史、推進、不斷爲例，其反映的是東亞的時間概念；而以世界、中央爲例，其反映的是東亞的空間概念；再以社會主義、政治改革、共產、馬克思、民主爲例，其反映的是東亞的制度概念；復以經濟、共產爲例，其反映的是東亞的經濟貿易概念；若進一步以民族、群衆、幹部爲例，其反映的是東亞的社會發展概念。

本書之初步成果已很大程度地自動化萃取出文稿資料之關鍵詞，並藉以推論出字詞、語句中之主題，在經過斷詞後：

蔡英文文稿資料中總計不含標點符號共114,488個字，後續再透過詞性、重複次數、虛詞判定等步驟，可聚焦至29,766個關鍵詞。

李顯龍文稿資料中總計不含標點符號共125,685個字，後續再透過詞性、重複次數、虛詞判定等步驟，可聚焦至34,409個關鍵詞。

習近平文稿資料中總計不含標點符號共484,790個字，後續再透過詞性、重複次數、虛詞判定等步驟，可聚焦至65,940個關鍵詞。

本書即可藉此關鍵詞爲依據來判定該文稿資料之隱含主題，再依據頻率來判定順位而出現之結果，如下列各圖、表所示。

表4-1　蔡英文文稿資料中之高頻關鍵詞

N字詞的次數分配表（N-Length Words Distribution）									
1～10名		11～20名		21～30名		31～40名		41～50名	
臺灣	1,132	人權	205	政府	182	安全	158	能夠	137
我們	1,112	人民	204	可以	181	區域	150	代表	137
總統	661	未來	201	持續	179	夥伴	149	灣人	134
民主	372	灣的	199	重要	176	就是	147	一起	131
國家	363	感謝	196	的國	175	國軍	145	美國	131

表4-1 蔡英文文稿資料中之高頻關鍵詞（續）

N字詞的次數分配表（N-Length Words Distribution）									
1～10名		11～20名		21～30名		31～40名		41～50名	
合作	319	疫情	194	產業	173	社會	143	台灣	129
大家	255	發展	194	全球	164	支持	142	非常	129
國際	253	們的	192	各位	163	努力	142	國人	129
關係	242	共同	183	世界	163	今天	142	希望	124
經濟	215	自由	183	以及	162	一個	139	國防	123

資料來源：中華民國總統府（2021）資料，後經筆者自行整理。

表4-2 李顯龍文稿資料中之高頻關鍵詞

N字詞的次數分配表（N-Length Words Distribution）									
1～10名		11～20名		21～30名		31～40名		41～50名	
我們	1,377	們的	258	發展	174	國人	156	生活	136
新加	636	能夠	251	所以	173	已經	156	一些	133
加坡	635	政府	244	需要	167	可能	144	總理	133
中國	534	可以	224	國的	167	社會	142	貿易	131
一個	373	希望	206	其他	166	方面	140	現在	131
大家	341	必須	194	問題	166	如果	140	同時	126
國家	335	美國	194	工作	164	自己	140	情況	126
他們	334	這些	193	合作	163	以及	138	這樣	125
這個	293	關係	184	因爲	161	文化	138	是一	122
經濟	280	世界	184	繼續	160	沒有	137	新的	114

資料來源：Prime Minister's Office Singapore（2021）資料，後經筆者自行整理。

表4-3 習近平文稿資料中之高頻關鍵詞

N字詞的次數分配表（N-Length Words Distribution）									
1～10名		11～20名		21～30名		31～40名		41～50名	
人民	3,030	堅持	1,358	歷史	880	群眾	696	精神	564
中國	2,998	政治	1,244	偉大	863	共產	684	我國	555
發展	2,896	改革	1,124	同志	846	國人	660	幹部	538
社會	2,704	經濟	1,075	特色	821	不斷	651	理論	537

表4-3　習近平文稿資料中之高頻關鍵詞（續）

N字詞的次數分配表（N-Length Words Distribution）									
1～10名		11～20名		21～30名		31～40名		41～50名	
主義	2,478	領導	1,060	制度	810	必須	641	華民	532
我們	2,348	民族	1,030	實現	801	世界	620	馬克	531
會主	1,607	工作	1,011	國特	789	思想	613	克思	531
國家	1,574	問題	1,010	中華	770	加強	591	法治	529
黨的	1,485	全面	991	推進	745	產黨	585	一個	528
建設	1,438	中央	983	色社	743	重要	576	民主	527

資料來源：人民網（2021）資料，後經筆者自行整理。

軍弟兄姊
弟兄姊妹
臺灣人民
總統表示
人權委員

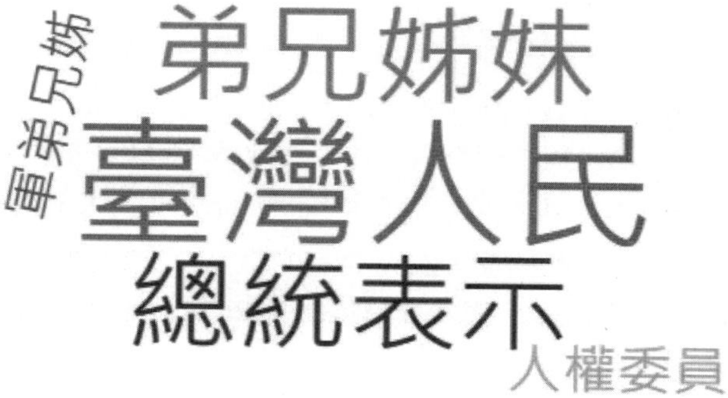

圖4-4　蔡英文文稿四字詞之文字雲

資料來源：中華民國總統府（2021）資料，後經筆者自行整理。

希望大家
對新加坡
經濟增長
新加坡是
新加坡人
的新加坡
我們已經
我們需要
新加坡的
帶一路"
CNBC
多元種族
是新加坡
"一帶
一帶一路

圖4-5　李顯龍文稿四字詞之文字雲

資料來源：Prime Minister's Office Singapore（2021）資料，後經筆者自行整理。

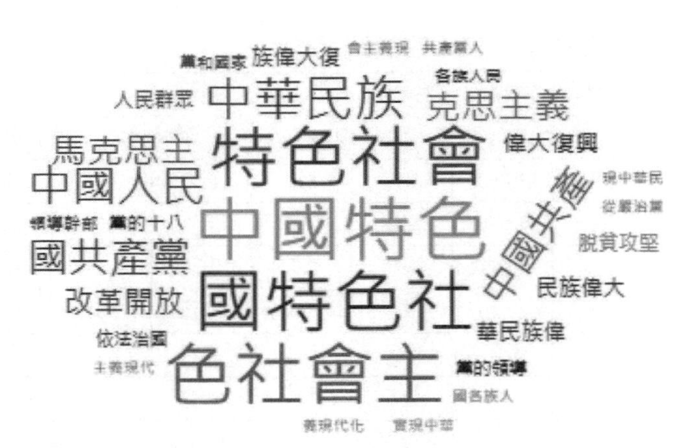

圖4-6　習近平文稿四字詞之文字雲

資料來源：人民網（2021）資料，後經筆者自行整理。

有趣的是，台灣之文本資料中提到民主一詞的數量爲372次，位居第四位高頻關鍵詞，如若除去主詞、代詞者則爲第一位，其重要性可見一斑。

新加坡之文本資料中提到中國一詞的數量爲534次，位居第四位高頻關鍵詞，如若除去主詞、代詞者亦爲第一位，顯見其重視華人以及對中關係之細節；另美國一詞的數量爲194次，位居第17位高頻關鍵詞，亦可見其重視對美關係與國際政治之細節。

中國大陸之文本資料中提到發展社會主義、改革以及民族，這幾個高頻關鍵詞的數量都相當驚人，發展社會主義2,000餘次，改革以及民族各1,000餘次，相關議題受到重視程度是可見且明顯的，探究其根本因素有可能是因爲中國大陸思想教育的重視與普及，相應的是教條式的口號仍維持大幅度地增加；另外就是改革的壓力以及民族融合的問題，經過數年的演進，可以觀察到其實實在在受到整體內、外在環境改變的影響，而相對地愈發重視。

以上嘗試以文字探勘的大數據技術，尋找關鍵詞，從華語文化圈三位政治領導人的公開講稿中，試圖找出當前其關注議題的關鍵詞爲何？以便於從裡面了解目前東亞地區的政治發展趨勢。接下來本書同時意圖找出三位政治領導人關注議題之間會有什麼關係？他們的核心關懷間，點對點的間距會是如何？在技術層面利用文字探勘技術，試著從文本資料中的關鍵詞探討：政治性公開講稿之隱含之意向趨勢、文本資料之關鍵詞特徵型態、東亞政治領導人之關注焦點以及其相近程度。

根據台灣文本詞頻之分析結果，最常出現的關鍵詞有民主、合作、國際、關係、經濟，其主要原因可能是台灣所身處之兩岸關係與國際困境；最常出現的關鍵詞還有臺灣、我們、總統、國家、大家，其主要是因為來自於其屬於主詞、代詞之故。另外美國與文化兩詞，則屬於富含主題代表性者，其與台美關係以及台灣主體性二者息息相關，非常具有分析價值。

根據新加坡文本詞頻之分析結果，最常出現的關鍵詞有中國、經濟，其主要是因為來自於地緣政治以及施政方向所致；最常出現的關鍵詞還有我們、一個、大家、國家、他們、這個，其主要是因為來自於其屬於主詞、代詞、量詞之故。同樣新加坡也有美國與文化兩個富含主題代表性的詞彙，其與星美關係以及新加坡文化多元性二者息息相關，非常具有分析價值。

根據中國大陸文本詞頻之分析結果，最常出現的關鍵詞有人民、發展、社會主義、黨的建設，其主要是因為來自於意識形態、治理能力導向以及一黨專政之故；最常出現的關鍵詞還有中國、我們、國家，其主要是因為來自於其屬於主詞、代詞之故。另外堅持政治改革反映的是其內、外部改革壓力，偉大歷史象徵習近平提出的中國夢，同志乃中國大陸極具特色的發語詞，群眾、國人亦屬於主詞、代詞，幹部顯現其階級領導之特徵，民族是其多族融合以及邊疆管理的著重，法治與民主最具特殊代表性，其與概念移植、轉換息息相關，非常具有分析價值。

而中國大陸與台灣兩國的政治相關各主題性議題相互回應數量高，若更進一步去探討，影響政治相關各主題性議題關鍵詞的是國際現階段時事與地緣政治相關。

值得注意的是，我們亦可從相關國家之特殊用詞進行觀察，作為探討之線索，以中國大陸為例，其流行使用四字詞，並且有許多不同領導人時期的重大宣示性政策與習慣用語，像是偉大復興與小康社會等，可以觀察到文稿資料中反映其當時代的政治現況與執政者之意識形態；而對照到台灣與新加坡，其文稿則並不慣用四字詞，因而在呈現上較為陳述性與口語化，更貼近一般大眾平時用詞之習慣。

表4-4　蔡英文文稿資料中之高頻四字關鍵詞

N字詞的次數分配表（N-Length Words Distribution）									
1～10名		11～20名		21～30名		31～40名		41～50名	
臺灣人民	74	國家人權	34	尼加拉瓜	28	我們必須	25	臺美關係	22
總統指出	60	理念相近	33	權委員會	27	2020	24	就是我們	21
弟兄姊妹	57	民主國家	32	最重要的	27	印太地區	24	灣的民主	21
總統表示	56	兩岸關係	32	再次感謝	26	我們的國	24	國軍官兵	21
中華民國	56	轉型正義	31	對臺灣的	26	臺灣民主	23	共同努力	20
夥伴關係	55	李前總統	31	支持臺灣	26	國人同胞	23	我們一起	20
國際社會	52	總統強調	28	這段時間	26	臺灣的民	22	的和平穩	20
總統提到	45	人權委員	28	家人權委	26	總統接著	22	宏都拉斯	20
和平穩定	41	軍弟兄姊	28	國軍弟兄	26	總統進一	22	總統認爲	19
民主自由	36	國家安全	28	守護國家	26	統進一步	22	國艦國造	19

資料來源：中華民國總統府（2021）資料，後經筆者自行整理。

表4-5　李顯龍文稿資料中之高頻四字關鍵詞

N字詞的次數分配表（N-Length Words Distribution）									
1～10名		11～20名		21～30名		31～40名		41～50名	
新加坡的	86	一帶一路	37	我們需要	23	世界各地	19	更美好的	17
其他國家	59	爲新加坡	35	新加坡是	23	是我們的	19	我們可以	17
新加坡人	56	我們希望	35	立國一代	22	我們應該	19	合作項目	17
在新加坡	56	帶一路”	34	經濟增長	21	了新加坡	19	華義中學	17
CNBC	56	“一帶一	33	做好準備	21	小販中心	19	這個問題	16
我們必須	53	的新加坡	29	自由貿易	21	如果我們	19	最重要的	16
新加坡華	43	希望大家	29	學前教育	21	加坡華人	19	重要的是	16
華族文化	42	是新加坡	28	冠病疫情	20	因爲我們	18	夥伴關係	16
對新加坡	38	到新加坡	27	團結一致	20	互聯互通	18	文化中心	16
多元種族	38	我們已經	25	所以我們	20	讓新加坡	17	南洋三校	16

資料來源：Prime Minister’s Office Singapore（2021）資料，後經筆者自行整理。

表4-6　習近平文稿資料中之高頻四字關鍵詞

N字詞的次數分配表（N-Length Words Distribution）									
1～10名		11～20名		21～30名		31～40名		41～50名	
社會主義	1,582	克思主義	385	黨的領導	189	實現中華	163	黨和人民	146
中國特色	786	改革開放	317	領導幹部	184	現中華民	163	全面建成	145
國特色社	742	偉大復興	255	各族人民	179	鄧小平同	160	小平同志	144
特色社會	742	華民族偉	238	黨和國家	177	的十八大	158	社會發展	144
色社會主	742	民族偉大	238	會主義現	166	全國各族	157	大復興的	141
中華民族	532	族偉大復	238	主義現代	166	發展理念	157	建成小康	140
中國人民	470	人民群眾	214	義現代化	166	黨的建設	154	成小康社	140
中國共產	432	脫貧攻堅	214	共產黨人	165	小康社會	152	主義制度	140
國共產黨	431	黨的十八	201	從嚴治黨	165	發展中國	149	面建成小	139
馬克思主	385	依法治國	190	國各族人	163	深化改革	147	是我們黨	136

資料來源：人民網（2021）資料，後經筆者自行整理。

貳、各國主題判別特殊性之檢視

在前述文本統計關鍵詞萃取以及分析之基礎下，本書試圖探討台灣、新加坡與中國大陸三個國家之間的分類與整合，不同國家的政治現狀、宣傳意圖、慣用詞能否體現在其文稿資料中。

依據前述圖表所示，本書以國別設定三個分項，列舉出重要關鍵詞，在出現頻率前50個關鍵詞中，由本書之圖表可以查找相關之關鍵詞索引，來對照不同國家在各式語境脈絡會如何使用相關詞句，亦即設定特定關鍵詞後，更可以進一步設定該關鍵詞於資料庫中，文本的相鄰詞與它的相關詞爲何，來顯示其重要組合，更便於研究者觀察。

蔡英文總統可以展現出對國際喊話的特徵，其相關詞彙包括民主、自由、人權等，相關體制的用詞出乎意料地多，可以說是極其特殊、難以被忽視的特徵，民主作爲政治體制的一種形態，同時也是政治意識形態之要角，時常出現在台灣語境下的相關文稿中，是以可以藉此推測民主作爲蔡英文總統的政治宣傳材料，用以團結國內選民亦可以操作於國際社會，藉此使用在民主與威權競爭之槓桿和地緣政治鬥爭之中，與中國大陸頗有爭鬥比較的意味。惟是否在此有太過強調之嫌，實際上的確容易引起爭論，然而在文字探勘此研究方法下，探索政治領導人之政治意圖與戰略的目的，各種推測的可能，皆需要大膽假設、小心求證，政治宣傳下試圖以強調民主來宣示政治形象，與對照出中國大陸的不民主特色，非常值得後續深入分析。

李顯龍總理則比較重視經濟貿易，例如經濟增長、小販中心、自由貿易、互聯互通等，以及與華族文化調和的相關議題，例如華義中學、新加坡華人、華族文化、多元種族等，觀察上述四字詞表格更可以發現其亦高度關注一帶一路的政策動態演進。

習近平主席則在口語上有許多號召式發語詞，例如同志，在重大時政上則喜用倡議一詞，諸如上述特色皆可加以深入探討處理，對國際喊話的部分則顯示於中國特色這個關鍵詞，在單一文本資料中甚至使用多次，可以呼應其大外宣策略的主軸，皆可透露出政治宣傳的種種跡象，而脫貧攻堅則透露其意圖透過善治概念來爭取政權的正當合法性意圖，另外鄧小平同志則顯現其對過往路線的尊重。

更深一層來做分類，利於文本資料內容的歸納分析，從各別內涵甚至意圖審視，可以發現絕大多數文本皆有該國之標示性特徵，從一個端點至另一端，以國別主體進行三分類的文本資料中，在威權、混合與民主體制的偏向來和政治性公開講稿文本之關鍵詞使用比率相互對照。

表4-7　台灣文稿資料之文本統計

Text Length 文字的長度：文字總長度，不計算空格跟標點符號	114,488
Different Words 不同的文字：N字詞的種類	29,766
Entropy 亂度：不均度指標，愈大表示字彙種類愈多	9.147183
Simpson's Index 辛普森指標：不均度指標，愈小表示字彙種類愈多	0.000607
Sentence Count 句子的計算：句子數量	11,587
Sentence Length Average 句子長度的平均數：句子平均長度	9.880728
Sentence Length Variance 句子長度的變異數：句子長度變異數。數字愈大表示句子長度分布差異愈大	332,077.2
Function Word Count 使用虛詞數量：虛字出現頻率	8,934
Function Word Proportion 虛詞比例：虛字出現比例，算法是（虛字出現頻率／文字總長度）	0.078034

資料來源：中華民國總統府（2021）資料，後經筆者自行整理。

表4-8　新加坡文稿資料之文本統計

Text Length 文字的長度：文字總長度，不計算空格跟標點符號	125,685
Different Words 不同的文字：N字詞的種類	34,409
Entropy 亂度：不均度指標，愈大表示字彙種類愈多	9.318018004
Simpson's Index 辛普森指標：不均度指標，愈小表示字彙種類愈多	0.000515252
Sentence Count 句子的計算：句子數量	12,122
Sentence Length Average 句子長度的平均數：句子平均長度	10.36833856
Sentence Length Variance 句子長度的變異數：句子長度變異數。數字愈大表示句子長度分布差異愈大	466,134.3683
Function Word Count 使用虛詞數量：虛字出現頻率	12,483
Function Word Proportion 虛詞比例：虛字出現比例，算法是（虛字出現頻率／文字總長度）	0.099319728

資料來源：Prime Minister's Office Singapore（2021）資料，後經筆者自行整理。

表4-9　中國大陸文稿資料之文本統計

Text Length 文字的長度：文字總長度，不計算空格跟標點符號	484,790
Different Words 不同的文字：N字詞的種類	65,940
Entropy 亂度：不均度指標，愈大表示字彙種類愈多	9.325356529
Simpson's Index 辛普森指標：不均度指標，愈小表示字彙種類愈多	0.000583307
Sentence Count 句子的計算：句子數量	46,493
Sentence Length Average 句子長度的平均數：句子平均長度	10.42716108
Sentence Length Variance 句子長度的變異數：句子長度變異數。數字愈大表示句子長度分布差異愈大	1,950,940.581
Function Word Count 使用虛詞數量：虛字出現頻率	34,223
Function Word Proportion 虛詞比例：虛字出現比例，算法是（虛字出現頻率／文字總長度）	0.070593453

資料來源：人民網（2021）資料，後經筆者自行整理。

例如，台灣的文本資料在統計分析後透過表4-7，即可以顯示出其詞彙種類不若其他兩國豐富，具有較高之聚焦能力或是說重疊性。

例如，新加坡的文本資料在統計分析後透過表4-8，即可以顯示出其文本使用較多虛詞，有可能是因爲其並非華語第一官方語言之慣用國家。

例如，中國大陸的文本資料在統計分析後透過表4-9，即可以顯示出其較諸其他兩國在特色上較為中庸持平，不特別偏重或弱勢。

在關鍵詞使用的語境類別中，哪個國家彼此較為接近，哪個國家在使用上有較大的差異，可以從三個國家的文本資料中顯示出來，且尚有若干蛛絲馬跡可以發現該國隱藏的差異，例如，具該國特色的本地語以及具該國特色的外來語翻譯，惟該關鍵詞可能難以被歸納萃取出來；另一方面，儘管已盡量篩選政治性主題文本，但相關國防、外交、環境、經濟等主題，卻也難以切割，在現今國內、外社會系統交織共融的當代，各式議題的邊界也隨之日益模糊，是以檢視依主題、時序之原始編號，與進一步依據相似性更新標示後之排列，儘管數量一致，惟參照關鍵詞、主題有別之分類法，不但是從科學方法來檢驗文本內容，更是仰賴機器分類進行比較的資料導向模型。從文本中關鍵詞組合找出共同主題，表現出這些文本距離其他文本更接近，不過需要說明的是，相似性分析的初步結果可能並不一定合理，因為從關鍵詞次數下去推導的文本分析特色在於研判用詞相似度，僅依照其詞面文義，可能可以大致推導出相似主題，惟並無法判斷文義，必須結合人工判讀闡釋。

關鍵詞分布可以看出不同國別主體所運用的詞彙與文稿主題的意義，與其他兩個國家相比是有明顯差異的，我們可以從中發現這樣的差異主要來自於政治、經濟、社會不同系統，於不同國家背景中所獨立發展出來的語境。是以台灣之關鍵詞多集中於少量某些主題，究其原因主要還是因為文稿資料本身所設定之主題極具有主題差異性，儘管政治性講稿專注於政治性議題之闡述、宣傳、釋疑，但外交、經濟、軍事、文化亦常入題，是以關鍵詞之聚焦自然不易，更難以憑研究者之好惡來獨斷進行分類，否則亦有先射箭再畫靶之嫌，容易在推論上產生謬誤，惟此亦可證明該方法還是有若干效果，只是同時需要合理假設與謹慎推論。[11]

不同國家之間用詞差異頗大或較小，可以從語料庫總體觀之，亦可反向論證，在東亞華語文化圈三國政治領導人之公開講稿中，在許多主題領域有部分重疊之現象，乃至互相呼應、相互攻訐與爭鬥。

依據政治體制相對距離而言，民主體制、混合體制和威權體制三者之彼此相似程度應該是依上述之次序而論，較合乎過往經驗常識，但是否可能具有另一種更為

[11] 儘管蒐羅大量文本資料，透過文獻探勘方法將之科學化處理、分類、具象化、計算、人工闡釋對照，來討論其意向與發展趨勢，但是部分資料的確較易於進行分析與加以理解，部分資料則比較難完全被研究工具解讀，甚或得到顯著差異之結論。

科學化解讀方法？如若將文本資料中的關鍵詞用語，假定爲可計算之數值，則此親疏有別之模型，即可說明相關政治文本資料之於兩者之間是否都是被廣泛使用的詞彙，藉以推論主題領域的相似度。文本資料間雖然擁有相關之關聯性，具體的談話內容不只慣用口語，在主題性上亦有極大相同之處，如再佐以觀察相關政治行爲豐富的實證資料，更可以觀察到相互攻防交鋒之處。[12]而在受衆的回應與評論中，依據時序之遞嬗，對象國家尤其對於本書而言即指兩岸間，或區域中其他周遭國家、西方先進民主國家，對於雙邊關係與多邊關係的角色變動與關係營造，皆非常重視關鍵詞之使用差異，往往在字詞、文句間的枝微末節即可發現政治的實踐不分場域與時間。

台灣在政策方針上針對不同統獨立場，擁有不同核心價值的分歧意見，實事求是且避免極端之用語形式，從硬性的國防、外交、兩岸議題，到軟性的經濟、文化、環境議題，雖然嘗試凝聚社會共識，但實際政治現狀卻仍難以將政治思想與行動融入不同黨派立場者之中，在政治宣傳的手段上，毫不掩飾地將公開講稿內容製成圖文並茂的「長輩圖」，於各式網路媒介與社交平台來做使用，操縱輿論走向、遙相呼應了執政黨之政治意圖，單論該舉措之初衷，再參照其實際施政，應是專注於國內宣傳之用，來呼應出官方態度所採取之手段。

新加坡因國情因素，在國內民族文化與歷史發展背景薰陶下，爲維持社會組成比例與人民行動黨之持續執政，在政治工作上，其意向與內容將體現在實際政策方案與表層平等、裡層專政之表裡有別特徵，對照其文本資料中具體宣傳議題，不同族群體現了不同的社會現象，自然必須用不同政治用詞來創造出足以代表不同族群內涵的政治語言，其原始用詞儘管是充斥著大量龐雜資訊流的政治訊息，但要從總語料庫中找到解答卻也有跡可循。

中國大陸作爲東亞崛起強國，背負天朝復興中華之使命，參酌地緣政治之戰略內涵，中國大陸政治工作對國內須同時專注於經濟作爲與黨的建設工作，對外更須融通外交宣傳、國防建設。是故在共產黨一黨專政下，呼籲同志信仰主義、尋求眞理等教條式規訓用詞，仍時可見諸於文本資料中。此外，形式上可以見到富國強軍、能源與環境協作等看似迥異之政治倡議同時出現，究其原因，則關注在實質上

[12] 執政者的言談內容與其實際之施政行爲兩個層次，極有可能是不同步乃至於差異甚鉅，這就表示相當程度上，在實際操作進行文字探勘時，需要從多個途徑反覆探測發言主體的眞意，無論是明示或暗示，皆須加以考量與分析。

在區域或國際層次建立夥伴關係，相關倡議即非常合理一致且有代表性。在另一個層次上，揆諸其於各種政治議題發言與回應之表現，其實並不一定能準確達到預設的目標，為了達到預期效果，大範圍地攏絡國內、外聽眾的習慣與偏好，識別目標客群，將公開演講的模式，見諸於最基本的關鍵詞，卻被進一步解釋成外國政府定義下的區域威脅。實際在對外宣傳戰略上，例如中國大陸之銳實力議題，從本書中亦可找出其可識別跡象的程度，相關關鍵詞使用之行為模式，結合了內政、外交政治宣傳之內容，再透過某些特定親官方之媒體、個人網絡抑或是假冒個人帳號，例如從官方立場推播相關意向或由五毛黨引領議題關注之熱度。

文本分析除了基礎的文本統計，也包括關鍵詞和主題的辨識和歸納，凡此都建立在研究法技術發展，如果使用在中、小型文本的處理上，可以發現影響分析的因子非常多，不同的分析方法必須因文本與研究主題的不同適時調整與取捨，以取得比較適切的分析成果，畢竟經驗上並沒有一種最好的最通用的分析方法可以適用於各種研究主題。

在一般情境下的中文閱讀中，被視為議題核心的詞彙可以被視作熱點，惟較少被使用的詞彙不一定代表不被重視，只是基於不同出發點與不同語境脈絡下，由於各領域專業層面的不同，造成的使用比重不同，其可以概分為四種情形：其一是具重要性且高使用頻率；其二是不具重要性且高使用頻率；其三是具重要性且低使用頻率；其四是不具重要性且低使用頻率。

若以具象化圖表觀察與標明相關高頻關鍵詞，則能夠更加清晰地推論相關意向與戰略目標，更深入地理解圖像意義。文字雲這種表現法可以使畫面依使用頻率表現出大小不同的高頻關鍵詞，其關聯性非常易於理解，這也是為什麼本書選用此表示法來進行高頻關鍵詞檢索，理論上每一個關鍵詞的出現都會在文字雲上留下紀錄，只是大小有別，如此更能夠協助相關概念的釐清。

第四節　華語文化圈政治菁英之體制偏好

綜合前述檢證分析，就華語文化圈政治菁英之體制偏好而言，可以發現三國政治菁英在政治類公開文稿中，皆對民主政治體制擁有相當之偏好，但在語意內涵上，台灣的民主偏好與自由有更強的連結，中國大陸與新加坡就呈現民主、治理與協調之間的融合關係。

本節於此嘗試整理回顧本章之研究發現，並就三國政治領導人對於民主政治體制，或念茲在茲或心口不一的政治現實進行討論。

壹、意識形態差距之分析邏輯

任何核心價值觀在不同國家、不同社會、不同語境中皆有其存在的背景、緣由與發展意義，本書於此並不特別擇優汰劣般地採擇何爲普世價值，來界定文本資料與個別國家的意向與戰略，更何況何者位於世界主流發展的中心、何者位於世界主流發展的邊陲、何者屬於重要的普世價值、何者屬於不重要的地方傳統，並非依賴文字探勘技術分析文本資料即可做出判斷。畢竟在有限的文本資料中透過專項式的技術能力，試圖探詢具體國際環境、國內社會與政治系譜，在推論分析上難免略嫌粗略、簡單，僅能嘗試以描述性的方式在周延而互斥的定義中建立可比性，再透過回顧相關理論與過往研究、整理一定規模文本資料、統計分析和內容詮釋、具象化與可視化手段來展示成果。

立基於華語文化圈三個政治體制迥異的主體，在東亞場域中於2010年代時，個案間不同的政治模式變化趨勢，政治體制延伸之描述性概念下，推導出基本圖像，多元的政治因素融入進華語隱晦含蓄的華人社會脈絡元素，從政治領導人頻繁使用的關鍵詞，定義出受其關注、重視的政治概念，這種關鍵詞概念延伸與回溯，以發掘基礎線索、釐清文本資料脈絡、譜寫東亞華語文化圈模式，是一種新穎但不失客觀的觀察、展示方式。

根據前述文字探勘後所得之資料，進一步的問題是在西方價值觀籠罩的東亞區域中，什麼政治體制概念最爲貼近政治菁英的日常生活？以及何種關鍵詞建構出威權、混合、民主體制的理念、意向？

舉例而言將威權體制視作中心概念，即有很多不同的關鍵詞環繞威權體制，因而關鍵詞與中心概念組合成一個可供分析的模式，愈靠近核心的關鍵詞愈重要、愈能代表該國政治菁英的思維脈絡，也將成爲愈發重要的地緣政治概念，[13]相關歷年使用頻率之趨勢更迭，在2010年代間的發展，如若急遽上揚，代表在近期的重要性已大幅提升，峰值反映在頻繁的使用數量上；如若急遽下降，代表在近期的重要性

[13] 需要注意的是，儘管有些關鍵詞使用少，但仍爲須重視的關鍵詞；抑或是使用多，但其實是虛詞、代詞或非政治概念之相關關鍵詞。

已大幅減低，波谷反映在少量或不再使用的數量上；如若整體而言是呈現逐漸增減的幅度，則可能保持相同重要性或是漸漸被重視或衰微的象徵。

若將重要談話與相關文本視爲一種政治行爲，其顯然會因爲國內、外重大事件所影響，如果該議題的熱度不減，其重要性即會被推升並擴散至該國或國際的其他層次；不過若熱度無法維持，則會被視爲不具重要性或無法及時反映至該國或國際的其他層次。無論從鉅觀或微觀的討論維度來觀察，單一關鍵詞所占據的核心概念遠近位置，可以透露出知識領域中的政治脈絡，惟關鍵詞與核心概念之間的強度鏈結並非一致且使用方式亦非平均分配，是以本書之基本假設僅爲描述東亞華語世界政治體制顯露在話語與文本中的圖像，個別關鍵詞與概念詮釋可能形成的語意誤差則非本書著重之本意。

貳、策略轉換與模式趨同

如果一次顯示幾千筆、甚至上萬筆關鍵詞資料，反而將會造成該圖表難以分析，較爲理想之方式是——文本依類別與特性分取百篇之長、短文本進行分析；關鍵詞則擷取「高頻」關鍵詞，將比未經篩選之齊頭式分析更爲適宜。所謂高頻則可以依文本數量大小與內容長短，設定不同次數以上爲「高頻」，高頻關鍵詞即爲文本中比較核心概念，涉及政治體制之相關概念所建構出的關鍵詞組合，可以得到相關文本資料與理論概念結合間重要之鏈結線索，以政治體制之相關概念作爲關鍵詞，本書中即有自由民主與社會主義不同的關鍵詞。

若探討政治體制，則可從周遭延伸出何種關鍵詞來申述分析，若非常明確以政治體制相關概念作爲核心，則應觀察談話中傾向以威權、混合、民主制度何者之周遭概念來貫串文本資料，就成爲後續分析的重點，更可從另外一個角度來一窺文本資料之全貌。

在相關趨勢中，我們可以觀察到台灣民主一詞之使用高峰、新加坡多元種族一詞之使用高峰，中國大陸中華民族以及偉大復興兩詞之使用高峰，究其原因可能是與之相關的效應逐漸浮現，造成其重要性日漸增加，相對於其他議題變得更特殊値得各國注意。

而另觀察各國前10名高頻關鍵詞，其中與政治制度相關關鍵詞之可能解釋爲，出現頻率愈高，我們假設其愈常被探討、重視，是以在此多數與政治制度相關之關鍵詞既然是上述詞彙，如此之探討思路可以協助相關線索從文本資料延伸至該國之政治進程。[14]

最後補充就共現字分析來說，其方法上非常容易理解，意即統計在不同文本中使用相同關鍵詞的狀況，來分析特定文本的相似程度，以歸納相似的文本（Grimmer and Stewart, 2013）。若文本使用相同之關鍵詞即爲共現字，如果文本間共現字愈多，文本之共現字關係愈大，則推論其擁有相同概念、主題之可能愈大，所以可以依據主題之相似度來討論文本主題的歸納。惟這種歸納方法將文本視作關鍵詞的聚落來處理，難免可能失去文本之眞正意義，不過儘管單一或少數關鍵詞可能在語意上擁有不同詮釋方式，但若輔以前文後語間的關鍵詞與詮釋程序，則可對文本主題加以確認，例如「自由」作爲關鍵詞，如果接續「民主」關鍵詞，那麼與政治體制之主題比較貼合；但如果接續的是「經濟」關鍵詞，那麼與經濟制度之主題偏向更爲相關。

本章之主要研究發現：有些關鍵詞所反映的主題，在2010年代逐漸重要蔚爲風潮，例如近年因爲中國大陸在東亞地區地緣政治的重要性不斷推升，其政治角色大幅加重，是以中國大陸相關主題亦有穩定增加；或是新冠病毒疫情從2020年初大流行開始即成爲各國公開談話之熱點；也有的關鍵詞看不太出有任何意義的狀況，例如主詞、代詞或是發語詞、呼籲詞等；而內政之具體主題除經濟與族裔外，則長期缺乏重視，故相關文本相對稀少，是較少被提及的主題；政治體制相關主題，則在台灣與中國大陸呈現有趣的差異性值得深入探討。

最後更再次證明，透過文字探勘法來處理非結構性文詞資料，例如公開講稿集來進行分析是可行，並可供後續檢證。

值得說明的是，數位人文學藉由科學化的研究方法，來處理傳統的人文社會科學議題，必須去回應一個根本的質疑：政治可以被科學化嗎？或許文字探勘法並不一定能完美解答問題意識中設定的待證議題，也不一定能造就典範轉移，進而將科學化的研究方法打造成人文社會科學研究的普世價值而一體適用，惟本書作爲探索性研究，旨在處理、分析一定規模之華語政治語料，尤其在技術含量比較高的部分，萃取關鍵詞與主題詮釋二者，都有可能提供未來相似研究之後續分析基礎，來進行更多、更豐富的研究。

---

[14] 的確單論關鍵詞本身詞彙之意義，應該沒有更進一步的象徵意義，但是若從整體文稿內容與當下政治脈絡觀察，是可以得到相關論證的。

第五章　地緣政治框架、戰略投射與政治體制偏好

設定東亞場域對於美中之間發展路徑和意識形態分殊是相對合適的，可以從第二次世界大戰戰後東亞多國被收攏至美國之軍事合作對象、接受美援以及區域內各國的政治民主化和市場自由化等指標，[1]來觀察其與中國地緣政治間之權力結構變化，是以採用相關調查資料，應該可以當作當前中國發展路徑檢證的有力指標。

第一節　東亞地緣政治意識形態戰略框架

東亞地緣政治在意識形態上，在當前最基本的架構即是美中競逐，而中國大陸對於東亞各國的民眾而言，可以說是現今乃至未來數十年，亞洲區域最具有影響力的國家，而且無論該國政治體制爲何，各國的民眾對於中國的各層次面向評價，並不如想像裡對於威權國家刻板印象中的負面，甚至對於所謂中國路徑是否可以作爲仿效對象來說，也都愈來愈呈現相對開放的態度，其中牽涉到的意識形態戰略框架即值得深入探討。

壹、地緣政治戰略投射之態樣

戰略投射的概念意涵於本書中乃是特定國家外部影響力擴張之意向與行爲，國際影響力擴張的戰略思考，於經濟、文化的軟實力與政治、軍事的硬實力都是擴張的重要媒介，探討國際影響力擴張必須了解國際上不同行爲能動個體的意向。民主陣營如美國、歐盟或相關民主輸出國際組織，[2]威權陣營如俄羅斯、中國，皆各

---

[1] 尤其中國大陸與周遭的蒙古、日本、台灣以及南海諸國，擁有相對緊張的領土主權爭議，在這個背景下更顯鮮明。

[2] 民主陣營於國際政治所產生的民主影響力，在實際上擁有雙重角色。一來在許多地方致力於推動民主化；二來卻爲了政治現實與國家利益選擇支持、援助威權、混合體制乃至近乎恐怖主義政權。

具不同意向，驅動著各自的政策行爲（楊三億，2014：2-3）。本書將國際影響力擴張的意向從主體意圖的有意或無意來區分，如若投射國家對於目標國家的政策作爲，使該國國內的自由民主或威權專制產生進步或退步的影響，則爲有意，反之則否。

威權體制國家主動性發揮影響力，意圖改變目標國家的政治體制行爲被歸類爲威權輸出，其特徵在威權體制國家的動機、意向及其影響；威權體制國家非主動性發揮影響力的行爲，本書將之歸類爲威權擴散，此處所探討者皆涉及這兩個層次，故採用外部擴張之泛稱。

在現今科技發展與網路世代的背景下，威權大國的影響力所映射出的國際現實是，超出地理限制的政治、軍事影響力投射，地緣政治的範疇從相近國家與區域範圍往全球擴張。產生的影響除了增進目標國之威權體制、弱化目標國之自由民主體制、削弱自由民主聯盟國家、國際組織之影響力，以及串聯其他威權體制國家抗衡自由民主等影響（紀舜傑，2015：166-168）。

俄羅斯之國際影響力擴張具有明顯意圖，希冀改變目標國之內部政治制度，而主動對外輸出相關實際政策與意識形態上的價值示範，俄羅斯近鄰在其對外政策的定位即爲其國際影響力擴張的重要範例，並也實際對於其周遭之前蘇聯國家，在國家轉型時期成爲重要的外部影響因子。更有甚者，俄羅斯不僅協助原有的威權體制政權強化其專制統治，更致力攻擊、裂解、分化民主化相關內、外部行爲能動者，來對抗西方先進自由民主國家與相關國際組織的對外政策；而相關對外策略亦進一步反射，使威權體制在俄羅斯本國屹立不搖（Mechkova et al., 2019: 19）。也就是說俄羅斯對周遭近鄰的威權擴張，進一步帶動自身的威權復甦與威權鞏固，使其更有相關動機來推行威權擴張的實際政策與意識形態上的價值示範。[3]

貳、中國大陸之地緣政治戰略優勢與投射動機

在外部影響——國際因素上，中國大陸放眼戰略投射與現實利益，透過政治、經濟實力壓迫或協助相關國家發揮相當程度之影響力，不附帶自由民主條件的對外援助和投資，使非民主體制政權能躲避西方自由民主的影響力。但除卻有主權爭議

[3] 其在外交制裁下的能源限制問題趨緩後，如果能誘使更多國家維持威權或混合體制，或是使得民主國家倒退轉型，對於國內要求民主化的聲浪將更有說服力去阻止。

的相關國家、地區，中國大陸其意向與目的，皆不若俄羅斯般推動威權擴張之清晰明確，首先其尚非主動，再者需要極為特定的手段且密切的關係才能達成威權擴張的效果，但不可諱言中國發展路徑因素的確對自由民主、人權法治產生一定程度的負面效果。

誠如前述，中國大陸的威權擴張在意向和角色上則不若俄羅斯般那麼鮮明，Bader（2015a, b）的一系列相關研究探討20世紀末到21世紀初之間，中國大陸和相關國家的互動形式，從貿易依存度、軍事和經濟的援助與合作到外交互訪等變項，從統計分析、實證數據來檢證，僅與中國大陸的貿易依存度和目標國之威權體制存續具有顯著正相關；而在其另一份研究中，與中國大陸的經濟合作的關係上，僅對一黨專政之威權體制存續有相關影響，對軍政府或強人獨裁之威權體制存續則無明顯證據表明其影響，是以目標國的威權體制在存續與鞏固上或有和中國大陸相關但非必然，端賴互動之實際項目與內容、與目標國威權體制之本身型態而具有不同的效果。

中國大陸之發展路徑乃涉及具中國大陸特色發展模式，如若在政治制度堅持威權體制，但藉由國家主導介入的部分自由經濟政策，能推升高度的經濟成長，並提升其國際影響力，更進一步挑戰傳統區域乃至國際強權的結構。隨著中國大陸的綜合國力持續成長，愈來愈多的邊陲與半邊陲、未開發、開發中、區域內、區域外的國家去思考，使用專制制度可能比貿然轉型為西方式自由民主制度，更貼合其社會特色與國家發展。

中國大陸是東亞區域具有相當影響力乃至最有影響力之國家，是對其綜合實力的判斷評估，考量包括軍事、政治等硬實力，以及文化、經濟等軟實力，甚至滲透、投射的銳實力，是以考量中國大陸之影響力是正面或負面，並非簡單可判斷、評估的待證項目。

從對穩定區域的正向意義上來看，中國大陸過去在穩定區域政、經環境上，於國際金融危機後，對於東北亞與東南亞國協各國之相關對外政策，包括擴張內部需求以提供各國出口市場、穩定匯率、紓困救援方案等，皆給予相關國家塑造出相對正面的國家形象，使其足認中國大陸是一個負責並能穩定區域關係、保障東亞利益的大國，此形象符合霸權穩定論之觀點（宋學文，2004：172-174）；而中國大陸在區域環境上之影響力，伴隨著國力的上升而增加，更可以從中國大陸對於其他國家的外交援助來探討，中國大陸提供相關條件優渥的貸款給其他國家，來使其避免接受世界銀行與國際貨幣基金組織對於民主政治、人權自由和法治改革的條件，所以轉向尋求中國大陸沒有類似附帶條件的貸款與援助，可以更容易地使威權與混合體制國家的獨裁者、執政黨或軍政府鞏固其統治，如此中國崛起使西方自由、民主的影響力成效下降，其對外貸款與援助間接促使這些國家更威權、更不自由民主（Hackenesch, 2015: 425-426）。

是故中國大陸憑藉以黨領政的政治制度、黨政爲首的宏觀調控，轉往市場導向的經濟改革開放、相關對外政策作爲，這種保持威權政治體制、國家主導市場經濟，較諸邁向先進自由民主和完全開放市場經濟的日本、台灣和南韓，在一定程度上來說，具有相對更大的彈性與可操控性，是以無論是在中國發展路徑或中國大陸實際影響力上，東亞各國公民也都有一定程度肯定其模式。

換句話說，中國大陸之威權擴張模式是爲產生價值示範效果，大外宣它的具中國特色的社會主義路線，政治上對內部民主自由的強力壓制，經濟上擴大內需強化與國際經貿市場的鏈結，尤其吸引邊陲、未開發、第三世界國家的發展路徑，加諸其提供之對外投資與援助政策並無附加歐美或相關國際組織推動自由、民主、人權、法治之條件，以上可觀諸其對於非洲各國家之投資與援助，使其民主、清廉與人權表現大幅衰退。

具體來看，近期中國大陸國家主席習近平在2013年開始倡導一帶一路跨國經濟帶合作項目，目的在於強化相關沿線國家之經濟貿易交流和合作，並在2015年正式設立一帶一路建設工作領導小組、絲路基金和亞洲基礎設施投資銀行等實際政策，來擴張其國際影響力（一帶一路網，2021）。

此外，中國大陸大型跨國公司之科技技術研發和國際合作擴散的輻射範圍與程度，連帶影響以中國大陸爲前導的數位威權現象的國際擴散，因而中國大陸藉由大型跨國公司來擴張威權體制的行爲，逐漸吸引國際不同體制國家注意（Kharpal, 2019），而深入探討這種技術外銷的行爲背後，可以發現有幾個值得了解、分析的議題，包括中國大陸透過數位威權來代替自由民主的政治和技術應用的典範競爭現象，以及其他許多曾有不良人權紀錄的專制國家其未來之發展路徑選擇等。

綜上所述，中國大陸威權影響力擴張之政策，實際影響與抽象價值示範包括——政策實際影響上，例如國際貸款與援助、跨國企業的境內資金挹注、技術轉移合作：不附條件之借款、經濟與技術援助（Hackenesch, 2015: 425-426），中國大陸以一帶一路推動相關國家境內公共基礎建設的投資協作，多項數位監控科技應用技術的移轉，中國大陸在這些政策的協作上和其他專制國家對內打壓反對勢力（Diamond, 2019: 22）、對外在世界上相互支援、應聲，以規避國際規範與輿論

（Odinius and Kuntz, 2015: 639）。

抽象價值示範上，例如經濟層次上的自由市場或計畫經濟的制度典範競爭、社會層次上的文化交流推動、政治層面上的治理模式示範：中國大陸以龐大的內需市場與出口導向經濟轉型前的優勢，以專制體制強行結合自由市場和計畫經濟的發展模式，被許多國家視爲未來發展模型；而以銳實力與大外宣等策略，抗衡人權與民主改革，更實際上產生意識形態的價值對立效果（Tansey et al., 2016: 1221-1222）；第五代行動通訊技術、半導體製程、人工智慧、中國製造2025等，更挑戰以歐美先進國家的技術霸權，樹立新的價值規範。

第二節　中國路徑影響力擴張之實證分析

中國大陸透過其具中國特色的社會主義制度發展出獨有的中國模式，在世界上戮力擴展其各層次之影響力，連帶帶動衆多專制的威權、混合國家領袖追隨，這種新型態專制路徑逐漸呈現出不同於自由民主發展模式的路徑，[4]而著眼它的實際擴張現象與影響，本節欲探討這種新型態專制路徑在中國模式下的時代特徵，並試著透過數位人文地理資訊系統來進行實證分析。

壹、經濟：一帶一路相關資通基礎建設合作

中國大陸和一帶一路沿線的65個國家達成相關資通基礎建設合作意向。從圖5-1資訊來分析，一帶一路相關資通基礎建設合作之國家大多都與中國大陸接壤，反映出極深之地緣關係，呈現出濃厚的地緣戰略意圖。

習近平所推動的一帶一路是一個野心勃勃的經濟發展合作計畫，鏈結亞洲、歐洲和非洲多國之間的合作，橫跨大約65個國家。

[4] 東亞發展模式無論是日本帶領的雁型理論，韓國、台灣、香港、新加坡的四小龍，抑或具中國大陸特色的漸進式、國家主導大有爲政府，都算是東亞發展模式的特殊變體。

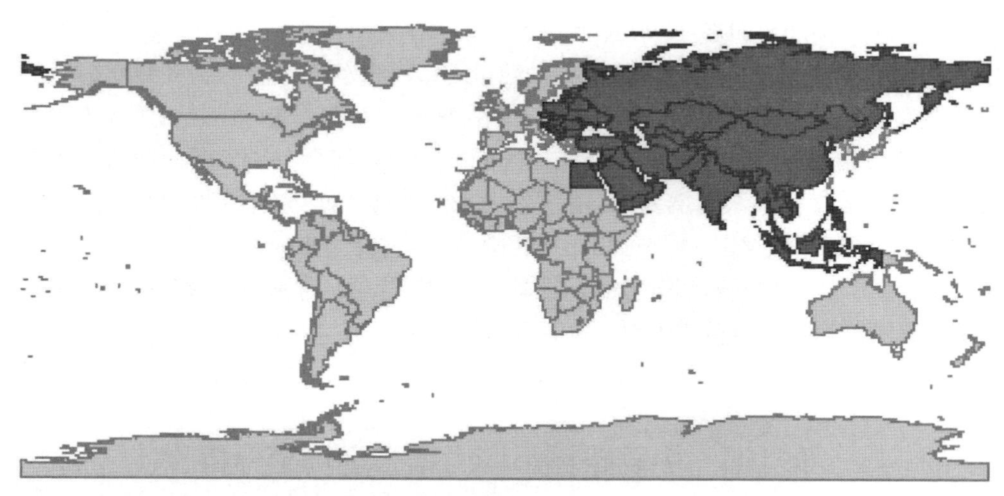

圖5-1　經濟：一帶一路相關資通基礎建設合作
資料來源：數據資料整理自中國一帶一路網（2021），後經筆者自行繪製。

一、背景

一帶一路最初於2013年宣布，包括兩個主要部分，第一個是絲綢之路經濟帶，主要是以陸地爲基礎，希望將中國大陸、中亞、東歐和西歐連接起來。第二個是21世紀海上絲綢之路，主要是以海域爲基礎，預計將中國大陸南部海域連接到東南亞、中亞和非洲，因此一帶是陸上網路，而一路是海上網路。名稱借鑑取自恢復鍵結亞洲和歐洲之間的古老絲路，[5]其範圍在近年已得到充分擴展，包括各項新合作領域和大型開發計畫，諸如公路、鐵路、港口、石油和天然氣管道、電力輸送網路等相關基礎設施，除了有形的基礎設施外，中國大陸還計畫以過去深圳經濟特區爲樣本，依此建立50個經濟特區，持續進行經濟改革（一帶一路網，2021）。

其更可從地緣關係區分爲幾個經濟走廊：連接中國大陸西部至俄羅斯西部；連接華北通過蒙古至俄羅斯東部；連接中國大陸西部通過中亞和西亞至土耳其；連接華南通過中印半島至新加坡；連接中國大陸西南部通過巴基斯坦至阿拉伯海；連接中國大陸南部通過孟加拉和緬甸至印度；連接中國大陸沿海地區通過新加坡、馬來西亞、印度洋、阿拉伯海和荷姆茲海峽至地中海。

[5] 古代絲綢之路是在大約西元前206年至220年中國漢朝向西擴張期間興起的貿易網路，因此中亞地區成爲第一波全球化浪潮的中心，鏈結了東、西方市場，刺激經濟、文化和宗教交流。

二、對中國大陸之意義

一帶一路對中國大陸的意義不只在於經濟外交戰略，更在於促進其國內經濟成長，為其商品、原物料創造新市場，使生產過剩產能可以被有效地引導；平衡區域發展，將邊境地區與周遭鄰國聯繫起來以加深經濟合作；更可以控制重要交通路線提升成本效益。為此中國大陸曾宣布對各種基礎設施投資超過1兆美金，並提供參與國低利率貸款資金（莫大華，2016：12-13）。

換句話說，隨著一帶一路合作範圍的增加，搭配中國製造2025經濟發展戰略，確保中亞和中東的長期能源供應，促進國內西部地區的聯繫，應對區域分離主義暴力行為，更以此避免中等收入陷阱，[6]帶動人民幣升值外，中國大陸整體實力的擴張，使其躍升成為區域領導者，塑造以中國大陸為模型的國際制度規範（莫大華，2016：11）。卻也因為許多投資項目成本飛漲與低利率貸款或合作開發的誘因，連帶使部分參與國家背負高額債務，除了前述極富爭議的部分，並涉及不透明的招標程序，綁定要求使用中國大陸企業與承包商，導致成本暴漲引起反對派政治反彈（Ferguson, 2017: 73-76），同時美國和部分周遭國家也擔心一帶一路可能導致中國主導未來的區域發展、帶動其後續的軍事擴張行為，以及利於其技術出口數位威權主義。

三、對地緣政治之影響

儘管中國大陸對外將一帶一路定位在區域經濟發展合作計畫，但不少國家卻認為，中國大陸的目的在實現區域控制權的總體戰略。

（一）美國

美國對中國大陸區域一體化的意圖感到擔憂，2012年時任美國總統歐巴馬（Barack Obama）提出重返亞洲的目標之後，除了戰略宣示外，更在外交層次上制定了新的區域合作框架，以促進與亞洲之間聯繫；更在2017年提出印太戰略（Indo-Pacific Strategy），尋求將其在該地區的戰略關係聯繫在一起。具體行動上歐巴馬政府時期力主的跨太平洋夥伴關係或川普政府時期的國際發展投資法案，皆將目標瞄準一帶一路，包括美國政府發展融資機構（美國國際開發金融公司）、海

---

[6] 中等收入陷阱困擾大部分的中等收入國家，隨著出口導向製造業的蓬勃，帶動薪資上升與提高生活水準，但是卻陷於下一次轉移之前須轉向生產更高價值的商品和服務的困境。

外私人投資公司（OPIC）與美國國際開發署（USAID），共同組成一個擁有600億美金投資組合的獨立機構，試圖透過承保風險來吸引更多的私人投資（徐遵慈、洪晨陞，2019）。

（二）其他具戰略主體性之國家

其他國家的戰略則有：1.單向——對中國大陸地緣政治影響力的擔憂與一帶一路的潛在利益之間取得平衡；2.雙向——在美中兩國之間取得平衡。

1. 日本

日本即採取了平衡策略，2016年日本承諾在亞洲地區的基礎設施項目上投入1,100億美金進行投資，更同意開發亞非增長走廊（Asia-Africa Growth Corridor）來發展和連接從緬甸到東非的港口（林賢參，2017：16-17）。在經濟合作上，日本積極主導跨太平洋夥伴協定（Trans-Pacific Partnership, TPP）重生，在外交軍事上，相比對中國大陸，更與美國步調一致（林賢參，2018：53-56）。

2. 印度

印度一方面是中國大陸亞洲基礎設施投資銀行（Asian Infrastructure Investment Bank）的創始成員，建立了相當緊密的外交關係，在多邊領域與中國大陸有很多合作；另一方面，印度由於長期領土主權爭議與地緣政治、經濟戰略之故，在國際上試圖說服各國相信一帶一路的負面影響：不只製造了鉅額的債務負擔，更使中國大陸掌握樞紐以便控制區域主導權。在實際作爲上印度已向阿富汗等鄰國提供了相關基礎設施發展援助，將目標瞄準一帶一路（林賢參，2018：53-54）。

3. 歐盟

歐洲對此則呈現分裂態勢，中歐和東歐的多個國家欣然接受了一帶一路的融資，部分西歐國家也簽署了合作框架臨時協議，以吸引中國大陸的投資；但如法國總統馬克宏（Emmanuel Macron）曾在2018年表示法國願意積極參與一帶一路，但希望中國大陸願意一起面對氣候變遷與溫室氣體的高排放量等挑戰，更提醒一帶一路可能使部分夥伴國成爲中國大陸的附庸國（吳柏寬，2018：71、73-74）。

貳、科技：人工智慧技術輸出支援合作

中國大陸已經成爲世界上人工智慧監控技術輸出的主要出口國，包括海康威視、大華、華爲與中興通訊等科技巨頭，[7]已輸出人工智慧監控技術到全球63個國家（Zotero Documentation, 2021）。[8]

透過圖5-2資訊來觀察分析，與中國大陸建立人工智慧技術輸出支援合作之國家，不僅遍布世界各地，更不限於威權或混合體制國家，甚至包括多個自由民主國家，原因應在於相關技術具有相當高的應用性與成本效益，在合法性與兼顧人權保障下，應可避免相關負面影響，是以這種新的科技監控技術應用範式呈現全球遍布的地理圖像。

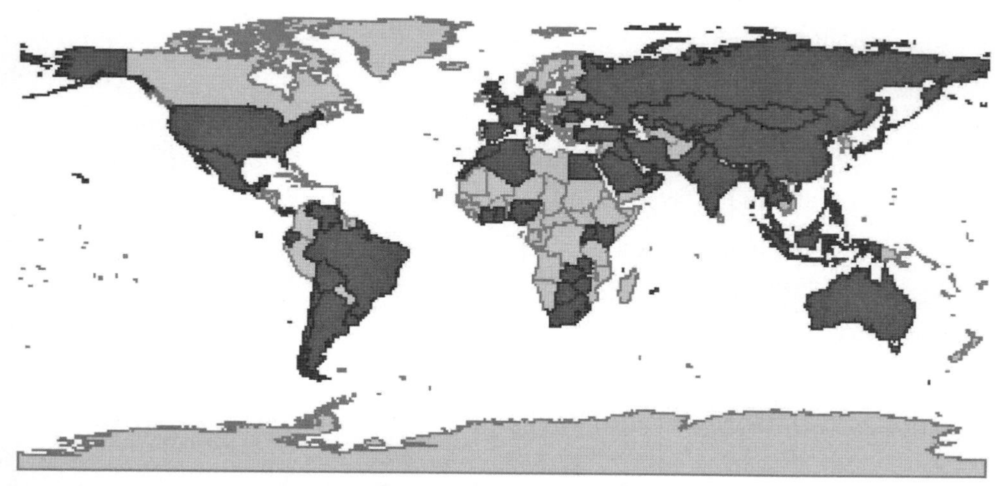

圖5-2　科技：人工智慧技術輸出支援合作

資料來源：數據資料整理自Zotero Documentation（2021），後經筆者自行繪製。

---

[7] 僅華爲一家企業就向全球50多國提供多項人工智慧監控技術。

[8] 由於本書主要依賴文獻探討與相關公開資料的蒐集分析，相關技術的合法或非法監控用途和出口公司的意圖與手段評估，並非本書所設定欲分析之重點，加諸許多國家與公司並未公開相關訊息或故意隱藏其人工智慧監控設施與技術程度，難以確定其眞實性，故分析具有一定之侷限性。

一、背景

人工智慧技術在全球迅速發展，政府利用人工智慧監控交通與能源應用，私人公司利用人工智慧來改善資料數據的分析處理功能，然而愈來愈多國家正在部署更先進的人工智慧監控工具，來監視與控制一般公民，以實現其合法或非法的政策。人工智慧監控設施與技術的影響已超出了個體的選擇，其正在改變國家整體的治理模式，大幅提升政府的監控能力來窺探公民的行動和選擇，人工智慧除了數位監控外，甚至可以進一步運用在包括製造假訊息、干擾選舉以及跨境銳實力投射上。[9]

中國大陸與其科技巨頭跨國企業提供相關技術，協助多國政府設置特定類型的人工智慧監控設施，包括新型智慧城市平台、臉部識別系統和人工智慧警務系統等，相關的技術在63個國家被應用（吳思緯，2019：110-113），[10]而其中36個國家有簽署一帶一路合作計畫。此外，中國大陸相關人工智慧監控設施常伴隨優惠貸款與全面技術支援，來協助部分較爲落後的國家應用。

二、對中國大陸之意義

人工智慧技術上的進步與突破，賦予國家進行監控不再受範圍規模或持續時間的限制，也會產生自我審查的效果，因爲公民永遠不知道人工智慧是否正在監控其實體或虛擬領域，成本下降更消除了國家財政的障礙。具體而言，人工智慧可以自動執行許多以前需要委派給人工執行的監控功能，這不僅帶來了成本效益，更減少了專制政權對安全部隊的依賴，附帶解決了潛在的委託代理忠誠度問題，避免政變風險與裙帶侍從主義的維持成本問題（Feldstein, 2019: 42-46）。

使用人工智慧監控設施與技術，不一定意味著將非法使用這些設施或技術，其

---

[9] 新型態銳實力途徑日新月異，人工智慧可以仿效私人社交帳號應用在網際網路公眾議題之回覆、討論，操控公眾輿論來發揮影響力，畢竟網路使得個體之表見行爲可以透過私密不表露身分的模式展現。此外，相對過去的網路攻擊或詐騙方式，人工智慧透過控制複數帳號，極有效率地產出特定內容來達到誤導輿論效果，而更有甚者，則將人工智慧技術用以模仿個體用户，蒐集帳户擁有者之個資後盜取帳號、複製具識別意義之資料，再產出發布對話、評論等內容，並且由於人工智慧可以判斷出特定目的之內容來吸引公眾的興趣，近期蔚爲各國關注話題的假新聞，即藉此來操縱網路輿論走向，達到其背後隱含之目的（吳思緯，2020b：118、120）。

[10] 儘管技術本身是價值中立的，這些工具本身並不會促進任何一種政治體制的發展，而且平心而論，其應用也不代表政府一定會將其用於合法或非法目的。威權和混合體制國家的政府比自由民主國家的政府更容易濫用人工智慧監控設施與技術，原因在於監督問責的缺乏或不透明，有利於人權紀錄不佳的政府利用人工智慧監控設施與技術，來加強社會控制與獲得某些政治目的與利益，自由民主國家到目前爲止尚未採取積極手段，來控制人工智慧監控設施與技術所造成和衍生的人權侵犯行爲，以及其跨國出口傳播現況。

可能用於監控國境邊界、監視違規與違法行爲、逮捕罪犯，以及識別與預防恐怖分子。包括治理程度、過往人權侵犯紀錄、憲政與法治系統和獨立透明的問責制，都是遏止濫用的指標，平衡公共安全與公民自由權利保護之間的關係。

當各國政府都有宣稱其具有正當理由來進行數位監控時，要如何辨識其是否應用在執行政治壓迫和限制個人自由權利的現況？在消極層次上，任意或非法干涉個體、家庭或群體隱私，侵犯言論和結社自由，或相關使用法律規範制定得不夠精確、過於模糊或過分授權，不符合目的性、必要性和衡平性以及欠缺合法監督者，即非常有可能是非法濫用的情狀；在積極層次上，證明特定標的具有對國家安全或公共秩序一定程度以上的風險，設置獨立透明的監督系統，例如經由司法機構批准相關監督措施，並具備後續審查程序，來排除僅出於政府特定利益而進行的監控。

但不可諱言，人工智慧監控設施與技術的確可以構成一整套人權壓制工具，用於監視、恐嚇、脅迫和擾亂反對黨派、人士與一般公民，以避免其挑戰該國家政權的特定活動或意圖。

三、對地緣政治之影響

以中國共產黨馬首是瞻的科技巨頭企業，身爲全球最重要的人工智慧監控設施與技術供應商，反映出來的是中國大陸正在持續推動人工智慧應用領域的領導地位，也引起愈來愈多的國家與機構認知到數位威權的發展。

中國大陸的科技巨頭與國家主管機關部門直接合作，出口相關設施、技術，以擴大影響力並推廣其治理模式，可以從辛巴威和委內瑞拉的實例（吳思緯，2019：119），發現其作爲擁有不良人權紀錄的經濟發展較落後國家，若非中國大陸的技術與資金支援，根本無法獲得此類技術。

從區域分布來看，非洲應是由於經濟與技術發展落後，所以人工智慧監控設施與技術相關指數較低，但有鑑於中國大陸透過一帶一路打入非洲市場的積極性，未來幾年這些指數可能會有所提升。

惟這種數位威權化並不僅侷限於從威權國家出口到其他威權國家，其轉移的方式呈現更加多元化，中國大陸也正在向自由民主國家出口數位威權設施與技術，[11] 而呈現市場化的發展方向。此外，各國皆很少從單一來源獲得是類設施與技術，除

[11] 即使在自由民主國家，雖然具有憲政法治體系與民主問責制的監督系統，人工智慧監控設施與技術仍引發了棘手的法律與道德議題，包括臉部識別錯誤率和針對少數族裔的演算法偏差誤報率問題，皆造成了準確性、公平性和事後審查的透明度之治理和政治爭議（吳思緯，2020a：42）。

了市場成本供需因素外，外交平衡政策是重要因素，不希望與任何一方建立過分的聯繫，藉此來規避爭議。

參、文化：孔子學堂和孔子學院的相關銳實力影響

透過圖5-3資訊來觀察分析，與上述人工智慧技術輸出支援合作之分布特徵相同，皆呈現全球廣泛分布，究其原因乃因爲孔子學堂和孔子學院[12]的設立本就是因爲經濟發展中國熱的緣故，諸國皆希望提升中國文化和語言的能力，惟隨著交流日盛與國際局勢的演變，愈來愈多國家發現其造成自由權利的限制審查效應，復以擔心銳實力對於本國政治的影響，而開始有所調整。

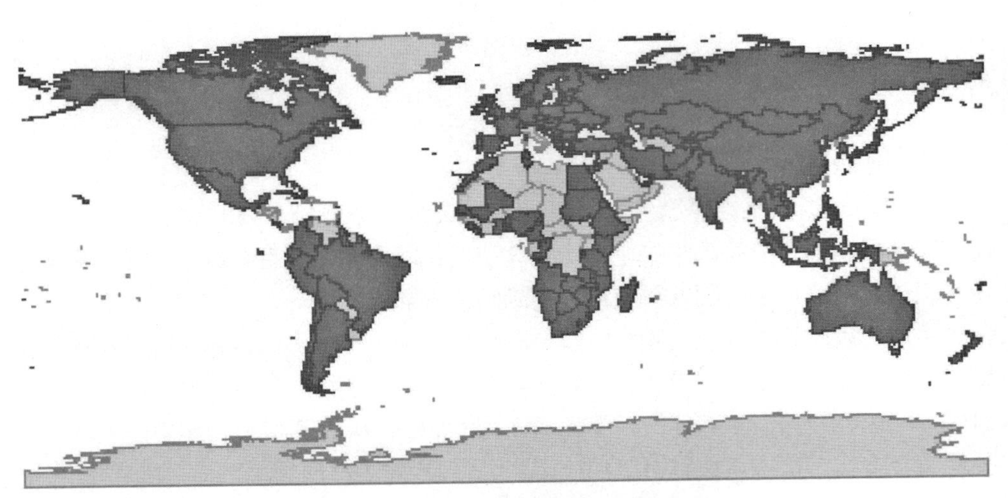

圖5-3　文化：孔子學堂和孔子學院的相關銳實力影響

資料來源：數據資料整理自孔子學院總部／國家漢辦（2021），後經筆者自行繪製。

一、背景

第一個孔子學院於2004年11月21日在韓國成立，自2004年以來中國大陸開始在世界各國的大學廣設孔子學院，提供教師、教材和運營資金，2004年至2018年間

12 可細分爲由國家漢辦總部直接投資、國家漢辦總部與國外機構合作、國家漢辦總部授權特許經營。

孔子學院的數量不斷增加，全盛時期全球共有500多所孔子學院，並在中小學設有1,000多所孔子學堂（孔子學院總部／國家漢辦，2021）。

中國大陸宣稱孔子學院爲全球提供學習漢語、了解中國，以及加強中國大陸與其他國家之間人與人的文化交流之橋梁，孔子學院既推廣漢語又開設文化課程，更贊助相關教育交流並舉辦各式活動和講座，這吸引了來自各種背景的學生，帶著清晰的動機學習中文，以提升其語言與文化交流技能，在政府的資金人員和其他支持下，中國大陸透過孔子學院和孔子學堂以滿足不斷增長的海外漢語學習需求。

二、對中國大陸之意義

孔子學院成爲中國大陸建立更大國際影響力的渠道，是中國大陸共產黨政府的延伸，作爲宣傳工具成爲一個威權國家的傳播平台，牴觸自由言論、教學自由，甚至是對於海外反對派人士與軍事研究的情報蒐集，孔子學院的政治化迫使教學與研究機構對中國大陸認爲有爭議的議題進行審查或保持沉默，以政治爲基礎審查課程中的某些主題和觀點，並以政治忠誠作爲教師的招聘方式和資金運用的框架設定（Jakhar, 2019），例如中國大陸認爲台灣、香港、新疆、西藏以及許多其他主題在政治上是敏感的，而介入校園的學術課程與教學環境，儘管不一定具有約束力，但這確實影響到知識領域的純淨和學術自由。

由於孔子學院所引起的爭議愈來愈大，因此中國大陸開始思考將孔子學院的名稱更改爲更突顯語言交流意義的名稱——教育部中外語言交流合作中心，並宣稱相關批評孔子學院並干擾其正常運作的行爲，皆是出於意識形態上的偏見和政治上的算計，破壞了各國之間文化和教育交流的合作。

三、對地緣政治之影響

但近年來愈來愈多人發現孔子學院干擾校園言論自由，甚至是監視師生的行爲，在文化和語言推廣的表象下，被用來進一步發展中國共產黨滲透各國高等教育學術機構的宣傳手段，以提升自身形象、發揚其意識形態、謀取其戰略利益，是以由美國與澳洲爲首愈來愈多國家的大學開始關閉孔子學院，[13]以反制中國大陸的銳實力威脅，歐洲各國的大學也逐漸開始有重新檢討的聲浪，包括法國、比利時、丹麥和荷蘭皆有學術機構斷絕與孔子學院的合作計畫。

---

[13] 目前仍維持孔子學院相關合作的美國大學，有些公立學校是因爲其鮮有其他資金募集、補助的選擇。

因應這樣的趨勢，台灣作爲以華語爲主要語言的自由民主國家，可以嘗試塡補孔子學院退出自由民主國家大學校園的空白，畢竟台灣可以滿足各國大學學生在學習華語以及接觸中華文化的需求並發揮相同作用，促使各國更有機會認識到台灣與中國大陸之間的各種差異，更可以藉此機會闡述其自由民主的普世價值共同連結，這一個合作框架具有重要意義，畢竟從台灣的機構與教師那裡學習華語並沒有言論、思想審查上的問題（Aspinwall, 2021）。

然而無論最終台灣是否決定塡補這樣的需求眞空狀態，各國政府都應在介入、暫時關閉孔子學院的同時，與這些大學進行合作，以確保其從此建立有效的內部機制來抵抗外國的干涉，並協助其尋找對中文與中華文化課程的資助，以減少孔子學院退場的影響。

肆、國際秩序：國際組織爭議聯盟

對於聯合國、世界貿易組織、世界衛生組織等大型國際組織，以國際政治現實主義下的大國或席次優勢彼此支援、應聲、協作，使得專制國家在民主相關進程受阻，例如新疆、西藏、香港地區問題等。

從圖5-4資訊來分析，就分布而言，這不僅是威權國家與混合體制國家之間的聯盟，更是中非友好合作大家庭的成果驗收。

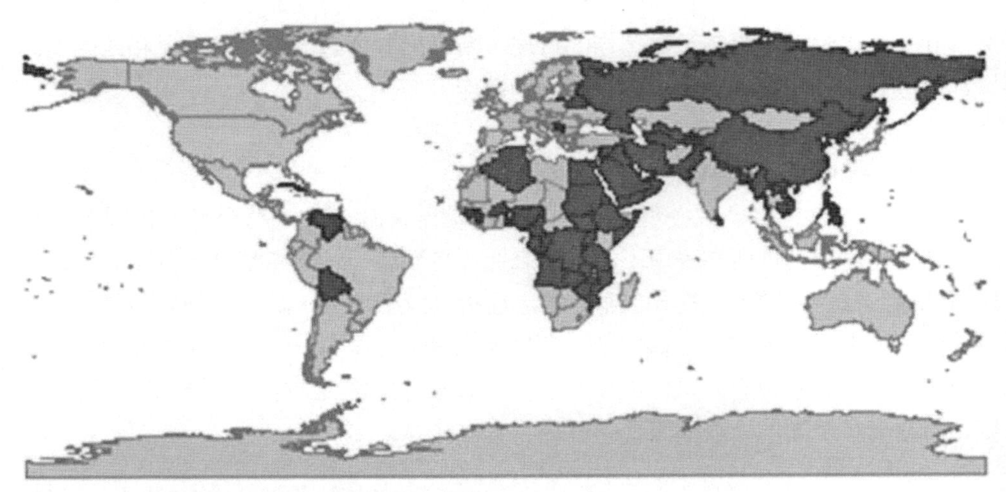

圖5-4　國際秩序：國際組織爭議聯盟

資料來源：數據資料整理自United Nations Human Rights Council（2019），後經筆者自行繪製。

一、背景

在中國大陸西北部的新疆地區，被劃定爲新疆維吾爾自治區，雖然自治區應具有一定的自治範圍與權力，但實際上與西藏自治區相似，兩者都面臨著中國大陸中央政府的各層次大幅限制。

新疆占中國大陸面積約六分之一，與巴基斯坦、哈薩克和吉爾吉斯等八個國家接壤，除了擁有豐富的石油和天然氣蘊藏，更產出大量棉花，因爲地理位置接壤中亞連通歐洲，因此成爲陸路重要的貿易聯繫樞紐。新疆維吾爾人大多數是信奉伊斯蘭教的穆斯林，維吾爾人使用維吾爾語，且在族裔、語言與文化上都更接近中亞國家。近幾十年來，經由政府的計畫性移民政策，漢族大量移民到新疆地區，維吾爾人不只地區人口比例大幅下降，更開始明顯感受到其生計和文化受到影響。

自1990年代起，新疆地區的分離主義和反漢情勢上升，主要癥結在於漢族的計畫性移入以及廣泛的經濟和文化歧視，漢族常常不成比例地獲取經貿開發的利益，維吾爾人愈來愈被邊緣化，而偶發相關暴力事件。直至2009年的大規模衝突後，相關恐怖武裝分子爲獨立運動展開策劃破壞、轟炸行動，組織公民抗爭、暴力運動，這些維吾爾人將新疆地區稱爲東突厥斯坦，認爲新疆地區應該獨立，自此中國大陸開始加強鎮壓力度，廣設監視設施，大範圍布置警察、安全部隊以及檢查管制站，以防止恐怖主義和伊斯蘭極端主義。

二、對中國大陸之意義

中國大陸被許多自由民主國家以及人權組織批評指責，其對新疆地區的維吾爾人廣設再教育營，再教育營被依據高安全性監獄運作，營內維持嚴格的紀律管理和嚴苛的懲處作爲，包含身體與精神上的刑罰，涉及違法拘留、強迫勞動，強制節育絕育、並將維吾爾人兒童與家人進行隔離，乃至種族滅絕[14]與危害人類罪等作爲（Maizland, 2021）。

中國大陸則反駁其是在協助當地維吾爾人改善教育與工作條件，並對抗新疆地區的伊斯蘭激進分離主義恐怖分子。中國大陸長期以來一直擔心外國勢力會利用宗教信仰來煽動分離主義，乃藉由全球反恐戰爭之名打擊分離主義、宗教極端主義和國際恐怖主義，並將上述這些暴動事件歸咎於激進維吾爾人建立的分離主義組

[14] 國際上種族滅絕罪之定義爲意圖全部或部分消滅民族、種族、宗教團體或國民團體。

織，[15]更認爲再教育營即所謂的職業培訓中心並不侵犯維吾爾人的人權，職業培訓中心主要在教導中文以及法律知識和職業技能，並防止該地區公民受極端思想影響，以防患於恐怖活動未然，並拒絕透漏分享有關當地的訊息，阻止外國調查人員和記者的調查採訪（Thum, 2018），中國大陸認爲新疆地區發生的任何事情都是內政問題，但是迫於國際壓力，中國大陸政府和聯合國人權辦公室已就開放實地調查訪問進行了多次討論。

就經濟因素而言，中國大陸對於新疆地區的扶貧政策是對新疆經濟發展計畫的重要組成部分，使其成爲紡織與服裝製造業的重要出口，但這種政策作爲卻涉及強迫勞動；而就戰略因素而言，新疆地區是中國大陸一帶一路倡議的重要樞紐地帶，有鑑於這是一項大規模發展計畫，中國大陸自然希望消除一切分離運動與恐怖活動的可能性。

從歷史沿革來看，可從意識形態的緊張和重組來理解上述問題。比起和諧的民族團結，民族隔離與民族融合政策，搭配上各種各樣的中國化措施，中國大陸的官僚機構擴展內化的過程於華夷之間不曾中斷，但過去乃多透過分封各種部落乃至宗族派系領袖（新疆）或婚姻聯盟（蒙古）或軍事統治（西藏），[16]惟皆難以輕易地轉化爲對任何現代中國政權的忠誠。這些不同的因素儘管不一致，但都圍繞著相同的主權概念——枝幹關係的轉變，將歷史上壓迫性神權統治轉變爲另一種形式呈現，如今儘管西藏、新疆乃至蒙古地區仍存在一定的社會不穩定，但是這些地區性騷亂和與之衍生後續的種族、文化滅絕，不僅是中國共產黨的政策選擇，更牽涉複雜的漢化過程、[17]理性選擇主義、政黨官僚主義、國家補貼資本主義、階級轉型和科學革命，以及新的社會主體性將種族問題轉化爲現代化產生的問題。

中國主體性的這種混雜和特殊，建立在民族和語言的歧異，多少造成部分的偏見與誤解，加諸國家統治權力的強化，已經構成一種假定的中國政治傳統，過往歷史的承繼造成一種特殊的許諾，中國共產黨對清朝領土的執著，連帶影響現行政策對於少數民族方面的管理做法。此外，語言與政治領域的模糊性亦排除了有爭議的爭執與質疑，以及過去和現在存在的問題，包括西藏和穆斯林文化等非漢族文化的

---

15 土耳其斯坦伊斯蘭黨又稱東突厥斯坦伊斯蘭運動

16 本書在此處主要關注中國大陸地方民族自治過往的官方政策，其背後的理論基礎尚非基於任何嚴謹之歷史分析。

17 中華傳統的內化，作爲一種看似中立的表達方式，主要是圍繞在中國周遭的國家所面臨的現象。

話語權實質上不斷地限縮，預防式地避免非漢族人民對中國各系統主權的挑戰，以反駁西方對西藏、新疆獨立的支持，作爲對東方主義和對民族主義觀點的進一步承擔（蔣復華，2010：130-131）。

三、對地緣政治之影響

本書在此聚焦於2019年11月29日英國之聯合國代表，聯合共23國於聯合國大會上共同譴責中國大陸對於新疆地區侵犯人權的作爲，並呼籲其應恪遵人權相關的國際承諾與義務，並允許相關組織與媒體進入新疆地區進行調查；但隨即白俄羅斯之聯合國代表，聯合共54國於聯合國大會上發表聲明，支持中國大陸於新疆地區的各項反恐作爲和政策，呼籲其他國家應停止將人權議題政治化。

此外，2021年1月19日美國國務卿龐培歐（Mike Pompeo）公開表示，中國大陸對維吾爾人進行種族滅絕與犯下危害人類罪，使美國成爲第一個公開指責、宣稱中國大陸適用這些條款的國家（BBC NEWS, 2021），而接任的拜登（Joe Biden）政府與其國務卿布林肯（Antony Blinken）亦未更正或否認龐培歐先前的聲明。

在實際作爲上，除了禁止從新疆地區進口棉花和番茄，美國對中國大陸官員施加簽證限制，並將與新疆地區相關政策作爲有關之超過20家中國機構和公司列入黑名單，希望能有效阻止侵犯人權的行爲；英國也將對未能保證其供應鏈不使用強迫勞動的公司處以罰款（BBC NEWS, 2021）。

然而許多與中國大陸維持經濟和戰略夥伴關係的國家卻對新疆問題保持沉默，忽略其侵犯人權的行爲，轉而讚揚中國大陸在新疆的反恐作爲達到顯著成就。

伍、區域秩序：區域全面經濟夥伴協定

區域全面經濟夥伴關係協定（Regional Comprehensive Economic Partnership, RCEP）象徵著中國大陸在地緣政治上的重大突破，建立世界上規模數一數二龐大的自由貿易經濟體系，不可避免會產生重大的經濟影響，就主導的中國大陸而言，其將有望獲得更全面的經濟一體化反饋，中國大陸作爲亞洲地區最大的經濟體，其經濟實力藉由更緊密的一體化，將使其吸納效果更爲明顯，加強了亞洲區域的經濟依存，並對其他國家與區域的法規和標準制定產生影響，增強其對國際局勢的抵禦和脫鉤能力（林欣潔，2015：123-124），除此之外，RCEP對中國大陸而言的重大意義在於提升其作爲規則制定者的角色。

從圖5-5資訊來分析，就分布而言RCEP是東亞乃至世界上三個製造強國——中國、日本和韓國之間的自由貿易協議，並共同向東南亞與紐、澳擴展。成員國包括中國大陸、日本、韓國、澳洲、紐西蘭以及東南亞國家聯盟10個成員國——汶萊、柬埔寨、印尼、寮國、馬來西亞、緬甸、菲律賓、新加坡、泰國、越南。

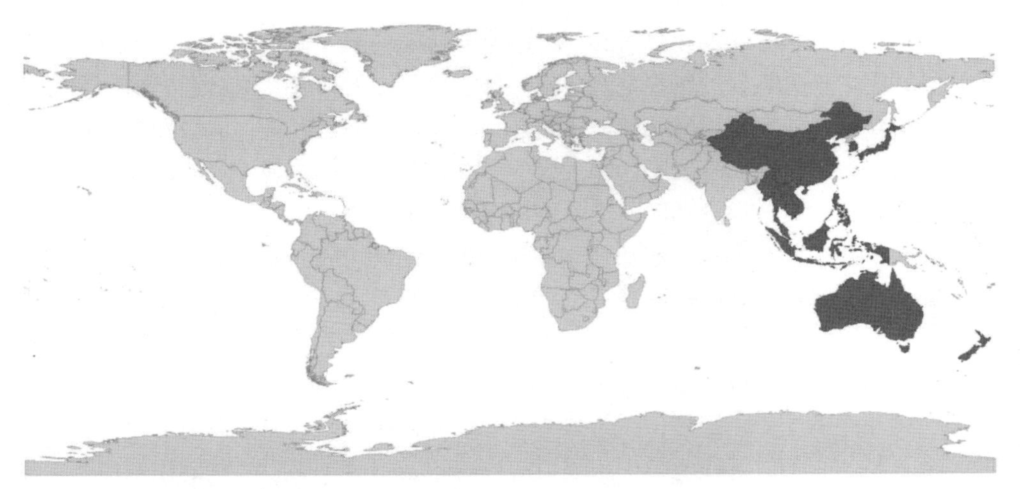

圖5-5　區域秩序：區域全面經濟夥伴協定

資料來源：數據資料整理自RCEP Official Website（2021），後經筆者自行繪製。

一、背景

2020年11月15日，經過歷時八年的談判，在國際秩序裂解和貿易保護主義復興的背景下，15個成員國在越南河內透過視訊會議簽署了RCEP，[18]雖然印度出於對中國製造業競爭的考量，其弱勢的工業基礎將難以負擔以及對澳洲和東南亞農業競爭的擔憂，而在最後關頭拒絕加入，但RCEP仍將覆蓋占全球總產量與全球貿易額的30%，所有成員國更涵蓋約23億人口。

二、對中國大陸之意義

由於RCEP是在一個經貿一體化程度相對高的地區啓動，對區域的經濟影響將

[18] 在區域意義上，這也是中國第一個多邊貿易協議，也是中國、日本和韓國之間的第一個貿易協議。

是漸進的，從長遠來看不會造成結構性改革，考量中國大陸本身即是該地區所有國家中最大或第二大出口市場，也是非常重要的進口供應國，而RCEP所帶來的額外的經貿自由化效益並不會在整個區域範圍內平均分配（張心怡，2014：5-7）。

RCEP旨在降低或取消對各種商品和服務的關稅以減少貿易壁壘，並使成員國之間更容易開展經貿業務，[19]最重要的改變之一，所謂的適用優惠稅率的原產地規則，這使各國公司更容易建立跨越多個國家的供應鏈（Wang, 2013: 119-122）。雖然RCEP的象徵性意義大於實質性意義，但RCEP更重要的影響是地緣政治（林永芳，2010：81-82），近年來中國大陸的國際貿易和外國直接投資持續蓬勃發展，孤立中國大陸並將其與全球價值鏈隔離的戰略並不成功，無論是經貿、技術、人員流動、外交或軍事上，世界各國對於中國大陸的聯繫仍在增強，清楚表明了中國的整體影響力上升以及美國在亞太地區影響力下降。

有鑑於成員的發展程度參差不齊，RCEP的相關規定相對寬鬆，因此它與2018年簽署生效的更具規範性的跨太平洋夥伴全面進步協定（Comprehensive and Progressive Agreement for Trans-Pacific Partnership）並不相同。

三、對地緣政治之影響

中國已經是大多數亞洲經濟體的主要貿易夥伴，在RCEP的推動下，中國的影響力將不斷增強，隨著亞太地區經濟一體化的加速發展，美國現在迫使中國修改其經貿規則標準使之與先進國家更加一致的可能性更低。

儘管2017年時任美國總統川普宣布從TPP談判中撤出，但RCEP的整合無疑提高了美國重新加入跨太平洋夥伴全面進步協定（Comprehensive and Progressive Agreement for Trans-Pacific Partnership, CPTPP）的戰略急迫性，然而美國所面臨的是，首先必須帶入新一輪貿易談判的政治議程，再來是原有的CPTPP會員國也不一定願意冒險與美國進行貿易談判。

在美國退出TPP後，削弱了有關各國對美國作爲貿易夥伴的信任，也使其在該地區的重新接觸更加困難，雖然其演變爲CPTPP，該協議在智利聖地牙哥已由11個國家——日本、加拿大、澳洲、紐西蘭、馬來西亞、新加坡、越南、汶萊、墨西哥、智利及秘魯所共同簽署生效，儘管多加入了加拿大、墨西哥和其他幾個拉丁美

[19] 例如，統一相關規則以降低關稅，簡化供應鏈管理以減少商業交易成本，減低行政作業影響使規模較小的公司受益。

洲國家，但是CPTPP的成員與RCEP多有重疊，是以相對地日本作為區域平衡槓桿的作用將更加重要。

相對地，中國大陸也對加入CPTPP保持開放態度，雖然就目前需要滿足的條件而言，中國加入CPTPP的障礙仍然很大，但也代表了中國大陸有意願填補美國在此的空缺，而顯露明顯的政治訊號，其地緣政治影響將可能至少與其經濟重要性等量齊觀。

對於拜登政府來說，扭轉川普政府美國優先，退出多邊主義的路線可能並不容易，其必定希望能透過改善和區域盟友之間的經濟合作，來對抗中國大陸的崛起，強化環境、人權、智慧財產權和勞工法規來提升規範能力，使其他主要貿易夥伴共同要求中國大陸加入並遵守標準規範（Chowdhury, 2021）。如今美國欲在經貿領域恢復多邊主義中的地位，其與中國大陸的關係可以有三種非排他性選擇來結合運用，包括與中國建立更緊密的合作關係、與之對抗並加入CPTPP推動相關議程，或與之對抗並加速與亞太其他國家的雙邊協議。

雖然RCEP對歐盟的經濟表面影響不大，僅RCEP對成員國產生的出口貿易轉移影響值得其特別觀察，但是隨著中國大陸在RCEP中發揮重要角色作用，在長期性的戰略和地緣政治影響則顯得相對重要，其後續與中國大陸之間建立更緊密的經濟聯繫，主要將取決於中國願不願意限制國家介入的貿易扭曲現象，以及停止其侵犯人權的相關強迫勞動行為。

陸、政治：疫苗外交

疫苗外交指的是一些國家利用疫苗來加強區域聯繫、增強自己的影響力和全球地位，疫苗外交的影響還涉及破壞疫苗效力的信任來瓦解敵對國家的意圖，尤其是對於中國大陸和俄羅斯由國家主導的政治宣傳活動，加諸疫苗民族主義，使過往多邊合作的情形面臨更大的挑戰。雖然全球供應鏈逐漸展現其彈性，暫時不會導致長期的關鍵供應短缺問題，但由於美國與歐盟在向較貧窮的國家提供疫苗較遲，更給予其他有能力的國家留下更多發揮空間，中國大陸曾公開宣示新冠病毒疫苗已成為全球公共利益，並開始致力將其疫苗以出售、提供分期貸款或援助捐贈形式推廣到世界各地，這背後的疫苗外交的邏輯、動機與發展方向都值得深入了解。

從圖5-6資訊來分析，就分布而言，與輝瑞BNT疫苗或莫德納Moderna疫苗不同的是，中國大陸生產的科興和國藥疫苗主要銷往或提供給其周遭鄰國、發展中國家或未開發國家（Mohamadi, 2021: 410-411）。[20]

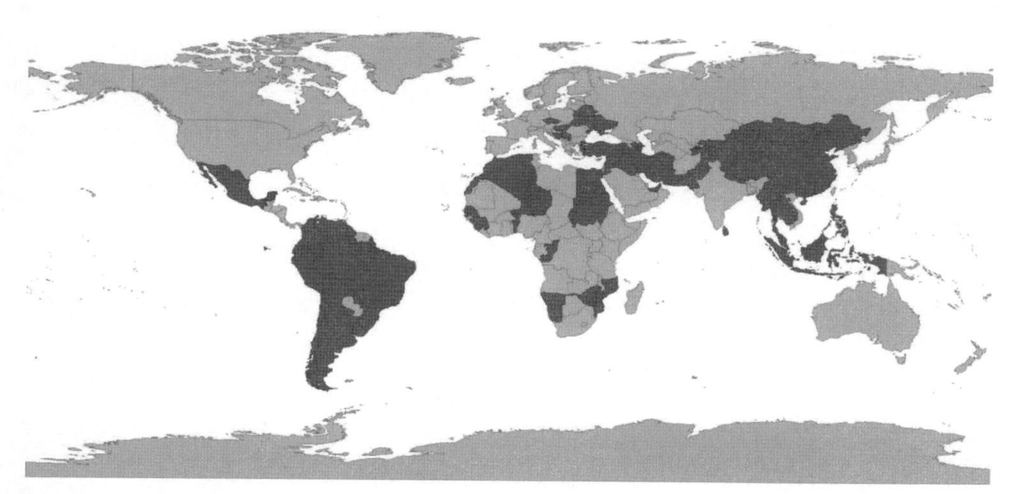

圖5-6　政治：疫苗外交

資料來源：數據資料整理自Our World in Data（2021），後經筆者自行繪製。

一、背景

對新冠病毒和疫苗的反應已鑲嵌進入國際政治與外交活動的一環，進入更深一層且更廣泛的政治和經濟活動競爭領域中，過去公共衛生領域一直是被用作擴大軟實力和增加國際影響力的手段，然而唯有當外交援助不牽涉鮮明的國家利益時才會產生最大的軟實力影響。全球公共衛生與健康領域成為政治權力競爭的場域，可能會帶來的負面影響是合作與關係破裂以及意見分歧，更甚者是試圖散布不信任與發起輿論譴責，全球公共衛生的複雜性確實考驗全球性的合作應對夥伴關係，以及人人應享有的更平等的公共衛生條件。

二、對中國大陸之意義

回顧2002年的非典型肺炎疫情，中國大陸透過提供援助和支持，以增強其影

[20] 除了向各國捐贈大量疫苗，提供各國大量免費疫苗樣品以提升購買興趣，也是其策略之一。

響力與地位。如今中國大陸為了對抗新冠病毒，對內加強了對社會與個體自由的嚴格限制措施，並賦予其合法性；對外則透過疫苗外交，爭取透過外交援助來改善其國際形象。自2020年初新冠病毒大流行的爆發，導致全球防護性醫療設備缺乏，促使許多國家開始向疫情好轉的製造業大國中國大陸求援，但當時序進入2021年，中國大陸不再是稀缺防護性醫療設備與疫苗資源的唯一提供者。此外疫苗相較口罩和其他防護材料，無論在技術與法規上的要求都更加嚴格，更考驗中國大陸的綜合應處能力（Song, 2021）。

三、對地緣政治之影響

根據Our World in Data（2021）呈現的資料，中國大陸疫苗外交之於地緣政治的影響可分為：

在輸出層次，除了中國大陸，印度則透過向周邊鄰國捐贈供應牛津AZ疫苗，提升疫苗製造、供應的聲譽，更挑戰中國大陸在南亞區域的主導地位；俄羅斯的衛星五號疫苗也從備受外界質疑到逐漸取得部分國家接受。

在輸入層次，就東南亞而言，除了越南，十個東南亞國家有九個有在使用中國大陸製疫苗。

但是就南亞而言，中國大陸疫苗則常與印度疫苗發生衝突，斯里蘭卡、尼泊爾與孟加拉各有不同狀況，斯里蘭卡、尼泊爾同時接受中國大陸疫苗和印度疫苗，孟加拉則選擇拒絕中國大陸疫苗，接受印度疫苗。

就拉丁美洲而言，中國大陸成功將其疫苗有效地推廣到大部分國家，反映出在疫苗與公共衛生層次，中國大陸於拉丁美洲的地位將來可能會進一步鞏固。惟部分中美洲國家（例如巴拉圭）因與台灣的邦交關係，使得中國大陸疫苗的介入情況變得更加複雜。

就撒哈拉以南的非洲地區而言，中國疫苗主要是透過COVAX計畫分配。

第三節　地理圖像演繹與區域情勢之分析

地緣政治的意義不只在於模組化板塊背景上的權力消長，也包含不可或缺的總體意識形態影響，在東亞區域中又加諸殖民與被殖民的緊張衝突關係，使得關於民族與社群的敘述變得迴異而複雜，因此建立政治意識形態、爭奪區域話語權以及發揮戰略投射能力，成爲西方理論與東方現實之間的新秩序測試場域，東方傳統價值復興有助於整合與建設東亞政治共同體的新想像（張育銓，2010：135-143），從這個角度來看，將全球和區域地緣政治體系描繪爲西方政治文化殖民的看法成爲必然，然而這個看法卻也忽視了非西方的在地多種權力關係和政治動態，極簡化了東亞區域的異質性，僅試圖從東、西之爭中解放，而無視包括政治體制差異、文化衝突與國家利益至上等問題。

現代性的進程概念本身就是源自於西方，在過往舊的統治結構崩潰之後，對於西方的抵抗式微而合作參與日盛，長久以來被視爲理所當然。但若從另一個角度對向觀之，東亞的衆多國家一直以來由於殖民統治歷史背景，而承繼了過多的現代化，帶來了包括價值認同混亂、壓縮的現代性等系統性問題。在這個背景下，對於東亞地區而言，現下的地緣政治定位難謂純地理距離政治影響力的輻射，它代表著世界體系中心與邊陲的重整，代表著民族主義與傳統主義的復興，代表著對新自由主義的肯定與懷疑，代表著對世界霸權美國的扈從與挑戰，也代表著對區域霸權中國的扈從與挑戰。除了地理距離政治影響力的輻射，意識形態認同與文明間的鬥爭，對於話語權之於政治、經濟與社會系統的影響也不能視而不見，話語權之於地緣政治的影響力所及與獨特之處，在於它是修辭學的實踐，也是國家各種政策方案的基本前提，兩者的交互作用形塑出國家政治力量的構成，更重新定義區域政治的內涵。

壹、中國路徑圖像的特徵

綜合前述六種指數資料，本書最後透過各種指數加總，並採用標準差地圖，[21]來爲地緣政治指數製圖的邊界模式進行設定，分析中國路徑的影響力擴張程度。

觀察圖5-7可以發現本書所分析之中國路徑指數，具有以下特徵：在東南亞除越南外的全區，皆呈現黑色的熱區表徵，可見在本書所設計之各領域項目極高度偏向中國路徑，相對於東北亞而呈現非常鮮明的地緣關係，另外部分中亞國家如伊朗（專制）、巴基斯坦（混合），部分中東、北非與東歐國家如阿拉伯聯合大公國

[21] 本書所採之標準差地圖乃以平均值1.535爲中心，加減一、二、三個標準差，將樣本分爲六群，顏色表示的範圍不一，極端以粗下斜線、黑色的粗線或深色來代表，淺色則代表比較中間的樣本群。

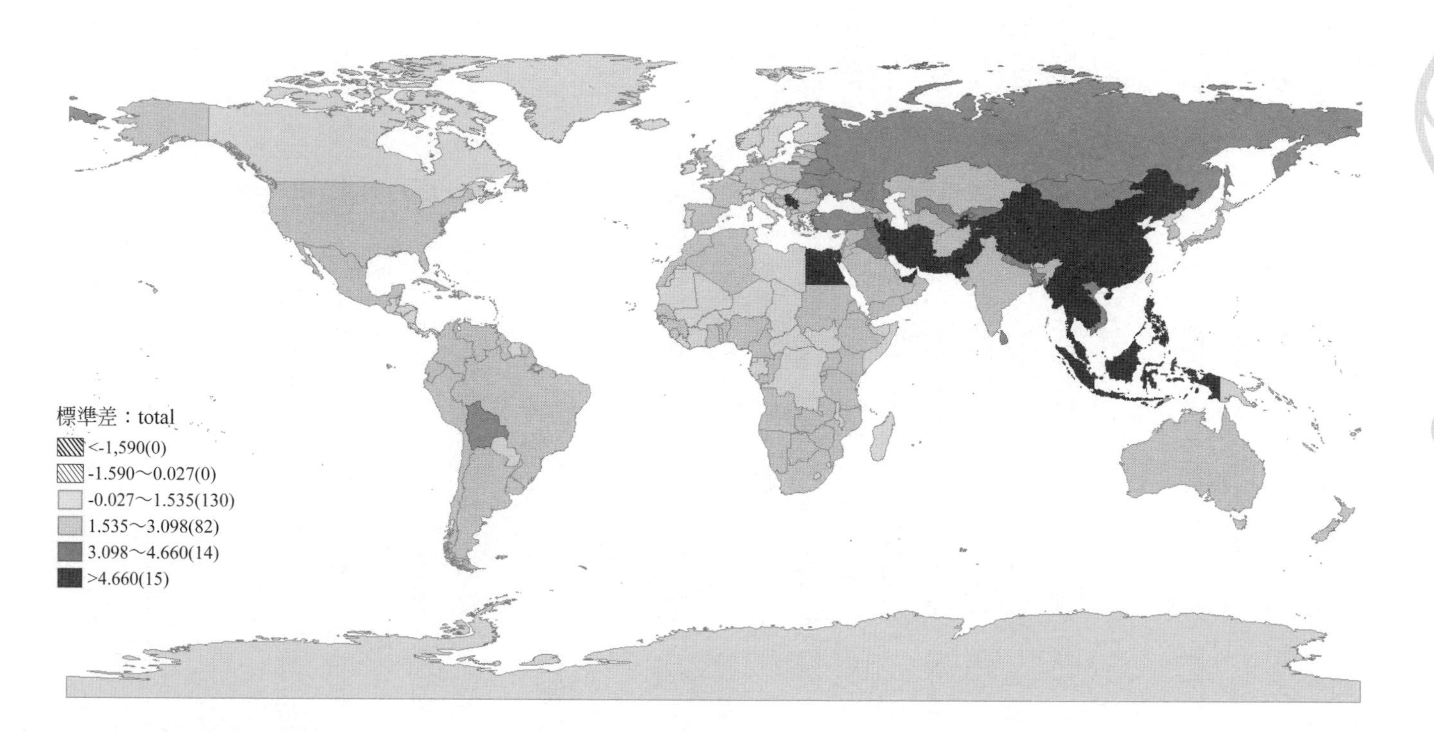

圖5-7 中國路徑指數

資料來源：筆者自行繪製。

（專制）、埃及（專制）、塞爾維亞（部分民主）也呈現極高度偏向中國路徑之特徵；在相對高度偏向中國路徑的泛亞洲區域國家如越南（專制）、斯里蘭卡（部分民主）、尼泊爾（混合）、孟加拉（混合）、吉爾吉斯（混合）、烏茲別克（專制）、土耳其（混合）、伊拉克（專制）、蒙古（部分民主）、俄羅斯（專制），東歐國家如烏克蘭（混合）、白俄羅斯（專制），南美國家如玻利維亞（混合）等，則還是因泛亞洲區域的多國響應而有呈現部分地緣關係，其他區域與國家則在第三級相關性以下，故不一一列入。

在2010年代末，中國大陸的崛起被視爲非西方敘事的東亞地緣政治主旋律，然而伴隨的中國威脅論暗示與批評也從未消失，中國的發展路徑和其作爲所代表的價值，對於地緣政治競合關係的形成和轉型，是一個區域內成分重新組合與評價的問題（孟康鉉，2017：78-79），相關模型的分析與批判對於從政治上自由民主主義與專制威權主義，到經濟上自由經濟與計畫經濟，各種體制上的對立，已擁有廣泛的討論與深入的研究，然而其替代性變體與時代性知識網絡是否已擁有足夠的討論與研究則仍無定論。

意識形態的對立已經定義了過去長期以來的政治光譜，之後的國際政治卻極可能轉而是文明之間的衝突。2010年代東亞地區的政治光譜是中國路徑模式對抗西方現代化之路徑模式，此處的西方現代化之路徑模式，包括地理上位處第一島鏈的美國軍事同盟和明確支持自由民主主義的意識形態同盟，不過由於近年政治情勢變遷、民族主義的興起以及反殖民主義與反帝國主義日盛，像中國大陸這樣的國家，雖然不等同於威權或混合制國家的代表，但其憑藉強勁的經濟發展與國家社會主義的優異發展成效，卻實際地在某個程度上成爲東亞威權或混合制國家的模範。

貳、區域強權的動機與牽引

中國大陸在政治制度上，從共產黨執政以來一直實行著一黨專制統治，強力壓制政治競爭對手和異議知識分子；在經濟制度層面，則從改革開放伊始，以資本主義方式將國家社會主義背景轉向自由經濟的改革模式。政治與經濟體制的迴異，並不代表中國共產黨的執政面臨著不和諧的國家系統發展、無法帶領國家走向復興之路，因爲中國大陸接受全球資本主義的制度與代入其影響，愈來愈強化了國家經濟體系的能力，輔以延續的國家社會主義的管理手段，資本主義與社會主義充滿矛盾的意識形態結合，反而爲中國大陸在過去幾個時代中取得了巨大的發展成就。

審視中國大陸近期的政治變遷，中國大陸在中國共產黨的控制下，進入了國家主席習近平第二任期中段，且因爲修憲通過而極有可能打破慣例，步入增益任期，這種回歸過去獨裁統治的做法，除了打破近代中國建立起的制度平衡外，更必須直接面對權力從黨轉移至個人的不足與風險，政治衰敗與腐朽的可能跡象也就愈發明顯。

習近平其實在很大程度上取得了成功，在政治上迅速整合共產黨其他勢力，例如太子黨與團派的大部分勢力，成功取代了這些次級團體的個人權力，避免其破壞自己的施政運作；[22]在經濟上不僅維持了發展速度，同時還指揮龐大的國家機器，將中國大陸與國際社會比起過去更緊密交織在一起；面對現代風險下的治理困境與國際政治的競爭合作動態，度過新冠病毒大流行初期的崩潰。

然而調整中國共產黨內的接班制度與權力結構，更廣泛和更全面重建以及再制度化並非易事，中國共產黨本身自鄧小平後已經建立起權力分配與甄補的制度化措施，並且已經證明其有能力透過黨內組織行使其自上而下與自下而上的各項運作程序。相對個人在處理巨大的資訊流問題時，對照中國共產黨身爲一黨專政的權力機構，在歷經七十餘年的執政，之於國家的各項施政有深入的了解與運作經驗，[23]如果個人獨裁欲採取行動決策將加快，但意志的延伸必然將變緩慢、扭曲或形成無條件響應下的糾錯失靈，[24]並因而使上層決策和地方現況之間產生衝突。在過去很長一段時間，中國共產黨一直以制度化的傳統方式解決上述問題，政治局常委被賦予了實際執行國家主席意志的大量權力，[25]使得政治系統高層間糾錯的功能能被妥善

[22] 然而無論是身處何種政治體制下，如若掌權的時間太長，由於政治強人的個人主義復以無明確的接班路徑，當該政治領導人死亡後，都極可能會使該政權陷入存續的危機。因此權力承繼的問題與其解決方案顯得至關重要。

[23] 因爲中央往往不知道地方的現況，甚至會發現政策受到地方政府有意的阻撓，個人獨裁必定面臨著更險峻政府失靈問題。在過去由整個黨來監督政府相關行爲，但此時轉爲個人獨裁之後，則勢必面臨誰監督政府相關行爲的問題。

[24] 習近平領導下的權力核心缺乏任何平行權力或縱向糾舉機制可以暫緩或阻止其權力行使。儘管過去毛澤東時期那樣毫無限制的個人獨裁已驗證在中國大陸的近代經驗中並不是一個可持續的治理模式。個人獨裁模式可以在一個好的領導者治下表現良好，也可以在一個不好的領導者治下表現失敗，就像是歷朝歷代的失敗皇帝一般。如若深入探討其成因，任期制之所以不能成爲對習近平的困擾，是因爲憲政制度對於中國共產黨高階領導階層而言，並非法制上的實質限制，而僅是過往共識妥協的結果，因爲沒有獨立的司法制度能夠制約中國共產黨高階領導階層，充滿人治色彩的權力擁有階級，往往以傳統的權力鬥爭或黨治紀律處分來凌駕法律制度。

[25] 集體領導考驗的是政黨內部的理解，反映了經歷過往黨內政治菁英的競爭、合作和互信，可以被具有個人魅力的政治強人所改變，可以被民主化而全面推翻，也可以維持目前集體領導的現狀而相互理解。治理成績與制度化會使個別變因更難以破壞系統現況。

運作或在另一方面保持權力的平衡。

政治強人傾向於將監督權收納回己身而將權力疊加在一起，轉移現有權力至原有結構之外，因爲政治強人大多無法確信其代理人能妥善實現其意志，[26]香港問題與全面建成小康社會的企圖都是實例。個人獨裁相比一黨專政較難實行自律，畢竟難以使用常規手段糾錯，而缺乏「制約」這個施政最重要的組成部分之一，個人權力的濫用因此成爲了眞正的限制因素，因爲在單一領導者任意的好惡與決策下，個人前途與過往的努力皆容易被犧牲而化爲烏有。

第四節　地緣政治形塑東亞政治體制偏好

東亞的地緣政治局勢在一定程度上連動於中國大陸的領土主張，呈現不穩定的局勢，對外部影響無論是大國政治的悲劇或美中之間的百年馬拉松，在攻勢現實主義的概念框架下，崛起的大國勢必對原有霸權提出挑戰，兩強之間的衝突永遠不會結束，頂多是競爭對手之間的更替而已。面對上述國際局勢的巨大挑戰，屢屢以戰狼外交與銳實力等強硬外交政策對應外國勢力的敵意；面對內部因素，中國大陸一方面在國內尋求政權的正當合法性以保持政治穩定外，另一方面，更大幅度地限制人民的自由，推動數位監控技術，奠定其新型態威權主義的地位。

東亞地區各國在各個系統發展的獨立性，使得它們在支持西方與反西方、支持自由民主與反自由民主、支持資本主義與反資本主義、親美與反美的角色上擁有各自不同的立場，難以一概而論。加諸單一國家中還有執政黨與反對黨等多重角色，更大幅加深相關問題的層次性。

有鑑於中國大陸長期以來的國家主義傳統，傾全國之力尋求重回強國之列作爲國家偉大復興的歷史任務，是以其持續加強中央權力，並在改革進程存在不確定性時，重新確認共產黨在國家轉變時期的主導作用，[27]更肯認干預社會系統中公民生

---

[26] 由於獨裁者、專制政黨或軍政府會發現與懷疑其部屬或官僚並不保證可靠，因爲部屬或官僚的自主行動也需要進一步監視，這種制度性監視無窮無盡地耗費大量人力和金錢資源，是以將被迫轉向其他來源獲取訊息和加強控制權。數位工具與人工智慧比前述部屬或官僚更值得信賴，然而其作用不僅僅是爲了最大限度地發揮技術能力，根本上還是根據政治菁英的人性來協助其管理國家（Feldstein, 2019: 42-46）。

[27] 透過標語和口號，諸如三個代表、和諧社會、科學發展觀、中國夢等，使黨政機制貼近人民，確保人民對黨的信賴與政治忠誠，將黨政機制打造成政治主權的核心，超越國家、行政

活的必要性，既然對於國家的經濟系統達成了共識，那麼原本政治哲學中的核心問題也就顯得無足輕重，政治系統採取政治實用主義搭配愈趨嚴峻的保守主義，極力鞏固領導核心權力來穩定政治秩序，追求統一國家，以及實現其他政治目標。

中國路徑模式的成功使得許多對西方自由民主體制與現代性發展的支持者，擁有重新審思現狀的其他可能，開始更願意從批判的角度思考西方式現代化以及日益接受東方式價值觀的見解。然而在政治層面上拒絕並壓迫持不同意見者，在社會層面上缺乏自由與尊重多元的內涵，中國作爲東亞新型態國家主義的代表國家，對於自我的路徑與見解，雖然還沒有解決其屢被質疑意識形態路徑的問題，但隨著中國成爲一個逐漸穩固的東亞區域霸權，其發展爲現代大國勢必必須接觸民主的概念。儘管不是提倡西方現代性與自由民主思想，但是逐步開始宣稱其接納並改良現代性與自由民主主義成儒學民主、具中國特色的國家社會主義。雖然中國儒學被批評其摻雜傳統主義的概念，並爲重建民族國家，政治改革議程從開始設定的原始目標，轉變爲穩固現有政權的政治取徑，但畢竟現代中國即中華人民共和國的正當合法性與其承繼自身的歷史背景意義不同，政權的正當合法性之於社會系統不是描述性或分析性，而是端賴人民意向爲建構基礎的規範性議題。

中國大陸於此藉由民族認同，在後殖民時代中的重新詮釋，[28]並以之構築出新的國家建設項目，在此時的中華人民共和國國家主席習近平執政時期加以實踐，這個作用力無疑加深了中國共產黨的正當合法性，也同時使政治體制從一黨專政更傾向了個人獨裁的轉變。在這種情境中，自由民主主義陣營與威權專制陣營，或是更直白地說，親美陣營與親中陣營陷入對峙，區域安全時刻保持著若即若離的緊繃狀態，衝突危險性持續上升，區域合作關係亦出現裂痕。

美國位處西方中心角色的代表性地位，將意識形態擴展到世界其他地區，其在世界上的影響不只是圍繞地域、意識形態或文明單一概念的存在。由於上個世紀反傳統主義的反動，正是中國大陸政治菁英今天所持的中國模式本土化傳統主義，旨

官僚機構與其他系統，形成更緊密的統治空間秩序，是中國共產黨隨時代演進的政治思想路徑。

28 中國大陸的民族主義具有濃厚的反西方色彩，也被官方刻意操作爲非政治化的解決方案，技術進步和經濟生活的改善成爲一股壓倒性力量，可是也湊巧避免了政治對抗和決策躊躇，融合新自由主義的市場概念乃至企業全球化，與美國霸權的背景差異日益減少。但是中國大陸反公民權利的諸多施政手段做法，正進一步積極地將國家重新塑造爲大國，儘管在自由民主主義的審查下是不具正當程序或道德基礎原則的，表面上是爲了工人與農民階級進行社會改革而努力，實際上卻是爲了中國共產黨的存續爲核心而努力。

在重新獲得對中華文明的信心，從而擺脫西方文化的主導地位。文化自信是自我對意識形態的主體性追求，雖然一直以來共產黨政治菁英在這個目標上，多是訴求於闡述黨派當前思想的國家宣傳，來呼籲中國大陸人民對其所選擇的制度變革與發展道路充滿信心，雖然其亦主張將西方的差異和衝突納入中國，但民族傳統激進派則選擇挑戰西方中心主義，發揚中國中心、中華中心抑或是漢族中心主義。其視2008年全球金融危機以降，是新自由主義意識形態衰落和中國模式崛起的歷史時刻，中國大陸極有可能持續成為世界上最強大的經濟區域，並因此挑戰美國作為形塑國際秩序的第一政治強國。[29]

---

[29] 歐美大國的衰落更可以在近期的國際事件中看到，尤其新冠病毒的全球大流行，也連帶產生連鎖反應，最終導致近期東亞尤其中國大陸相對地蓬勃發展。

第六章　東亞政治體制選擇偏好：典範競爭觀點之分析

本書第一章到第五章都在驗證自由民主體制正處於前典範時期，並非普世價值也非不可挑戰，是以本章再藉由典範競爭之概念進行理論對話，回顧東亞自由民主體制的理論描述對比現實狀態，來理解東亞地區相關模式之間的競逐過程，其內涵包括：一、典範競爭多發生於前典範時期；二、典範競爭是各種模式相互挑戰並競爭，以奠定支配地位之狀態；三、各種模式若遇得到前述支配地位，必須能提出足夠蔚爲其他多數個體仿效之成就或效果；四、典範競爭之終結是典範模式獲致典範地位，其他模式轉爲沒落直至消弭（Kuhn, 1962: 18-19, 178）。[1]末節並嘗試推論東亞政治體制選擇偏好的未來可能發展趨勢，來針對本章議題進行完整討論。

第一節　民主與非民主體制在東亞的競逐

本節透過典範競爭的第二與第三層次——典範競爭是各種模式相互挑戰並競爭，以奠定支配地位之狀態；各種模式若遇得到前述支配地位，必須能提出足夠蔚爲其他多數個體仿效之成就或效果——分析東亞地區自由民主體制與非自由民主體制的威權、混合體制間其模式競逐與成效。

壹、美國與區域中先進民主國家的自由民主聯盟

民主鞏固描述的是新興民主國家逐步穩固，將政權壽命延長並免受專制主義的威脅，反映在具體政治行爲上，包括尋求統治的正當合法性、民主價值的傳播、確定人民統治、軍隊國家化、完善政黨建設與選舉規則、國家權力下放、司法改

[1] 陳文政（2013：7）於〈全球憲政主義之興起——典範競逐觀點的初步考察〉一文中，亦採相同之分析基準，可供理論應用之參照。

革、妥善治理等。在大多數情況下，民主鞏固與深化不僅必須建立前述制度化條件，其公民更必須養成態度和習慣，才能將民主制度完善昇華，改善民主整體素質（Schedler, 1998: 91-92）。從民主轉型崛起的新當選政府，如何避免民主崩潰的問題，則是關乎精進治理能力的政治議程，面對嚴峻的政治和經濟情勢，必須使絕大多數人民相信政治變革必須在民主程序的範圍內執行，而根據憲法，政治參與者必須習慣於遵守國家內部的政治衝突，應藉由既定準則解決，若違反這些準則將造成高昂代價（Epstein et al., 2006: 551），這是民主國家的基本運作邏輯。

一、西方化、現代化與民主化的解構與重構

對於東亞的民主國家來說，逐漸面臨成爲如同西方先進自由民主國家一樣的壓力，在正面效應上可能催生改革的情緒，但負面效應上也可能產生保守勢力的反動，例如地區民族主義情緒，[2]這是情感記憶和意識形態的變動，原本植根於東方主義所述之文化優越性，承認外國文化優於本身文化的思維脈絡，畢竟就經驗證據上而言，想運用西方的政治和經濟制度邁向正常國家，模仿被普遍認爲是通向繁榮的最短途徑，凡此一定會涉及認可西方的價值觀與建置自由民主制度，然而產生之心理層次自卑、依賴、失去主體性和自我批判，都會對於學習與模仿產生阻力，反映了源於記憶、情感和意識形態中，希冀擺脫西化現代性所隱含的殖民主義依附形式（Harris, 2009: 34; Jaskulowski, 2010: 298-300）。這種反對的背後意涵是想保留自我的文化、復興的本土主義、拒絕外國價值觀標準，透過否定西方自由主義提供了部分恢復民族自尊的情感需求，該意識形態需求與對西方體制模型的理性批判[3]都是對西方思想和制度的反思，難以避免但亦是邁向改革的重要成分。

在政治體制改革過程中的模仿會與自身的主體性產生競合，所造成的衝突過程轉化爲被壓抑的敵意，該議程揉合常態的政治期望及對合法化的期待，形成意圖的

---

[2] 民族主義導致了全球政治體系的幾次重要轉變，近代伴隨著跨國帝國的瓦解而誕生的民族主義，常被視爲與自由主義相互衝突而不是相互補充的概念。儘管傳統專制國家的社會組成與現代自由民主國家的狀態大相逕庭，但民族主義領導人常利用宣傳模式譴責其他意識形態，以確立這種對民族主義的看法，將自由主義與反民族主義相結合，使社會更不容易支持自由改革，還使所謂愛國主義意識形態成爲爲政治領導人的利益而服務的核心概念，催生這種雙重含義的常態化（Anderson, 2016: 83-112）。

[3] 例如以社會結構轉型而言，自由化導致的大規模移民使人口結構產生變化，這在很大程度上進一步加劇了該地區的自由主義行爲的負面壓力，原有族群擔心無法同化的新社群會稀釋人口結構並削弱民族凝聚力。

轉向與折衝協調後的焦點，東、西方關係從兩個敵對系統之間的僵持演變爲一個單一系統內的等級差異，模仿者的模型轉換成另一種的政治體制形式，並聲稱其優於原始模型。東方的政治哲學在面對西方現代化的過程，從模仿自由民主政治體制到融合後的主體性改革，東方的追趕革命與模仿改革，意圖使東方社會邁向西方現代性主流的過程中，更深入理解和創新（Schmidt, 2011: 305-310），目的在渴望透過國家的正常化，來試圖消除群體內的異常現象，以使其生活正常化。

二、近期動態變革

西方對人身自由的保障與開放社會的承諾，意味著以前被禁止的權利和福祉對社會群體開放，對於選民而言，這意味著對國家主權的進一步擴大，使該國對個人權利的重視達到顯著進步，但實況仍不平等的社會，仍需要由有組織、有聯繫的個人和社群來維持、延續任何集體行動的意向，配合國際上自由民主的聯盟相互聯繫，從想像中的意識形態轉至現實光譜另一側的政治生活。由西方自由民主國家結合在一起的聯盟，[4]開展民主體制國家向其他專制國家擴展的意圖與行爲，區域的被壓迫國家因而被迫身處大國政治的競爭核心，從行爲層次上，即需要足夠分量的政治團體企圖推翻政權，抑或是結構促進，再不然就是國際勢力介入以脫離專制，推動民主化進程（O'Loughlin et al., 1998: 566-569）。

以美國爲首的自由民主聯盟，除了意識形態的推動外，有鑑於中國大陸國力、敵意與影響力的顯著提升，近期更強化於區域安全相關的議題，並以經貿合作與文化交流作爲輔助誘因，且不斷尋求與過去尚未達成合作共識的國家進行合作，建立這種自由民主聯盟的倡議。起因於一旦自由民主聯盟穩固運作，將與彼此建立密切聯繫，最終將形成共同價值觀與穩固既有霸權基礎的聯盟（張立德，2014：99-100）。

貳、折衷並躍進的混合體制與中國路徑指引下的數位威權模式

諸如亞洲價值觀或具中國特色的社會主義等看法，顯而易見的是呼籲尊重各

[4] 跨國聯盟起源於地緣政治戰略的一部分，這種地域型戰略是透過將一國納入特定區域，並賦予其一個戰略協作或競爭對手的身分，來加深影響力投射或阻止對主權、利益的潛在危險性。

國特殊的歷史傳統，以及其政治思想遺產，藉此來合法化威權或混合體制統治的方式。因此，東亞多位當代的政治領導人致力於將當前體制與過往傳統產生關聯，以及巧妙地進行概念轉置或抽換，使政治系統所依據的意識形態與其實際制度之間建立聯繫依據（Jenco, 2013: 237-239）。他們雖試圖從歷史傳統中汲取合法性，但面對秉持西方自由民主意識形態的改革派，仍難謂不受其影響與掣肘，畢竟完全否定西方自由民主意識形態將會帶來巨大的成本，例如被貼上反改革的守舊標籤、國際社會話語權的削弱等。

一、東亞特殊性的轉向

是以威權政體雖然沒有全面、定期、公正的多黨選舉，但卻愈來愈願意推動基層民主，當然從正面觀點來看，基層民主選舉的確在實際上讓威權政體政府更加負起責任，[5]反映了基層人民的眞正情緒與意見，弭平抗議與其他更激烈類型之群衆運動，也是民主化過程的初期步驟；但從負面觀點來看，統治結構仍然是自上而下，僅僅爲了博取人民以及國際社會的認同，而宣稱其應該被視爲具該國傳統特色的修正式民主國家，另一方面卻透過數位技術工具監視人民行爲及其選舉意向，進一步掌控反對派與異議人士，實質民主的內涵即因人民仍然無法自由表達意見（王信賢，2018：123-127）、貪腐事件仍無法被遏止與透明化，是以眞正的民主乃是參與國家統治的實質而非形式過程。

此外，諸如儒家思想或中國傳統價值觀之於政權正當合法性，這種意識形態移植、置換造成的價值觀連結，試圖建構連貫的思想理路，則在不同場域具有不同的適用程度，當然其不會具有完美的解釋力，並且會不斷受到個體、組織與族群的挑戰。是以觀諸現今中國共產黨政權，其政權之正當合法性不再僅透過意識形態的論辯，更仰賴於治理表現與民族主義的操作，其中治理表現依賴保持高度的經濟成長，但這種成長並不一定關乎當前施政良窳，大規模失業或經濟成長趨緩，都可能是在反映國際市場的震盪；民族主義的操作則不外乎藉政治宣傳帶動輿論，來塑造

---

[5] 責任政治旨在確保政府的行爲符合國家整體利益，並對政策成敗得失負責，因此通常僅實現於諸如治理完善的自由民主國家，因爲其可藉由公平的多黨選舉制的公民程序與問責制度來實現。而威權和混合體制政府往往宣稱，限制權力極可能導致行政機關執行不力，進而強制對政治權力的壟斷。因而強行在一個不確定的範圍中行使權力，使用權力並非僅用於維護和平免受外部侵害，也非僅用於執行法律並提供基本的公共服務，且僅對一般公民有約束力，而不對政治菁英具有約束力。強制力成爲國家運作的核心，濫用暴力、恐懼和仇恨，再進一步轉化爲公民對於專制國家行爲的自願遵守（Tholen, 2018: 22-25）。

區域之間與文明之間的價值對立，以及建立愛國者和愛國精神的相關手法。

東亞威權專制國家邁向現代化後，大多建立出相當規模的科層官僚體制，但是在法治和民主問責制的發展上，卻並未得到相應發展。更有甚者，無論混合或威權體制國家都有走向強人政治（Weber, 1968: 18-20）的例子，難以建立完善、非個人的現代國家。東亞的威權或混合政體常見擁有強大的行政權但缺乏制約機制和機構。然而值得注意的是，也有一些擁有民主選舉制度的國家，但缺乏強大的行政權以及法治不彰，因而無法提供人民足夠強勁的經濟發展與完善公共建設及服務，對比上述威權或混合政體，也難以成爲健全的現代強國。

觀諸位處東亞的國家與地區，中國因爲習近平的修憲由一黨專政走向政治強人的獨裁；香港在反對「逃犯條例」修訂草案運動與「中華人民共和國香港特別行政區維護國家安全法」公布施行後，導致一國兩制幻滅；寮國與越南則由共產黨政權一黨專政；北韓由政治強人金正恩獨裁專制；泰國和柬埔寨持續由政治強人領導；緬甸軍政府政變重新掌權，從民主轉型倒退回頭；菲律賓、馬來西亞與印尼的民主也因爲政治強人杜特蒂、馬哈迪的再次倒戈以及自由度不足等理由而稍微倒退。

前述東亞的威權或混合政體，其試圖建立權力集中而完備的科層官僚體制、強化經濟改革、菁英甄補、發展數位監視能力、統一與緊縮民族文化和教育交流，並透過軍事競爭整備以及政治宣傳等手段，來獲取政體的穩固與延續可能。

然而在其國家發展的過程中，難以忽略的是權力失衡的問題，畢竟威權或混合體制往往擁有非常大權力的政府，過早與過於急切的經濟改革以及各項現代性的變革措施，往往容易導致壓縮的現代性後遺症（Chang, 2010: 444-445）。制度化官僚體制若缺乏法律約束與分權制衡，或僅僅是形式上的法律規範，在很大程度上沒有約束力，因爲專制政體的權威若無立法、司法、監察等相關獨立機關制衡，則難以確實被究責。[6]出於理性自利的思維，實難倚賴存在於憲政以外的手段，例如道德、行政慣例或官僚自律來體現治理的內涵，畢竟相比之下其他任何形式的控制手段都很難被妥善處理、適用於所有情況，誠然自我或機關內糾察需要透過良好的判斷來處理，但這種所謂良好的判斷可以將其置於特定的背景下而因人設事，個人道德無法保證讓官僚做出正確的決定。[7]

---

[6] 政治系統作爲政治菁英意志的載體，政策被理解爲政治菁英權力的表達，在面對社會系統的抗議時，是對它的挑戰與羈絆，因此若一味採取壓制的態度與手段，則政治系統這個權威的來源與社會系統之間將逐漸失衡。

[7] 如果之間沒有將制度上的人治色彩抽離，對於人權保障仍然認爲是一種可自由決定的政治決

二、近期動態變革

在思想策略層次上，專制政權在緊縮統治下，公民可以擁有的選擇剩下積極推動民主化、移民退出民主進程、呈現中立或消極抵抗，乃至協助專制政權相關緊縮措施。在過去專制政權可能限制反對人士離開國境，以達「普天之下莫非王土，率土之濱莫非王臣」的想法，甚至掌握其動向避免與外國勢力勾結；但新進做法卻顯示專制政權可能鼓勵其移民，以降低衝突可能，這個轉變反而能更進一步打擊相關反對黨派或公民的選擇動機，因爲除了離開家鄉的屈辱和喪失地域性資源外，專制政權更會依此試圖說服其他民衆，異議人士對國家的不忠誠（Krastev, 2011: 10-11）。

是以儘管移民是人身自由的合法表見行爲，但離開國境將破壞民主運動的過往成果，並分化其他公民使其難以團結面對專制政府，如此導致的不信任也使許多自由民主主義的改革派支持者面臨新一輪的政治選擇，在現實與道德情感上的衝擊下，逃離東亞專制體制國家，從海外推動追求西方自由民主生活的想法將受到質疑與挑戰，這也說明了爲什麼專制政權對區域中的政治認同危機產生同仇敵愾的敵意反應，儘管相對而言僅有爲數不多的改革派公民選擇遠走海外。

在實際作爲層次上，威權與混合體制國家開始不再對民主採取對立態度或一味予以抨擊，而是改採吸納民主選舉的概念，來提升自身的政權正當合法性，並獲取話語權聲稱自己是更好的、具該國特色的民主體制；與此同時西方自由民主的缺點反而因爲被比較而暴露出來。結合資訊科技技術更是賦予專制政權復甦的絕佳機會，另外選區調整、科技監控、利用網際網路操縱公衆輿論進行政治宣傳、訊息監理等手段，使其選舉競爭性、公平性蕩然無存。[8]

定，可以隨意政治操作，並有選擇地嘉惠或侵害特定的個人和族群，則自由眞正的意義即無法嵌入國民意識之中。

[8] 從過去頒布有違憲政與法治精神的法規命令來規避監督、漠視少數族群權利、放任歧視與壓迫、對反對派團體或異議分子採取壓制禁言等手段，轉爲透過官方媒體、親政府媒體、外包業配、殭屍帳號或主動配合的意見領袖，對社會受眾提供各式虛假訊息或進行輿論操作來引領民意（Diamond, 2019: 23），如若反對派團體或異議分子要反轉相關訊息量或澄清事實，則須面對訊息監理的影響，能力和資源的不足相當明顯，而無法與之對抗。

第二節　政治體制的各自侷限與時代挑戰

既然尚未有任何典範模式獲致典範地位，而顯著導致典範競爭之終結，是以本節試圖探討典範競爭第四個層次中另一部分的重要內涵——其他模式轉為沒落直至消弭。從當前的時代挑戰來分析東亞地區不同政治體制之侷限，具體論述三種模式所遭遇的挑戰內涵，以此觀察其是否存在沒落直至消弭的可能因素。

壹、自由民主體制之侷限與挑戰

當前的自由民主政治體制存在很大的脆弱性，隨著經濟成長的趨緩，這種脆弱性將變得更加明顯，自由民主政治體制面對這個趨勢，政治發展最好的前進方向是什麼？走向再更民主與再更自由來提高民主政治參與和提高多元化自由度真的是解方嗎？此處試從新興民主國家與先進民主國家的雙重視角，探索兩者之重要時代挑戰為何。[9]

一、新興民主國家的困境

東亞許多面臨民主轉型之新興民主國家看似已成為現代國家，但實際上構成了庇蔭扈從的體系，僅依循政治菁英以及相關人的一己之私來執行各項權力，這種腐敗可以與民主共存，因為可以藉由延伸的利益輸送來賄賂、收買、拉攏民心，這種內、外之間的庇護行為，建立整體網絡來竊取國家各項資源（Berenschot and Aspinall, 2020: 4-6），導致國家的發展並未跟上自由民主制度的進步，新興民主國家因此難以回應其公民的期望與訴求。[10]反過頭來國家建設和經濟發展的緩慢，將呈現在這些國家的民意支持度上面，並對往後的政治情勢發揮關鍵影響，如若沒有改善治理的整體品質，無論接下來有無以更高程度的改革為號召，都極可能引發新一輪的群眾運動，這將更削弱政府提供建設和服務的能力以及其正當合法性，而產

[9] 陳文政、莊旻達（2019）於〈當代自由民主的侷限：理論與制度層次之初步考察〉一文中，從內部侷限與外部制約來進一步分析自由民主體制之侷限與挑戰。

[10] Huntington（1991: 33-34）認為，對於在不斷變化的社會秩序中，政治發展層面往往無法跟上其腳步，從而導致政治混亂，國家因此可能會出現相應的失敗，因而歸責於自由民主制度的發展，相關看法對自由民主國家與推行民主化的轉型國家相對重要，所謂的專制過渡並不一定對於現代國家來說都是一種可行的戰略，因為現代國家公民對公共利益的需求和對民主的期望要比過去高得多。

生統治危機的狀況。[11]

然而對於高度的需求與渴望，自由民主理路卻往往是呼籲走向再更民主與再更自由的政治改革，對比像中國和新加坡這樣的東亞專制國家，卻能夠在近數十年間，長時間提供高度經濟成長以及愈發妥善的公共建設與服務，大幅增加了國內、外的政治認同與聲望，這種相對差異對於新興民主國家的未來意向將產生極為重要的示範效應。[12]

二、先進民主國家的警訊

自由民主政治體制是一種以和平方式協調不同社會利益，以及適當反應、疏導民意的機制，但整個過程仍不外乎對於利益的權威性分配，惟價值之間的適當平衡不能由少數個體、組織所壟斷，畢竟長期具寡占地位的單一政黨制國家很難眞正地享有政治競爭氛圍，甚至相關制度也很難從無到有地被建立起來。除了執政政黨的政權存續意圖外，沒有組織與經驗的反對派政黨難以對於舊政黨產生實質威脅更是重要原因。就算眞的達成政黨輪替，新政黨的政治菁英因為政治基礎不夠穩固以及不具施政經驗，非常容易在之後的選舉中失敗而再次輪替回原舊政黨。此外如若未能將政治權力下放到基層組織，反對派政黨的政治菁英很難在全面民主化之前獲得基層與中層的執政經驗，所以公平政治競爭的重要途徑的確是更大的自由化與民主

---

11 反對派與自由派最初透過民間的組織、團體來進行政治競爭，並尋求從國家統治中建立一個可行的制度來推動改革進步。在這個期望下，最初政治動員與群眾運動到制度化後，成立角逐競選的政黨，從關注狹隘、獨特個別領域的問題到關照廣泛、全面的國家方針，反對派與自由派的力量因而在過渡時期經常失敗。然而如若自由民主制度發展完善，一旦反對派與自由派政府掌權，面對實際的治理問題，在希冀獲得良好的治理能力提升下，其若無法堅持自由民主的核心意義，在理論層面上將會失去最初的正當合法性（Fukuyama, 2015b: 11）。事實上並不只有在威權或混合專制統治下才能實現國家改革，政治腐敗與政治腐朽如何形成，並如何使國家發展陷入衰退，更是應該被關照的核心議題。

12 威權與混合制國家有一個重要優勢，是現今許多民主國家所缺乏的，其擁有強大的政治權力，行政上可以執行政府所希望的政策、法律；司法上可以保持強大的警察、檢察、矯治能力以進行追查、起訴、審判和執行（Fukuyama, 2012: 17-19）。這些強制力得到了對政權正當合法性的支持，因此再被轉化為政府獲取權威的正式來源之一，執政能力構成了威權與混合制國家獲得成功至關重要的因素，也成為其改革最顯著努力的領域之一。有效的執政取決於透過提升行政透明度和積極獎懲措施來實現，並在理論上必須同時避免警察、檢察、調查權力的濫用，因為其極易引發相關的政治效應。這種濫用行為不應掩蓋其造成的負面影響，人民對個體或群眾行為的規範性期望，不應該被轉化為政府漠視人權的合理化藉口。在這樣的現實情況下，恐懼成為了威權與混合制國家進行改革更有效的動力，透過一系列改革措施，自由與民主已成為順位最末端的議題之一，畢竟很難找到沒有不運用強大強制力卻能有效提升治理的實例。

化（李酉潭，2007：29）。

然而日本、台灣和韓國所形成的自由民主制度，目前看來並不容易複製，難以形成如同經濟制度般的模仿或雁行效應，而且就算是東亞地區的先進自由民主國家，也有其必須正視的當代課題，無論過去自由民主體制取得的成就如何，相關研究與執政成績皆無法直接證明更高的民主政治參與和更大的多元化自由度能改善當前自由民主政治體制的脆弱性。

提高自由度意味著將破壞原有的社會規則，而必須重新議價、自我批判與帶來更大的風險。過去的這些社會規則爲個人自由建立了重重界限，在某種程度上已經在無形與有形的空間中將個體劃分出來，從政治擴展到經濟、社會生活。然而隨著時代變遷，自由的領域需要被擴大，這個層面的變革端賴法治的健全，而程序上的非制度化與非規律性，對自由的影響卻是非常具有破壞性的。從長遠來看，自由造成的系統性和結構性風險（周桂田，1998：96-98），是可以藉由健全的法治來妥善治理，但實際上當發展中國家面臨民主化而進行轉型時，自由化常成爲導致局勢紛擾和經濟衰弱的重要原因之一，對比東亞威權或混合體制國家保留了比大多數自由民主資本主義國家更大的市場自由干預能力。

東亞地區先進民主國家如今面臨更迫切的問題在於，經濟轉型下，過往基於大量低廉勞動力和加工出口製造業而達成的高度經濟成長，後續轉向高科技、服務、金融、觀光業的第二次經濟轉型，除了有大量國內需求的部分國家外，政治菁英如何適應快速變化的外在條件與內在變項來平衡國家發展，成爲未來對於治理能力的重大挑戰。

貳、威權體制的侷限與挑戰

雖然東亞威權體制國家中之一般公民對民主的差異認知價值觀點，造成對現存威權體制已民主的錯誤支持，之於威權政權的意義相對正面，但其反面意義在於未來價值上可能覺醒，結構上亦可能持續發展而破壞現有平衡。

東亞的威權國家爲了保持精神上與作爲上對於政治文化立場的一致性，理解到過往對於自由民主單純的不贊成，愈來愈難給予支持者純粹拒絕的理由，是以單純聲稱東亞地區採取西方式自由民主的國家、採取學習模仿政治和經濟上的制度將無法取得全面成功的主張，已經顯得不合時宜。

東亞威權國家開始轉變過往策略，支持並轉置民主概念，[13]搭配民族主義言論和東方的社群主義中犧牲部分自由換取團結共識（李明輝，2001：18-20），宣稱修正式的民主是先進的政治和經濟秩序標準。應運而生的是公民層面對民主體制的無條件支持和偏愛，但這種偏愛卻同時受到強人統治和威權主義政治文化所吸引，甚或坐視軍事政變的發生。這對於威權體制政權產生莫大的正面意義，然而在對民主差異認知價值觀點的正面意義背後，本書試圖梳理對民主差異認知價值觀點的反面意義，從價值轉向與結構更迭兩者深入去探討。

一、價值轉向

將西方價值觀作爲政治改革的主要目標，對東亞社會產生重要影響，如何調整西方理想適用於東方社群的問題在於模仿的模型仍在不斷變形，儘管西方的自由民主制度已是常態性的現存現實，[14]惟社會的每一次改革變化也都會帶來一種新的形象，最新的模式難以完全複製以前的模式，面對西方社會不斷轉型且難以捉摸的常態變化，確實產生令模仿客體感到不安的影響。反映在東亞相對保守社會的個體眼中，諸如西方社會的多元文化主義和家庭婚姻結構調整議題，與東亞社會中多數個體最初想模仿的期待大不相同，對現代化的相關疑惑也因之擴散到其他層次，[15]變得不信任來自西方的規範，反而開始將自身傳統視爲正確的價值觀以捍衛形象，因而即使公民的相關自由民主需求在東方也普遍存在，但西方與東方在歷史記憶、文化脈絡與社會結構的不同而呈現出規範上的失調（Beck and Ritter, 1992: 3-8）。[16]

---

13 對多元、自由的恐懼在東方和西方有著不同的含義。在西方藉由操作自由民主與在地政治文化傳統之間的本質差異，專制政權有機會利用恐懼蔓延防止多元與自由的產生；而在東方社會同樣也有對自由社會無法適應、對多樣性文化組成無法釋懷的恐懼，儘管東亞地區各國大多也並非是同質和單民族的社會組成，考慮到政策撰擬、執行與評估，必須整體考量異質和多民族的情況，東方的專制政權仍克服此客觀條件，打造出令人難以置信的同質化。

14 從政治角度切入探討，競爭性選舉、分權制衡、保障個體和少數族群權益，成爲體制下對常態的理解，與在規範上必須遵守的制度相一致，促使其常態化。專制主義者和民主主義者之間於此成爲模仿者和被模仿者。

15 在東方傳統價值觀日漸轉變的過程中，並未超越西方中心世界體系理論之界限（Wallerstein, 2000: 112-128）。在此情境之下，挑戰這種歷來一貫的價值觀，試著分解概念、嘗試詮釋理論的努力深具意義。具體而言，這種追求基本上肯定個體的存在價值和特殊意義，使之注重每一個不同社會所擁有的核心價值，也就是說不同史觀角度無法以普遍的原則一體適用，在現代化轉向的過程中，重新評價自身文化，透過批判性的角度思考關於價值觀點的一切，來建立政治、文化實存概念的東亞內涵。

16 政治的公共性與社會道德性兩者並非是對立的矛盾關係，而應是一種相互辯證，畢竟社會運作追求的是人的溝通與協調，政治哲學試圖在多數人中間尋求其普遍本質，從此角度而言，現代國家固然可能擁有不同的文化背景，但無不追求加速發展，但隨之而來的是傳統價值逐漸崩解，造成傳統精神文化與現代物質文明，或者該說是傳統價值觀念和當前價值概念之間衝突不止的問題。當西方價值體系喪失了自工業革命以來對於世界秩序幾近絕對的規範意義，相異之價值體系開始走向同時並存的多元意識形態，新一波的競逐關係也隨之產生。理想和現實的實踐在東亞各國特殊的歷史背景作用下呈現出獨特的面貌，一方面傳承自身文化的思想體系，再加以融合近代西化思潮，展示出全新的面貌。不過如果東亞各國欲挑戰以西方爲中心的文化一元論，就必須正視國家內部各地意識形態與體制都有各自不同開展可能性的積極意義，這也是威權或混合體制國家的領導者所不欲見到各個階層在同一時段發展出多元化的樣貌。即多元文化於地域性的開展使得既不擁有政治權力，也尙無民主思想的受統治階層，產生出後續民主化政治問題的可能。

二、結構更迭

在階級結構上，依據過往民主化進程的經驗證據，經濟與教育帶動社會結構中的中產階級興起，推動民主化的邁進。但就東亞的實際情況而言，東南亞許多國家的中產階級對於自由民主的評價看法卻相對低落，甚至位於改革的對立面。究其原因，這些國家的中產階級數量在人口統計學上可能尙未成爲社會結構的大多數，當自由民主改革推動直接民主或是代議民主的同時，底層公民常比中產階級擁有更多的選票與公衆輿論話語權。全球化與經濟利益的分配競合造成了不同階級之間的齟齬，加諸自由民主國家在初期獲得大選勝利的民主政府於甫執政時期，相關改革往往傾向重分配階級利益，在中產階級眼中不一定符合他們的期待。雖然相關的衝突能透過政治制度予以調整，但民主轉型國家之各項政治功能、政黨機能與機構協調能力尙未完善，政策執行在面對下次選舉的壓力下更易呈現兩極分化，當各個階級面對自身利益受到侵害時，導致其願意重新接受、擁護傳統專制政權，當這種趨勢持續發展，各方相互抵制難以取得妥協平衡，民主化的後續進程就易受阻。

然而價值觀的根本性假設是因人、因地、因時、因事而定，中產階級既然有可能願意接受在經驗上已獲得重大成就的西方資本主義自由市場模式，西方的民主開放社會即有可能隨時代演進逐漸嵌合進在地發展。時至今日，政治、經濟、社會、

不同立場的相互調合，對於政治權力的連續性批判即可能出現更徹底的反省，如此不但能解釋思想的差異性，也能提供多元的共通性，爲當代政治社會指出另一條路。

文化各個層面的交流，影響衍生出對自由民主肯定的思維模式，是東亞威權國家所享受公民對民主差異認知價值觀點的正面意義的同時，另一方面又亟欲避免的價值觀點轉向可能。

參、混合體制的侷限與挑戰

混合體制的侷限與挑戰即在於體制過渡，民主並非是威權與混合體制轉型之後的終點，既然並非是必然結果，那麼所謂典範轉移的過程即不是線性的。在線性觀點的典範轉移過程下，認爲西方式自由民主主義制度將會是政治體制發展的最終型式，然而轉型成爲擁有競爭型選舉的民主體制國家，不一定能順利持續民主化進程。[17]像是民主國家可以再略分爲自由民主與選舉民主，其概念的相同處是擁有競爭性選舉，差異處是在選舉民主國家於各項自由度與權利保障上則尚未達到自由民主之標準。許多混合體制國家雖然發展出選舉制度，但是並未因此一舉轉變成民主國家，在執政者的刻意操縱，加諸反對勢力的不足，使其專制統治能夠持續下去，並進一步結合民主與專制之特色，形成新形態專制政權國家（李冠和，2013：99-101）。[18]

而由於後全球化秩序的重新編組，[19]以西方爲主宰的世界秩序由此開始被解構，東亞地區各國的文化都具有各自的特性，雖然主張著多元與特殊性，但是又可以發現在文化史與文明論的層次上往往交錯著一體性，甚至部分價值觀也具有一致性。東亞各國開始試圖批判西方現代性的各層次的同時，自由民主從西方發源而在東亞地區發展起來，它的特色在於對公民意識的啓發與體悟，因之東亞混合體制國

17 具體而言，例如伊朗與伊拉克的戰後民主改革以及阿拉伯之春的民主化浪潮，在這些國度的原有獨裁政府結束統治後，缺乏施政經驗的新民主政府難以應對經濟議題、基礎公共設施需求、社會階級紛爭以及宗教矛盾等問題，導致經濟崩潰、糧食危機、武裝分裂與內戰的層出不窮（程富陽，2012：22-24）。

18 此外選舉型威權、競爭型威權等政治體制，也都是選舉競爭性與公平性備受質疑的存在。

19 全球化使世界各國之間的想像距離大幅縮短，也使得不同政治體制下的治理成果可以進行比較。經濟轉型與公共安全反映出的是低出生率、人口高齡化和外來移民問題等人口相關議題，儘管從政治制度上來看，面對人口減少的趨勢，引入勞動人口甚至提供公民身分的誘因是一種合乎現實的合理做法，但卻無法同時安撫當地傳統社群中，現實和理想拉扯的內在恐懼。由於政治和經濟環境大幅變化、重整的背景，許多傳統社群面臨強烈的失落感，因而對民主、自由印象與評價的轉變，也深深地被植入於這些地區，大規模的人口外流與新移民造成人口流動的社會文化焦慮，加諸媒體與社群的報導傳播大量曝光，困擾社會的新移民相關問題愈發嚴重。

家在民主化進程中也面臨著民主過渡的問題。

一、威權過渡

轉型與過渡關乎全面的權力重整，首先發生在系統本身，其後個體接續成爲轉型的主要焦點，而後在政治制度上從威權到民主的光譜，不同國家各有不同的選擇與發展。觀察部分的東亞混合體制國家，這些國家在持續轉型發展的同時，政治菁英的核心關懷幾乎完全集中在政權的延續，而無法專注於公共建設的完善與公眾利益的提升，國家在政治、經濟與社會方面都顯得非常虛弱。爲了避免戰爭或國內鬥爭的持續，必須採取穩固可靠的制度措施，來建立一個步向強大的國家，尤其經濟表現更是關注重點。國家力量的趨同進一步分散了對其他系統的關注，再加上國際間日益緊張的局勢，當東北亞的經濟奇蹟榮光正緩緩退卻，東南亞的高速追趕正躍躍欲試開始迅速發展，毫無疑問促使國家發展的動力導向政權追求自身的統治正當合法性，造成政治與經濟戰略考量的明確結合，相對使社會系統的關注在傳播、學習與移植的過程中減緩甚或停止，在這個問題層次上無論數量和品質的下降都是特殊和不成比例的。

二、民主過渡

全球化下的流動與包容觀點，使東亞混合體制國家在後殖民時期[20]面對關鍵的社會問題時，願意參考西方先進自由民主國家過往極爲重要的轉型過程，[21]並透過逐步擴大參與，來處理性質、內容各異的政治、經濟與社會議題，藉此超越抽象與現實的條件，提供探索與協調的平台（范盛保，2013：88-89）。當參與者的數量增加，東亞混合體制國家的未來發展就極可能操之於各能動者之間的多主題對話。

---

[20] 現代國家面對後殖民時期必須直視的問題是提高並保障其居民的自由和平等、提高公民的政治參與，以建構出社會系統內主體間的公眾共同領域、確認或是促使個人成爲忠誠的公民。

[21] 例如，世界各地穆斯林移民封閉且排外的生活方式，使其對於國家的忠誠受到了當地社會的廣泛質疑，畢竟國家必定期待國民對所身處國家的語言、文化和歷史應該有全面的體認和了解。現今在國家組成上實際上成爲了一個後殖民社會，愈來愈多的新進移民人口虔誠信奉伊斯蘭教，導致相關政治語言的發酵與政治效應的萌發，害怕未來大多數人口組成都是穆斯林。加諸911事件後，歐美也不時發生相關的恐怖攻擊事件，族群之間的互動情況愈發嚴峻。在世界主義的概念核心下，國家的形式是跨國網絡運行的障礙，是以創造出一個跨國身分顯得相當重要，宗教信仰即是一個適切的跨國身分，現代國家作爲主體，如此將難以抗拒各個傳統民族面對現代國家的各式反應（蔡政修，2004：138-141），迫於現實唯有以包容的態度與手段來處理與溝通。

在個體層面上，這會產生認識與誤解，從而刺激節點間的鏈結，實現新型態政治網絡在國內的對話；在國際層次來自不同社會文化和歷史背景的不同國家，因為各自在對不同主題的迥異見解，透過自由主義的調節，各憑本事對於國際情勢的發展發揮重要作用，更具體實踐了民主政治的內涵。

第三節　東亞政治體制選擇偏好的未來發展

從典範競爭的角度來看，東亞的確成為政治體制競逐互動的環境，[22]愈發容易與各種價值觀、文明的代表取得接觸，並對他們關於區域發展的想法和意見做出反應，這有助於提高國際對東亞的認識，但這種環境的主要意義背後，是使東亞人民愈來愈意識到自己作為第一線衝突風險的存在，因此東亞各國的政治領導者更該進一步發展合乎邏輯的長期規劃，並有賴其對事實訊息傳播判斷的能力，來避免由於狹隘的溝通管道，使之錯失了透過地緣政治促進國家未來發展的契機。

壹、規範主義式微下的結盟合作

東亞的經濟、社會與政治層面開始逐步在世界上崛起，作為一個整體，似乎有某些特徵成為了一個可供參循與學習的模式。商業交流與經濟活動的增長，人與人之間的聯繫在社會文化領域的增加，各國間的雙邊關係與多邊參與日益複雜。在這個背景下，當代東亞愈來愈多地區在許多層面並不比歐洲甚至是美國落後。當東亞的戰略意義與國際重要性日益增加，正面的觀點是隨著東亞成為比肩的夥伴，西方世界與東方世界將能一起面對風險，共同解決複雜的治理問題，一起負擔全球化的責任；負面的觀點是東亞將成為西方世界未來強大的挑戰與威脅。東亞和西方之間的相似性不只是殖民與被殖民以及現代性的承繼，各自國家文化傳統中包羅萬象的概念和思想，都有可能成為一個強而有力的載體，[23]來對應到其他國家形成跨越時

---

22 就實際發展而言，東亞在民主化進程上落後於西歐國家，只有3個完全民主國家，西歐有13個，東亞有3個威權國家，而西歐則沒有任何一個威權國家。這突顯了東方與西方之間的差距，並極有可能因此在未來進一步加速全球力量的平衡向東亞轉移。

23 東亞的社會形態組成取決於社會與政治這兩個截然不同的系統基礎形式，並因此產出複雜的團體、組織、官僚與制度，這些反過來又塑造出東亞社會內、外部模式。

空因素的相似網絡，非常鮮明的例子例如儒學與民主或是社群主義式民主與自由民主之競合（Newman and De Zoysa, 1997: 623）。[24]

由於國際政治規範主義的式微和現實主義中無政府現狀的缺乏承諾和一致協同特性（Grieco, 1988: 500-502; Flikschuh, 2010: 469-470），各國間對東亞區域共同體的興趣已經不大，因爲缺乏實質誘因與難以維持共同利益而缺乏可行性，致使該政治議程缺乏進展。由於區域衝突是眞實存在且日益嚴重的問題，東亞區域關係安全框架一直都是重要且深具意義的，東亞各國之間競合的政治議程在理論與實際進行上，不僅需要從政策執行角度進行剖析，還必須從外交、區域協作和全球治理[25]的角度進行探討。在政治、經濟或社會層次比較東亞和歐美先進自由民主國家的態度時，現實的國際政治環境和外交政策將對於實際現況映射出更複雜而細緻的圖像。進入2010年代，核心國家對於半邊陲、邊陲國家的依賴反而開始急劇上升，加強各個能動者之間的聯繫和溝通管道，促使合作的範圍更廣，這樣的鍵結網絡使得節點與節點之間，共享技術、情報轉移資源等共同面對問題的意願與能力，成爲共同合作發展的驅動力，在其交流基礎上發揮了重要作用（莫大華，2008：68-69）。國際上已經敏銳地意識到東亞的重要性，難以忽視國際合作和協調的必要性，匯集各自分散的力量，並使參與國和整個區域聯盟受益，多樣化和廣泛的資源使各國能夠獲得優勢和劣勢的調和，這種理解超出了原本任何單一國家或區域聯盟的傳統觀點。

擴大夥伴關係的倡議受到新世界秩序的啓發，東亞在各方面迅速發展產生的一種新秩序，促成各國與東亞建立、參與多邊合作的想法（楊志恆，2001：41-43、49-50），證明了在東亞和其他地區，包括歐洲、美洲、紐澳與非洲等地區都有這種需求，以增進各洲之間的互動，彼此之間更深刻地相互理解對未來發展至關重要，必須改進和優化現有的互動模式以滿足未來需求。其在政治、經濟和安全層面的需求已經非常清楚，然而實則社會文化層面亦有相關需求，甚至在相關議程的急迫性上更顯得不遑多讓，逐漸發展成一種共享的合作體系，使國家間能夠更有效地將注意力從自我轉向區域之間以及全球共享的問題，彼此提供組織和財務支持，產

---

[24] 然而文化決定論與亞洲價值觀中所持的所謂多元性，皆爲支持本身觀點，而否定了人權與多元價值內涵。

[25] 全球化進程的所有這些舉措主要目標是超越國家、民族、文化之間，甚至地理層次的界限，其影響在國家層面，因爲組織與制度所以更加明顯，爲國內各階層的民眾提供一個新的選項，探索合作方案與協同行動，從而超越了國族乃至區域的藩籬。

出一個可能且適宜的環境，來面對充斥不確定風險的未來。

東方主義的概念化，從單一國家、區域或國際的角度所涵蓋的視角，在亞洲民族主義層次而言，大多認爲應該建立一種屬於亞洲本土的主體意識價值觀，雖然目前距離具體實現仍有一定障礙，肇因於亞洲與先進西方國家的權力關係和利益結構仍密切相關（Said, 2003: 31-35）、當代幾乎無法避免主流的世界主義傳承影響、現實主義之於傳統主義其概念和思想之競合、甚至是佛教、道教、神道教和基督教思想存在著本質上的差異，是以暫時沒有發展出一體適用的知識體系，對內可以促進區域化的深化，對外可以將國家、區域投放至全球。

是以在規範主義式微下的區域環境中，東亞政治體制選擇偏好之開放性逐漸降低，世界體制下的威權與民主陣營的各自牽引，帶動了東亞政治體制選擇偏好的未來走向，呈現內部短期鞏固，但外部衝突日劇的可能。

貳、從價值追求到聯盟爭霸

觀諸威權主義之影響，例如中國大陸發展路徑成爲西方自由民主體制的其他選擇，開始在治理成效與國際影響力上得到愈來愈多國家的注意，尤其中國大陸在威權體制下維持高壓穩定的政治現狀，對內強化治理能力，對外發展其國際影響力，引導西方自由民主經驗移植的新興民主國家的理性思維，與其承受政治動盪、經濟改革轉型開放的必要之惡，借鑑中國大陸的發展路徑反而是可以考慮的方向。

因應上述的中國路徑，自由民主聯盟這種倡議爲東亞邁向新地緣政治戰略啓動了第一步，加速制定了針對以中國大陸爲首之威權專制國家的戰略。過往由於美國與歐盟等先進民主國家，長期以來忽視了與中國大陸的競爭關係，[26]與此同時更逐漸意識到東亞地區前所未有的經濟發展，以及中國大陸打算發揮其日益增長的戰略能力，這樣的形勢轉變被看作是美、中兩大強國之間更直接的面對彼此潛在的威脅，因此時任美國總統川普毫不猶豫在此基礎上發動一系列的貿易戰與政治壓迫，中國大陸則持續以其經濟實力與銳實力在東亞地區乃至國際產生影響。[27]加諸經濟

---

[26] 其關注仍在於歷史意義上的競爭對手俄羅斯，以及其國內自身的經濟與社會問題。

[27] 這種影響與其他任何單一國家可以單獨造成的影響有所不同，根據過往相關標準判斷，這可以極低的成本實現，因此透過在不同國家與區域之間建立聯繫與溝通橋梁，來提高當地抵禦銳實力的能力是至關重要的，使各國面對銳實力影響時所面臨的問題得到極大程度的改善。

發展的疲軟、威權與民主政體皆面臨的強人政治問題、[28]新冠病毒大流行、緬甸政變、國際姑息主義盛行以及國際組織的機構危機等事件，阻礙減緩了東亞各國的發展，但是這些事件也引起了各國之間更高的相互意識，或是爭鋒相對或是尋求相互合作，但目前爲止尚未具有非常積極的結果表現。

過往東亞不同政治體制間的競逐，多由於價值追求的歧異所衍生出的衝突，然而爲實現價值追求這個目標而選擇的對外政策工具，其目標相對模糊，各國彼此之間沒有什麼具體成果顯現出來，[29]夥伴之間的合作非常有限且缺乏成效，衝突較勁時有所聞但也尚未明朗。

然而在當前的東亞局勢下，不同政治體制間的競逐，逐漸呈現聯盟爭霸的態勢，這種由現實主義所驅動、開展的活動（Boucher, 1990: 228-229），不著邊際的倡議似乎就不令競爭對手或合作夥伴那麼感到擔憂。實際上軟性合作關係僅是邁向深水區談判的先決條件，在政治與軍事領域，相對各種實際作爲就顯得更加具體，加強政治對話、保證承諾等議題成爲顯學。鑑於彼此利益優先的侷限性和各自目標的歧異、各國彼此的雙邊討論與協作，囿於區域之間對這些問題的實際做法無法輕易獲得共識。若將意圖、陳述、實際作爲與施行成果對照觀之，會發現加深合作關係、建立相互信任本身就是一項涉及多輪談判且曠日廢時的活動，但如若不進行合作就必須獨自承擔實體和抽象風險。是以雖然進展緩慢且成效不彰，抑或是機遇可能當下沒有被看見，乃至看見了但沒有被抓住，各國皆開始另闢蹊徑，選擇不同的軌道面對該項外部驅動的戰略願景，然而區域衝突的風險卻也逐步升高。

是以民間社會如教育研究機構、工商專業協會、非政府組織、各利益相關人，亦相應擺脫原始政治政策的支配，各自尋求更加務實的方式以求產生更實際的影響力。個體與團體依此轉化爲明確和具體的目標，並爭取得到國家的支持，這種非正式但有豐富連結之資源是國家非常大的資產，可以在不同性質但相同目標的媒介中進行對話。它是一個非常強韌的工具，更有助於降低衝突和風險。因此毫無疑問地，藉由重新制定戰略目標、建立新的參與途徑、具體交付預期成果、建構良好監督機制來評估計畫，以及透過制度化來促進和執行上述機制，都有助東亞各國經由

[28] 東亞國家常見以國家發展作爲藉口，過度關注國家可運用的干預措施，以造福國內特定的目標群體。

[29] 一直以來軟性的經濟議題，如有關貿易、投資、金融等商業行爲和教育、科學、文化議題皆被稱作淺水區，各國之間的協調或衝突行動可能相對迅速有效；但在政治或軍事等領域，毋庸置疑被認作是深水區。

非正式途徑相互諒解、分享成果與檢討問題的共同解決方案，如果類似合作網絡運行得不錯，那麼降低衝突與敵意將可以成為下一步努力的目標。[30]

以上本章闡述說明了價值判斷不是專屬於某個國家、民族、團體或個人，而是一套判斷與識別的抽象想法，是促進和深化自我認知的重要工具，但卻難以避免地成為聯盟爭霸的藉口或支持動機。

[30] 例如，建立一個共享的專屬數據庫、共同組織行動準則來涵蓋彼此的相關行動、召開高層會議來討論過去和未來的合作項目。在上述基礎上共同致力於進一步的合作發展，旨在透過構建具體機制，來促進訊息和意見的交流和互信。

第七章 結論

本書經由調查訪問測量、文字探勘與空間分析量表指數的繪製，將東亞政治體制偏好與一般公民、政治菁英認知模式以及地緣政治外部意圖與力量的重現，加以檢證、分析，藉此與理論對話。最後一章結論部分，則首先回顧各章研究發現，再就理論反思進行闡明，最後說明研究限制與後續研究建議。

第一節　研究發現

本書希望處理東亞民主化的舊問題與應用研究上的新方法，檢證東亞國家之政治體制選擇偏好的理論與現實，經過多元迴歸模型、文字探勘、空間分析，以及總體分析後，獲得下列研究發現。

壹、東亞一般公民的高度民主偏好與分疏的圖像特徵

觀察本書所採調查數據中，整個東亞地區對於民主支持的自評總和分數是達到8.33的高分，其後又可分爲四個區間，可分爲高分群的泰國8.96、台灣8.93、日本8.91、菲律賓8.71與緬甸8.7；次高分群的中國大陸8.23與越南8.19；中等程度的印尼7.9、南韓7.83與馬來西亞7.83；最後是略低分的香港7.51。

惟可以發現其中的區分，並不是建立在現有政治體制的差異上，亦不是反應在國家發展的強弱或先後次序上。頂多可以將南韓與香港的低分歸咎於近幾年的政治動盪情勢，但高分群的分布則較難以歸納出非常具有說服力的分析，僅可就整個東亞地區各國對於民主支持的共同高評價，來解釋高分群、次高分群與中等程度之間相對而言差距僅1.06，呈現整體差異微小的現實圖像。

再就多元回歸模型分析解讀，在東亞11國之中，政治學變項——對本國民主體制之認知之於民主支持是最有解釋力的，對本國民主體制之認知愈高者，愈支持民

主；人口統計學變項中的年齡與教育程度之於民主支持也相對有解釋力，愈年長者，愈支持民主，教育程度愈高者，愈支持民主；最後是性別與經濟條件之於民主支持則相對較無解釋力。

詳論東亞諸國的檢證結果：

一、台灣在年齡、教育程度、對本國民主程度認知等變項與民主支持的關係上，證實本書之研究假設，惟在性別、經濟條件等變項與民主支持的關係上，則未證實本書之研究假設。

二、菲律賓在教育程度、對本國民主程度認知等變項與民主支持的關係上，證實本書之研究假設，惟在性別、年齡、經濟條件等變項與民主支持的關係上，則未證實本書之研究假設。

三、泰國在年齡、教育程度、對本國民主程度認知、經濟條件等變項與民主支持的關係上，證實本書之研究假設，惟在性別變項與民主支持的關係上，則未證實本書之研究假設。

四、馬來西亞在年齡變項與民主支持的關係上，證實本書之研究假設，惟在性別、教育程度、對本國民主程度認知、經濟條件等變項與民主支持的關係上，則未證實本書之研究假設。

五、中國大陸在年齡、教育程度、對本國民主程度認知等變項與民主支持的關係上，證實本書之研究假設，惟在性別、經濟條件等變項與民主支持的關係上，則未證實本書之研究假設。

六、緬甸在性別、對本國民主程度認知等變項與民主支持的關係上，證實本書之研究假設，惟在年齡、教育程度、經濟條件等變項與民主支持的關係上，則未證實本書之研究假設。

七、印尼在性別、年齡、教育程度、對本國民主程度認知等變項與民主支持的關係上，證實本書之研究假設，惟在經濟條件變項與民主支持的關係上，則未證實本書之研究假設。

八、越南之所有變項與民主支持的關係上，皆未證實本書之研究假設。

九、香港在年齡變項與民主支持的關係上，證實本書之研究假設，惟在性別、教育程度、對本國民主程度認知、經濟條件等變項與民主支持的關係上，則未證實本書之研究假設。

十、日本在性別、年齡、教育程度、對本國民主程度認知等變項與民主支持的關係上，證實本書之研究假設，惟在經濟條件變項與民主支持的關係上，則未證實本書之研究假設。

十一、南韓在教育程度、對本國民主程度認知等變項與民主支持的關係上，證實本書之研究假設，惟在性別、年齡、經濟條件等變項與民主支持的關係上，則未證實本書之研究假設。

貳、華語文化圈政治菁英多元但同向的政治體制宣傳語彙

第四章從文字探勘的成果觀察可略分爲：一、就文本資料的時空概念與政治、經濟、社會層面建構來看；二、從關鍵詞萃取之重要性分析觀察；以及三、不同政治體制下的文本特徵。以下分述之。

一、文本資料的時空概念與政治、經濟、社會層面建構

就台灣文本資料而言，以未來、發展、持續、希望爲例，其反映的是東亞的時間概念；而以國際、關係、全球、世界、區域、夥伴、美國爲例，其反映的是東亞的空間概念；再以民主、自由爲例，其反映的是東亞的制度概念；復以經濟、產業爲例，其反映的是東亞的經濟貿易概念；若進一步以人權、人民、疫情、安全爲例，其反映的是東亞的社會發展概念。

就新加坡文本資料而言，以繼續、現在、同時爲例，其反映的是東亞的時間概念；而以中國、美國、世界爲例，其反映的是東亞的空間概念；再以社會、文化爲例，其反映的是東亞的制度概念；復以經濟、貿易爲例，其反映的是東亞的經濟貿易概念；若進一步以合作爲例，其反映的是東亞的社會發展概念。

就中國大陸文本資料而言，以發展、歷史、推進、不斷爲例，其反映的是東亞的時間概念；而以世界、中央爲例，其反映的是東亞的空間概念；再以社會主義、政治改革、共產、馬克思、民主爲例，其反映的是東亞的制度概念；復以經濟、共產爲例，其反映的是東亞的經濟貿易概念；若進一步以民族、群衆、幹部爲例，其反映的是東亞的社會發展概念。

二、關鍵詞萃取之重要性分析

有趣的是，台灣之文本資料中提到民主一詞的數量爲372次，位居第四位高頻關鍵詞，如若除去主詞、代詞者則爲第一位，其重要性可見一斑。

新加坡之文本資料中提到中國一詞的數量爲534次，位居第四位高頻關鍵詞，

如若除去主詞、代詞者亦爲第一位，顯見其重視華人以及對中關係之細節；另美國一詞的數量爲194次，位居第17位高頻關鍵詞，亦可見其重視對美關係與國際政治之細節。

中國大陸之文本資料中提到發展社會主義、改革以及民族，這幾個高頻關鍵詞的數量都相當驚人，發展社會主義2,000餘次，改革以及民族各1,000餘次，相關議題受到重視程度是可見且明顯的。探究其根本因素，有可能是因爲中國大陸思想教育的重視與普及，相應地，教條式的口號仍維持大幅度的增加；另外就是改革的壓力以及民族融合的問題，經過數年的演進，可以觀察到其實實在在受到整體內、外在環境改變的影響，而相對地愈發重視。

三、不同政治體制下呈現的文本特徵差異

蔡英文總統展現出對國際喊話的特徵，其相關詞彙包括民主、自由、人權等相關體制的用詞出乎意料地多，可以說是極其特殊、難以被忽視的特徵。民主作爲政治體制的一種形態，同時也是政治意識形態之要角，時常出現在台灣語境下的相關文稿中，是以可以藉此推測民主作爲蔡英文總統的政治宣傳材料，可以用以團結國內選民亦可以操作於國際社會，藉以使用在民主與威權競爭之槓桿和地緣政治鬥爭之中，與中國大陸頗有爭鬥比較的意味，惟是否在此有太過強調之嫌，實際上的確容易引起爭論。然而在文字探勘此研究方法下，探索政治領導人之政治意圖與戰略的目的下，各種推測皆需要大膽假設小心求證，在政治宣傳目的下，試圖以強調民主來宣示政治形象，與對照出中國大陸的不民主特色，非常值得後續深入分析。

李顯龍總理則比較重視經濟貿易，例如經濟增長、小販中心、自由貿易、互聯互通等，以及與華族文化調和的相關議題，例如華義中學、新加坡華人、華族文化、多元種族等，觀察前述四字詞表格更可以發現其亦高度關注一帶一路的政策動態演進。

習近平主席則在口語上有許多號召式發語詞，例如同志，在重大時政上則喜用倡議一詞，諸如上述特色皆可加以深入探討，對國際喊話的部分則顯示於中國特色這個關鍵詞，在單一文本資料中甚至使用多次，可以呼應其大外宣策略的主軸，可透露出政治宣傳的種種跡象，而脫貧攻堅則透露其希望透過善治概念來爭取政權的正當合法性意圖，另外鄧小平同志則顯現其對過往路線的尊重。

參、美中競逐下中國路徑影響東亞政治體制選擇

觀察本書所繪製之中國路徑指數，具有以下特徵── 在東南亞除越南外的全區皆呈現黑色的熱區表徵，可見在本書所設計之各領域項目極高度偏向中國路徑，相對於東北亞呈現非常鮮明的地緣關係。另外部分中亞國家如伊朗（專制）、巴基斯坦（混合），部分中東、北非與東歐國家如阿拉伯聯合大公國（專制）、埃及（專制）、塞爾維亞（部分民主）也呈現極高度偏向中國路徑之特徵；在相對高度偏向中國路徑的泛亞洲區域國家如越南（專制）、斯里蘭卡（部分民主）、尼泊爾（混合）、孟加拉（混合）、吉爾吉斯（混合）、烏茲別克（專制）、土耳其（混合）、伊拉克（專制）、蒙古（部分民主）、俄羅斯（專制），東歐國家如烏克蘭（混合）、白俄羅斯（專制），南美國家如玻利維亞（混合）等，則還是因泛亞洲區域的多國響應而有呈現部分地緣關係，其他區域與國家則在第三級相關性以下，故不一一列入。

若進一步回顧六項量表指數：

中國大陸和一帶一路沿線的65個國家達成相關資通基礎建設合作意向，呈現出濃厚的地緣戰略意圖。

中國大陸是世界上人工智慧監控技術輸出的主要出口國，包括海康威視、大華、華為與中興通訊等科技巨頭，已輸出人工智慧監控技術到全球63個國家，不僅遍布世界各地，更不限於威權或混合體制國家，甚至包括多個自由民主國家，原因應在於相關技術具有相當高的應用性與成本效益。

孔子學堂和孔子學院的設立呈現全球廣泛分布，究其原因乃因為經濟發展中國熱的緣故，諸國皆希望提升中國文化和語言的能力，惟隨著交流日盛與國際局勢的演變，愈來愈多國家發現其造成自由權利的限制審查效應，更開始擔心銳實力對於本國政治的影響，而開始有所調整。

從新疆議題來觀察，政治現實主義下的大國優勢以及專制國家之間以席次優勢彼此支援、應聲、協作，使得民主相關進程受阻，就地理分布而言，這不僅是威權國家與混合體制國家之間的聯盟，更是中非友好合作大家庭的成果驗收。

RCEP則象徵著中國大陸在地緣政治上的重大突破，就主導的中國大陸而言，其將有望獲得更全面的經濟一體化反饋，中國大陸作為亞洲地區最大的經濟體，更緊密的一體化將使其吸納效果更為明顯，加強了亞洲區域的經濟依存，並對其他國家與區域的法規和標準制定產生影響，增強其對局勢的抵禦和脫鉤能力，除此之

外，RCEP對中國大陸而言的重大意義在於提升其作爲規則制定者的角色。

中國大陸透過疫苗外交來加強區域聯繫、增強自己的影響力和全球地位，其公開宣示新冠病毒疫苗已成爲全球公共利益，並開始致力將其疫苗以出售、提供分期貸款或援助捐贈形式推廣到世界各地，觀察前述圖資，科興和國藥疫苗主要銷往或提供給其周遭鄰國、發展中國家或未開發國家。

肆、典範競爭下的政治體制選擇逐漸被聯盟爭霸所牽引

在第六章中，除了在東亞典範競爭脈絡下，對於三種政治體制的成果與挑戰進行總體分析外，更針對規範主義式微下的結盟合作所帶動的區域現實，本書發現東亞政治體制偏好的追求，逐漸從過往的價值追求走向被聯盟爭霸所牽引，進一步帶出國際社會在面對政治體制的衝突時，應放下現實主義的桎梏，轉以正視協調互動的可能。

儘管國際政治秩序在歐美先進國家的發展優勢下，呈現自由民主的主流化現象，加諸市場經濟資本主義的結構控制，而呈現目前的國際政治、經濟體系之基本特徵，但在不同文化甚或文明之間，非西方主體的議程逐漸發展，許多發展議題被重視，不同的發展路徑也展現豐富的成果，以歐美爲主體的民主理論是不是需要以國際政治攻防角力作爲載體，來處理國家之間乃至區域之間的互動，成爲了值得思考的問題。

如若維持這樣的國際民主聯盟與威權或混合體制間的壁壘，或是美中爭霸修昔底德陷阱的思維邏輯，則很難跳脫從結果推論過程的角度，來處理政治體制的選擇問題。

第二節　理論反思

本節之重點在於從本書驗證獲得之現實，映射到現有政治體制選擇之理論反思，首先回顧第一章所擬列之研究目的，再論述理論對話下的動態呈現。

壹、研究目的再探

回顧本書之研究動機，認為有數點核心議題必須加以探討，包括現有政治體制偏好的理念與分析架構為何？西方自由民主脈絡下之政治體制與東亞地區之政治文化在理論與現實層面是否相符？影響東亞政治體制選擇偏好之重要內部因素與外部影響為何？東亞地區各國政治體制之現況如何？東亞政治體制典範競爭之未來走向如何？並為了嘗試解決前述研究動機中各個層面的問題，本書之研究目的共擬列五點：

一、釐清現有政治體制偏好的理念與分析架構，檢視西方自由民主脈絡下之政治體制與東亞地區之政治文化，在理論與現實層面之差異

本書即藉由各章實證資料之探討分析，反覆檢證東亞國家在一般公民、政治菁英、地緣政治以及典範競爭脈絡等不同層次上，西方理論與東方現實的差異。

二、梳理現行東亞區域之政治體制類型，從威權體制、混合體制到自由民主，來對照東亞民主選擇偏好的特殊軌跡

本書於第六章的前兩節回顧現行東亞區域之政治體制所獲得之成果，以及闡明其各自面臨之挑戰包括：自由民主體制是否要堅持再更民主與再更自由的解方；威權體制雖然受益於公民對民主差異認知的價值觀點，但反面意義上，價值轉向與結構更迭將對現存威權政權產生隱憂；而混合體制則面臨威權過渡與民主過渡的衝擊。

三、透過多元迴歸模型分析解讀基層公民的偏好圖像；以文字探勘法發掘政治菁英的意向；藉由空間分析解讀地緣政治之影響

本書透過第三、四、五章之量化、質化結合實作，詳細檢證、分析東亞政治體制選擇偏好之內部因素與外部影響的各層次議題。

四、使用各式資料庫之專家評估指數，綜合檢視東亞各國民主發展現況

本書除了於第三章綜合運用各式資料庫之專家評估指數，更於第五章依據六個指標數據，自行建構出中國路徑量表以供分析參照。

五、釐清東亞地區未來政治體制路徑之可能發展趨勢

本書於第六章第三節就東亞政治體制選擇偏好的未來發展進行觀察與預測，指出在規範主義式微下的東亞區域環境中，政治體制選擇偏好之開放性逐漸降低，世界體制下的威權與民主陣營的各自牽引，帶動了東亞政治體制選擇偏好的未來走向，呈現內部短期鞏固，但外部衝突日劇的可能。

貳、理論對話

自由民主或許作爲一個來自西方的理論有其輝煌發展的實績殆無疑義，但是以此模型套用在東亞場域作爲普世價值，試圖演繹、解釋所有在地傳統與未來發展，並否決理論假設本身的可能修正空間，卻是其他各式政治體制模式所亟欲挑戰的設定。

從西方自由民主體制可能是人類社會演進的終點、政治體制的最終形式，到自由民主的解方就是更自由民主，這種論辯的核心關懷僅僅是爲擁護其意識形態的存在價值，卻少有經由實證資料進行驗證。自由主義尤其是經濟自由主義，是資本主義的主要意義，與政治領域的現實主義都是一種爲現存強權維持在全球體系中優勢地位的理論架構，東方世界作爲理論實證的場域，往往只能被動從西方得到轉移或直接套用，在西方觀點下進行內部衝突、權力再平衡，以及民主化的轉變，鮮少論及民主理論的價值負載。

主流國際輿論形塑出的解釋範疇，在西方與東方二元對立的圖像中，僅僅一再鞏固西方理論，並將之用以解釋亞洲動態，因此常無可迴避地造成經驗證據上與理論意義上的矛盾。

一、結構論的理論和現實

東亞不同國家在民主化進程以及對於民主政治內涵的認知上，雖然多有扞格與衝突，但就其調查訪問下所顯現之特徵，不同政治體制與文化傳統之間並非僵硬固

化的實體，而是存在許多共同點，甚至多有互動交流，在競合的多重狀態下，多元特質的個體存在仍可以發現其共同指向的現象。

惟東亞一般公民在民主支持上，擁有理論失準下表裡不一的選擇偏好以及分布圖像上對立分殊的發展現實，這兩個總體與個體的獨特性，是以其將難以直接將公民需求轉換成政治體制轉型的動力，畢竟肇因於自由民主的理論主體適用侷限，而形成對民主體制選擇偏好的認知差異與全面支持，會使威權與混合體制國家的一般公民誤解並滿足於現有政治體制，形成理論建構和現實圖像之間的巨大差異。

二、過程論下政治菁英的剖繪

由本書第四章分析可知，台灣仍然在爲是否是一個主權國家而掙扎，顯然將自由民主作爲與中國大陸最不一樣的差異特徵，儘管現實與期待有其落差，但呼籲自由民主與人權的普世價值、重視國防與團結的精神喊話，皆深深烙印在其文稿的高頻關鍵詞中；新加坡作爲混合體制國家，儘管因爲其高壓管理政策與選舉制度的偏頗，而時常成爲國際輿論的衆矢之的，但在文稿中其對多元種族的關注，無疑地展現對於不同族裔的治理理念，經貿政策雖然是現實生活中物質主義的表徵，卻是對於治理能力的第一道觀察指標，其關注程度自不待言，最後對美與對中關係更是影響其外交行爲的重點所在；中國大陸作爲共產主義的堅強堡壘，雖然在經濟體制上有所改革而轉型，但在政治體制上卻仍保持強韌而富有活力，在文稿中其仍維持著大篇幅的社會主義意識形態精神喊話，並強調堅持改革、重視黨建以及幹部領導的組織特徵，絲毫不見威權進一步鬆動的跡象，並因應邊疆民族的管理，強調文化多元性與尊重多元的非實然狀態，最後作爲一個威權國家卻擁有相當衝突的特徵，法治與民主在表面上並不符合其本體的性質與狀態，但在意識形態的移植轉置思維邏輯下就顯得相對合理。

三、地緣政治下威權擴張的戰鬥、戰術與戰略

相對於過去歷屆領導人韜光養晦、絕不稱霸、和平崛起的外交政策，不願以權力擴張來處理國際關係互動，大力避免被單極強權認爲是在挑戰其現狀的潛在威脅。習近平則明確以中國夢、中華民族的偉大復興作爲訴求，儼然是攻勢現實主義下兩強爭霸的態勢，從意識形態到文明衝突，政治體制的訴求成爲新、舊戰場形塑下的另一種可能性。中國大陸各種對外政策與角力，成功在不同領域挑戰過往美國的標準，愈來愈多的國家在東亞區域乃至是全球範圍服膺、聯合中國大陸的發展路

徑。在這個趨勢下，國際影響力將無遠弗屆地擴張至各個領域，非常鮮明的例子即是政治體制的發展變動上，民主化將受到數位威權的挑戰，產生負面影響，為未開發國家與開發中國家提供一個依循的方向。

第三節　研究限制

本節試就研究限制進行補充，期能就本書之不足之處提出說明，考量研究資料取得時效性、[1]準確性與難易度[2]的問題，本書設定探討的研究範圍、時序於各章皆有所不同，惟皆未脫於前述東亞各說之定義與2010年代，更希望能獲取最新、最完整之研究資料，盡量應用多元的研究方法來提升本書的實用價值，以下試分述本書所遭遇之研究限制。

壹、東亞範圍定義的模糊與議題探討深度、廣度的更明確可能性

東亞的範圍依據本書的爬梳有甲、乙、丙、丁、戊多種看法，但本書欲擺脫西方式價值觀與制度桎梏，故在空間框架上選擇更為自主的空間內涵，定義自己的東亞範疇，不以任一種主體中心論的做法。但這樣做亦有其盲點，在多重檢證、相互參照的分析方式下，可能產生難以聚焦甚或推論模糊的狀況，惟為眞實呈現東亞的實存位置，與位於其中的社群狀態，本書考量這種做法能更貼近各國身處的時間性與空間性內涵，展示出各國的現狀動態，準確描述多元的卻又部分同質的東亞特殊情境。

貳、時效性與資料不完全的抉擇困難

必須再次說明的是，儘管亞洲民主動態調查之資料涵蓋東亞國家較多，但第五

1 由於東亞民主化議題相關調查與資料庫之研究資料，乃隨時序更新釋出，並廣受國內、外相關研究取樣、引用，本書因此受限於資料釋出範圍與時限，故皆採最近期之資料作為研究標的。

2 此外在文本取樣上亦考量到資料之代表性與可親近性，儘管相關其他談話也廣受時下該國國內或國際關注，並擁有極高討論度，但礙於針對各國政治菁英之態度相關觀察資料分析之嚴謹，是本書難以進行更大範圍取樣之原因。

波亞洲民主動態調查之數據資料截至2021年5月，僅釋出台灣、蒙古、菲律賓與越南等四國，而第四波亞洲民主動態調查之調查執行時間多爲2014年至2016年，因年分較早，故在資料的代表性、時效性與適用性上所有不足，本書方不採用亞洲民主動態調查之數據資料。

然而世界價值觀調查之資料所收錄之東亞地區訪問調查對象國家不若亞洲民主動態調查多，少了新加坡、蒙古與柬埔寨，雖然多了澳門但考量其與中國大陸的同質性故未選入，幾經權衡下乃依據時效性與解釋力選擇世界價值觀調查的數據資料。

參、文字探勘處理巨量資料後續推論之不易和質疑

由於在第四章文字探勘部分屬於探索性研究，更重視提供後續相關研究之基礎、比較參酌和精進之可能。相對過去的研究工具費時且易有缺漏，相關數據細節是否可以被重複使用與被其他研究檢證，更仰賴該研究人員選擇採用之格式、內容完整與否，本書力圖克服上述問題且所採文本資料的調整增減可能性，亦具有較大的調整範圍。惟本書以文字探勘研究方法，擷取公開演講之政治類文稿資料，數量上並不算巨量資料，目標在於資料之蒐集、整理、模型建構與成果詮釋的過程，進行學術上的嘗試性探索，更由於分析過程是透過文字探勘技術加以分析探討，來彌補人工判讀的缺陷，但解釋部分仍必須假研究人員的主體意識與相關學識來闡述，仍難免混雜本身於主題之己見。

肆、研究方法與能力上更為精進的挑戰

本書地緣政治之描述，於分析深度上受有一定之限制，僅能針對主題性、時序內之事實層次加以描述，關於其他區域內部關係互動模式或其他領域層次之指數建構仍有不足，且在指數建構上雖然透過地理資訊系統建置，但數據蒐集上仍屬質性研究，雖可針對該議題進行探討和比較，但仍可深化進行更深入之量化分析，更容易呈現該議題之全貌，這就是在研究方法與能力上更爲精進的挑戰。

綜合上述，本書囿於區域範圍限制、時間與時序演進限制以及相關資料取得之限制等，故在下一節之研究建議上，則另從研究途徑、研究方法以及在本書之架構下進行更進一步之研究等項，擬列未來可以在東亞民主化該主題之研究進行更爲完

整及深入探討分析之方向建議。

第四節　研究建議

在研究建議部分，本書提出方法論的突破、數據資料的更新、資料範圍的擴充、跨領域研究的整合以及其他具體方向等五個具體建議，以下試分述之。

壹、方法論的突破

民主化針對台灣或其他國家的研究，尚有許多待研究之新領域。針對舊問題的新方法，雖然可以使研究者找到問題的突破點，但其在分析應用的方法上也容易產生研究途徑與研究方法適用上的問題，使用多元之量化和質性方法的整合研究，在突破議題分析層面的同時，不只不可忽略量化變項設定與假設的嚴謹，在質性詮釋上的推論上，更不可因爲因果關係的成見而過度偏重特定資料的解讀，而誤解脈絡細節中變項之互動關係。

貳、數據資料的更新

本書選擇民主支持的相關題組作爲第三章論述一般公民政治體制選擇偏好的數據資料，雖然已將許多相關變項納入研究假設的設定中，但由於研究對象之國別與研究假設之設計，仍有進一步擴充與完善的可能，如若未來有更爲完整之相關資料可供進一步分析，在研究結果的推論上勢必可以更加全面。

參、資料範圍的擴充

本書以各式公開演講之政治類文稿等文詞資料爲骨幹，使用文字探勘工具來處理該文詞資料，並輔以實證資料進行對照檢證，未來可補充包含本書與過去其他研究之不足，以開創未來其他研究之可能，並嘗試更大範圍與數量之詞句資料。

肆、跨領域研究的整合

本書綜合使用政治學、社會學、經濟學、統計學與資料科學等不同領域的專業學科知識來進行分析，在在挑戰個人之研究能力與時間之管理運用，以期符合不同學科領域所要求之標準，期待未來不同專業領域研究者能發揮不同基礎知識上之能力，整合跨領域研究，加以運用來發展各自觀點，突破學科整合的門檻，以樹立嶄新的民主化相關研究里程碑。

伍、其他具體方向

如本書第二章文獻回顧所提及國際上的威權與混合體制逐步壯大，無論是天生性別、歷經年歲、身受何種教育程度、身處何種階級、抑或本身的主觀認知所及，政治體制的構建與意識形態的對抗，都顯現出更為衝突與歧異的發展，在東亞地區更迸發出比預期中更巨大的動能，將會是影響未來國家乃至區域走向的重要力量。期待未來在其他區域研究發展的走向[3]包括：

一、東亞政治文化的發展路徑是否回歸民主政治的路徑依賴？

二、民主體制聯盟在未來國際關係中的走向與角色態度。

三、數位威權發展的內部、外部制衡力量。

四、東亞各國政府弭平不同階級、不同地域、不同族裔之間的對立與彌補過往傷痕之具體做法。

[3] 除卻區域研究，民主化相關研究的未來具體方向亦可參考例如，Lu and Chu（2021）在Trading Democracy for Governance一文中，即透過民主原則與治理之間的相互關係，來調查世界各大洲受訪者的看法，試圖闡明民主首要性與可交易性的更迭。

參考文獻

壹、中文文獻

王信賢（2018），〈科技威權主義：習近平「新時代」中國大陸國家社會關係〉，《展望與探索月刊》，第16卷第5期，頁111-127。

王貿（2020），〈公務人員關注議題之文字探勘：以PTT公職板爲例〉，《調查研究—方法與應用》，第45期，頁119-154。

吳思緯（2019），〈從政治系統理論觀點分析中共當前社會監控模式〉，《安全與情報研究》，第2卷第2期，頁95-127。

吳思緯（2020a），〈人工智慧、威權制度與獨裁偶像——中國模式的路徑〉，《法政學報》，第29期，頁37-72。

吳思緯（2020b），〈兩岸情境下以假新聞爲途徑之資訊戰分析〉，《國會季刊》，第48卷第2期，頁103-133。

吳柏寬（2018），〈中資來了——談歐盟因應中資併購與「一帶一路」〉，《經濟前瞻》，第180期，頁69-74。

宋學文（2004），〈從層次分析探討霸權穩定論：一個國際關係理論演化的研究方法〉，《問題與研究》，第43卷第2期，頁171-196。

李酉潭（2007），〈臺灣民主化經驗與中國未來的民主化——以杭亭頓的理論架構分析之〉，《遠景基金會季刊》，第8卷第4期，頁1-47。

李明輝（2001），〈儒家傳統與東亞的現代化——從李光耀與彭定康關於「亞洲價值」的爭論談起〉，載於劉述先（主編），《儒家思想在現代東亞：韓國與東南亞篇》，頁125-166。台北市：中央研究院中國文哲研究所籌備處。

李冠和（2013），〈選舉式威權政體：選舉競爭度、穩定性與民主化〉，《政治科學論叢》，第57期，頁69-114。

周桂田（1998），〈現代性與風險社會〉，《台灣社會學刊》，第21期，頁89-129。

周嘉辰、謝銘元（2018），〈威權體制內部的民主制度：中國大陸民衆體制內政治參與對其政治態度的影響〉，《政治學報》，第66期，頁1-28。

孟康鉉（2017），〈從地緣政治角度看21世紀東亞安全形勢〉，《韓國學報》，第30

期，頁59-80。
林永芳（2010），〈東亞區域經濟整合中、美因素的影響〉，《國家發展研究》，第9卷第2期，頁81-121。
林秀雲譯，Earl Babbie著（2013），《社會科學研究方法》，台北：雙葉。
林欣潔（2015），〈中國大陸學界對自由貿易協定戰略的評估〉，《東亞研究》，第46卷第1期，頁107-148。
林賢參（2017），〈日印特別戰略夥伴關係及其對臺影響〉，《印度區域經貿文化及產學資源中心月刊》，第7期，頁16-18。
林賢參（2018），〈日印關係與印度太平洋戰略〉，《歐亞研究》，第4期，頁47-56。
林震岩（2018），《多變量分析SPSS的操作與運用》，二版，台北：智勝文化。
邵軒磊（2019a），〈當代西方民主研究論述分析：知識系譜與文字探勘〉，《哲學與文化》，第46卷第2期，頁33-56。
邵軒磊（2019b），〈機器學「習」——以文字探勘法探索習近平時期之大外宣戰略〉，《中國大陸研究》，第62卷第4期，頁133-157。
邵軒磊、吳國清（2019），〈法律資料分析與文字探勘：跨境毒品流動要素與結構研究〉，《問題與研究》，第58卷第2期，頁91-114。
邵軒磊、曾元顯（2018），〈文字探勘技術輔助主題分析——以「中國大陸研究」期刊為例〉，《問題與研究》，第57卷第1期，頁29-62。
紀舜傑（2015），〈烏克蘭的國家認同——民族、民主、與地緣政治之作用〉，《臺灣國際研究季刊》，第11卷第3期，頁155-172。
范盛保（2013），〈小國的大戰略——新加坡途徑〉，《臺灣國際研究季刊》，第9卷第1期，頁75-94。
袁正綱（2015），《研究方法》，台中：滄海。
張心怡（2014），〈TPP、RCEP的競合以及中國大陸對於區域經濟整合之態度轉變〉，《戰略安全研析》，第113期，頁4-11。
張立德（2014），〈21世紀美「中」權力關係檢視與展望：權力轉移理論觀點〉，《戰略與評估》，第5卷第2期，頁91-118。
張育銓（2010），〈印巴、僧泰的多元衝突分析與方法評議〉，《問題與研究》，第49卷第2期，頁131-154。
莊文忠（2003），〈制度的研究：「新制度論」觀點的比較與「後現代制度論」的發展〉，《理論與政策》，第16卷第4期，頁15-44。

莫大華（2008），〈批判性地緣政治戰略之研究〉，《問題與研究》，第47卷第2期，頁57-85。

莫大華（2016），〈新古典地緣政治理論的再起：以中共「一帶一路」地緣政治經濟戰略布局爲例〉，《國防雜誌》，第31卷第1期，頁1-20。

陳文政（2013），〈全球憲政主義之興起——典範競逐觀點的初步考察〉，《臺北大學法學論叢》，第88期，頁1-81。

陳文政、莊旻達（2019），〈當代自由民主的侷限：理論與制度層次之初步考察〉，《哲學與文化》，第46卷第2期，頁5-32。

陳文政、單文婷（2013），〈儒學與民主：中國大陸民主化脈絡下之挑戰與機遇〉，《哲學與文化》，第40卷第9期，頁113-137。

陳瑋芬（2005），《近代日本漢學的「關鍵詞」研究——儒學及相關概念的嬗變》，台北：國立台灣大學。

陳義彥、陳景堯、林妤虹、吳宜璇、何景榮、任雲楠譯，David Marsh、Gerry Stocker著（2009），《政治學方法論與途徑》，台北：韋伯。

程富陽（2012），〈析論中東「阿拉伯之春」的衝擊與影響〉，《國防雜誌》，第27卷第1期，頁18-29。

鈕文英（2015），《研究方法與論文寫作》，台北：雙葉。

楊三億（2014），〈歐盟對烏克蘭政策之外溢效果〉，《問題與研究》，第53卷第1期，頁1-34。

楊志恆（2001），〈中共及日本在東北亞的角色〉，《遠景季刊》，第2卷第4期，頁29-55。

楊喜慧、陳明通（2016），〈中國發展模式是否成爲亞洲國家的學習對象？——一項東亞13國民衆的調查〉，《政治學報》，第61期，頁1-27。

溫在弘、劉擇昌、林民浩（2010），〈犯罪地圖繪製與熱區分析方法及其應用——以1998-2007年台北市住宅竊盜犯罪爲例〉。《地理研究》，第52期，頁43-63。

葉至誠、葉立誠（2011），《研究方法與研究論文》，台北：商鼎。

劉鶴群等譯，Earl Babbie著（2010），《社會科學研究方法》，台北：雙葉。

蔡政修（2004），〈九一一事件後的美國國家安全戰略：以波灣戰爭與北韓核子危機爲例〉，《問題與研究》，第43卷第6期，頁129-165。

蔣復華（2010），〈從中共地緣政治觀點——探討臺灣戰略價值〉，《國防雜誌》，第25卷第4期，頁125-134。

鄧志松、吳親恩、柯一榮（2012），〈廢票爲何發生？兼論臺灣選舉無效票之空間效應，1992～2008〉，《選舉研究》，第19卷第2期，頁71-100。

濱田耕作（2015），《東亞文明之黎明》，太原市：山西人民。

謝邦昌、謝邦彥（2016），《大數據：語意分析整合篇》，台北：五南圖書。

關弘昌（2008），〈台灣民主轉型期對中國大陸的和平政策——一個「政治利益」觀點的解釋〉，《政治學報》，第46期，頁45-68。

貳、英文文獻

Ambrosio, T. (2014). "Beyond the Transition Paradigm: A Research Agenda for Authoritarian Consolidation," *Demokratizatsiya*, 2(3): 471-495.

Anderson, B. (2016). *Imagined Communities: Reflections on the Origin and Spread of Nationalism*. Brooklyn, NY: Verso Books.

Anselin, L. (1995). "Local Indicators of Spatial Association-LISA," *Geographical Analysis*, 27(2): 93-115.

Aspinall, E. and Mietzner, E. M. (2019). "Southeast Asia's Troubling Elections: Nondemocratic Pluralism in Indonesia," *Journal of Democracy*, 30: 104-118.

Baaz, M. and Lilja, M. (2014). "Understanding Hybrid Democracy in Cambodia: The Nexus Between Liberal Democracy, the State, Civil Society, and a 'Politics of Presence'," *Asian Politics & Policy*, 6(1): 5-24.

Bader, J. (2015a). "China, Autocratic Patron? An Empirical Investigation of China as a Factor in Autocratic Survival," *International Studies Quarterly*, 59(1): 23-33.

Bader, J. (2015b). "Propping Up Dictators? Economic Cooperation from China and Its Impact on Authoritarian Persistence in Party and Non-party Regimes," *European Journal of Political Research*, 54(4): 655-672.

Beck, U. and Ritter, M. (1992). *Risk Society: Towards a New Modernity*. Thousand Oaks, CA: Sage Publications Ltd.

Bell, D. (2006). *Beyond Liberal Democracy: Political Thinking for an East Asian Context*. Princeton, NJ: Princeton University Press.

Bell, D. (2010). "Reconciling Socialism and Confucianism? Reviving Tradition in China," *Dissent*, 57(1): 91-99.

Berenschot, W. and Aspinall, E. (2020). "How Clientelism Varies: Comparing Patronage Democracies," *Democratization*, 27(1): 1-19.

Boecking, B., Hall, M., and Schneider, J. (2015). "Event Prediction: With Learning Algorithms-A Study of Events Surrounding the Egyptian Revolution of 2011 on the Basis of Micro Blog Data," *Policy and Internet*, 7(2): 159-184.

Boix, C. (2003). *Democracy and Redistribution*. Cambridge, UK: Cambridge University Press.

Boucher, D. (1990). "Inter-Community and International Relations in the Political Philosophy of Hobbes," *Polity*, 23(2): 207-232.

Bruns, G., Croissant, A., and John, M. (2002). *Electoral Politics in Southeast & East Asia*. Singapore: Friedrich Ebert Stiftung.

Bunbongkarn, S. (2015). "What Went Wrong with the Thai Democracy?" *Southeast Asian Affairs*, pp. 359-368.

Chang, K. S. (2010). "The Second Modern Condition? Compressed Modernity as Internalized Reflexive Cosmopolitization," *The British Journal of Sociology*, 61(3): 444-464.

Cheang, B. and Choy, D. (2021). *Liberalism Unveiled Forging a New Third Way in Singapore*. Singapore: World Scientific Publishing Co Pte Ltd.

Chen, T. and Hsu, C. H. (2018). "Double-Speaking Human Rights: Analyzing Human Rights Conception in Chinese Politics," *Journal of Contemporary China*, 27(112): 1-15.

Chen, W. C. (2011). "Constitutional Patriotism as an Identity: A Study on the Feasible Approach toward Taiwan's Democratic Consolidation," *European-Asian Journal of Law and Governance*, 1(Special Issue): 16-53.

Chu, Y. H. (2012). "China and East Asian Democracy: The Taiwan Factor," *Journal of Democracy*, 23(1): 42-56.

Chu, Y. H., Huang, K. P., Lagos M., and Mattes, R. (2020). "A Lost Decade for Third-Wave Democracies?" *Journal of Democracy*, 31(2): 166-181.

Chu, Y. H., Shin, D. C., Welsh, B., and Chang, A. (2012/6/17-18). "Sources of Regime Support in East Asia" (Taipei, Taiwan: Asian Barometer Conference on Democracy and Citizen Politics in East Asia.), pp. 1-35.

Clapp, P. (2007). *Burma's Long Road to Democracy*. US: US Institute of Peace.

Cliff, A. and John, O. (1973). *Spatial Autocorrelation*. London, UK: Pion.

Cooley, A. (2015). "Authoritarianism Goes Global: Countering Democratic Norms," *Journal of*

Democracy, 26(3): 49-63.

Dallmayr, F. (1997). "The Politics of Nonidentity," *Political Theory*, 25(1): 33-56.

Dalton, R. J. (1994). "Communists and Democrats: Democratic Attitudes in the Two Germanies," *British Journal of Political Science*, 24(4): 469-493.

David, R. and Holliday, I. (2018). *Liberalism and Democracy in Myanmar*. Oxford, UK: Oxford University Press.

Deibert, R. (2019). "Three Painful Truths about Social Media," *Journal of Democracy*, 30(1): 25-39.

Diamond, L. (1999). *Developing Democracy: Toward Consolidation*. Baltimore, MD: The Johns Hopkins University Press.

Diamond, L. (2012). "China and East Asian Democracy: The Coming Wave," *Journal of Democracy*, 23(1): 5-13.

Diamond, L. (2015). "Facing up to the Democratic Recession," *Journal of Democracy*, 26(1): 141-155.

Diamond, L. (2016). *In Search of Democracy*. New York: Routledge.

Diamond, L. (2019). "The Threat of Postmodern Totalitarianism," *Journal of Democracy*, 30(1): 20-24.

Diamond, L., Plattner, M., and Chu, Y. H. (eds.) (2013). *Democracy in East Asia-A New Century*. Baltimore, MD: The Johns Hopkins University Press.

DiMatteo, L. (2018). "'Rule of Law' in China: The Confrontation of Formal Law with Cultural Norms," *Cornell International Law Journal*, 51: 391-444.

Downs, A. (1957). "An Economic Theory of Political Action in a Democracy," *Journal of Political Economy*, 65(2): 135-150.

Dressel, B. and Bonoan, C. R. (2019). "Southeast Asias Troubling Elections: Duterte Versus the Rule of Law," *Journal of Democracy*, 30(4): 134-148.

Easton, D. (1953). *Political System*. New York: Alfred A. Knopf.

Easton, D. (1975). "A Re-assessment of the Concept of Political Support," *British Journal of Political Science*, 5(4): 435-457.

Englehart, N. (2000). "Rights and Culture in the Asian Values Argument: The Rise and Fall of Confucian Ethics in Singapore," *Human Rights Quarterly*, 22: 548-568.

Epstein, D. L., Bates, R., Goldstone, J., Kristensen, I., and O'Halloran, S. (2006). "Democratic

Transitions," *American Journal of Political Science*, 50(3): 551-569.

Erikson, R. S. and Tedin, K. L. (2019). *American Public Opinion: Its Origins, Content, and Impact*. New York: Routledge.

Escriba-Folch, A. and Wright, J. (2015). *Foreign Pressure and the Politics of Autocratic Survival*. Oxford, UK: Oxford University Press.

Etzioni, A. (2010). "Is Transparency the Best Disinfectant?" *Journal of Political Philosophy*, 18(4): 389-404.

Fang, N. (2015). *China's Democracy Path*. Germany: Springer-Verlag.

Feldstein, S. (2019). "How Artificial Intelligence Is Shaping Repression," *Journal of Democracy*, 30(1): 40-52.

Ferguson, Y. H. (2017). "China's OBOR Policy, China-U.S. Relations, and the Return of Geopolitics," *Mainland China Studies*, 60(2): 55-85.

Fish, M. S. and Seeberg, M. A. (2017). "The Secret Supports of Mongolian Democracy," *Journal of Democracy*, 28: 129-143.

Flikschuh, K. (2010). "Kant's Sovereignty Dilemma: A Contemporary Analysis," *Journal of Political Philosophy*, 18(4): 469-493.

Foa, R. S. (2018). "Modernization and Authoritarianism," *Journal of Democracy*, 29(3): 129-140.

Foa, R. S. and Mounk, Y. (2016). "The Danger of Deconsolidation-The Democratic Disconnect," *Journal of Democracy*, 27(3): 5-17.

Foa, R. S. and Mounk, Y. (2017). "The Signs of Deconsolidation," *Journal of Democracy*, 28(1): 5-15.

Fox, R. A. (2001). "Confucian and Communitarian Responses to Liberal Democracy," *The Review of Politics*, 59(3): 561-592.

Fukuyama, F. (2012). "China and East Asian Democracy: The Patterns of History," *Journal of Democracy*, 23(1): 14-26.

Fukuyama, F. (2015a). *Political Order and Political Decay: From the Industrial Revolution to the Globalization of Democracy*. New York: Farrer, Straus and Giroux.

Fukuyama, F. (2015b). "Why Democracy Is Performing So Poorly," *Journal of Democracy*, 26(1): 11-20.

Fukuyama, F. (2016a). "American Political Decay or Renewal? The Meaning of the 2016

Election," *Foreign Affairs*, 95(4): 58-68.

Fukuyama, F. (2016b). "Reflections on Chinese Governance," *Journal of Chinese Governance*, 1(3): 379-391.

Gainsborough, M. (2012). "Southeast Asia: Elites vs. Reform in Laos, Cambodia, and Vietnam," *Journal of Democracy*, 23: 34-46.

Galston, W. (2018). "The Populist Challenge to Liberal Democracy," *Journal of Democracy*, 29(2): 5-19.

Geddes, B. (1999). "What Do We Know about Democratization after Twenty Years?" *Annual Review of Political Science*, 2(1): 115-144.

Getis, A. and Ord, J. (1992). "The Analysis of Spatial Association by Use of Distance Statistics," *Geographical Analysis*, 24(3): 189-206.

Gottfried, P. (2007). "The Rise and Fall of Christian Democracy in Europe," *Orbis*, 51(4): 711-723.

Grieco, J. M. (1988). "Anarchy and the Limits of Cooperation: A Realist Critique of the Newest Liberal Institutionalism," *International Organization*, 42(3): 485-507.

Grimmer, J. and Stewart, B. (2013). "Text as Data: The Promise and Pitfalls of Automatic Content Analysis Methods for Political Texts," *Political Analysis*, 21(3): 267-297.

Hackenesch, C. (2015). "Not as Bad as It Seems: EU and US Democracy Promotion Faces China in Africa," *Democratization*, 22(3): 425-426.

Harris, E. (2009). *Nationalism: Theories and Cases*. Edinburgh, UK: Edinburgh University Press.

He, B. (2010). "Four Models of the Relationship between Confucianism and Democracy," *Journal of Chinese Philosophy*, 37(1): 18-33.

He, B. (2016). "Confucianism and Democracy: Testing Four Analytical Models in an Empirical World," *Taiwan Journal of Democracy*, 12(2): 59-84.

Hennessy, B. (1985). *Public Opinion*. Monterey, CA: Books/Cole Publishing.

Houle, C. (2009). "Inequality and Democracy: Why Inequality Harms Consolidation but Does Not Affect Democratization," *World Politics*, 61(4): 589-622.

Huang, M. H. and Chu, Y. H. (2015). "The Sway of Geopolitics, Economic Interdependence and Cultural Identity: Why Are Some Asians More Favorable toward China's Rise Than Others?" *Journal of Contemporary China*, 24(93): 421-441.

Huntington, S. (1991). "Democracy's Third Wave," *Journal of Democracy*, 2(2): 12-34.

Huntington, S. (2014). *The Clash of Civilizations and the Remaking of World Order*. London, UK: Penguin.

Huq, A. and Ginsburg, T. (2018). "How to Lose a Constitutional Democracy," *UCLA Law Review*, 65: 78-169.

Issacharoff, S. (2018). "Democracy's Deficits," *The University of Chicago Law Review*, 85(2): 485-519.

Jaskulowski, K. (2010). "Western (civic) 'versus' Eastern (ethnic) Nationalism. The Origins and Critique of the Dichotomy," *Polish Sociological Review*, 171: 289-303.

Jenco, L. (2013). "Revisiting Asian Values," *Journal of the History of Ideas*, 74(2): 237-258.

Jennings, M. K. and Markus, G. B. (1984). "Partisan Orientations over the Long Haul: Results from the Three-Wave Political Socialization Panel Study," *American Political Science Review*, 78(4): 1000-1018.

Karl, T. L. (1990). "Dilemmas of Democratization in Latin America," *Comparative Politics*, 23(1): 1-21.

Knack, S. (2004). "Does Foreign Aid Promote Democracy?" *International Studies Quarterly*, 48(1): 251-266.

Kim, C. (2021). *The New Dynamics of Democracy in South Korea*. UK: Routledge.

Krastev, I. (2011). "Paradoxes of the New Authoritarianism," *Journal of Democracy*, 22(2): 5-16.

Krastev, I. (2014). "From Politics to Protest," *Journal of Democracy*, 25(4): 5-19.

Krastev, I. and Holms, S. (2018). "Imitation and Its Discontents," *Journal of Democracy*, 29(3): 117-128.

Krekó, P. (2021). "How Authoritarians Inflate Their Image," *Journal of Democracy*, 32(3): 109-123.

Kuhn, T. (1962). *The Structure of Scientific Revolutions*. Chicago, IL: University of Chicago Press.

Kuhner, T. (2016). "The Corruption of Liberal and Socialist Democracy," *Fordham Law Review*, 84: 2453-2476.

Levitsky, S. and Way, L. (2006). "Linkage Versus Leverage. Rethinking the International Dimension of Regime Change," *Comparative Politics*, 38(4): 379-400.

Levitsky, S. and Way, L. (2010). *Competitive Authoritarianism: Hybrid Regimes after the Cold*

War. New York: Cambridge University Press.

Levitsky, S. and Way, L. (2015). "The Myth of Democratic Recession," *Journal of Democracy*, 26(1): 141-155.

Levitsky, S. and Way, L. (2020). "The New Competitive Authoritarianism," *Journal of Democracy*, 31(1): 51-65.

Li, X. (2014). "Legal and Economic Development with Sui Generis Chinese Characteristics: A Systems Theorist's Perspective," *Brooklyn Journal of International Law*, 39(1): 159-229.

Liddle, R. (2021). *Democracy in Indonesia: From Stagnation to Regression?* Thomas Power and Eve Warburton (eds.), Singapore: Institute of Southeast Asian Studies.

Lind, J. and Wohlforth, W. (2019). "The Future of the Liberal Order Is Conservative: A Strategy to Save the System," *Foreign Affairs*, 98(2): 70-80.

Linz, J. J. and Stepan, A. (1996). *Problems of Democratic Transition and Consolidation: Southern Europe, South America and Post-Communist Europe*. Baltimore, MD: The Johns Hopkins University Press.

Linz, J. J. and Stepan, A. (2010). "Toward Consolidated Democracies," in Juan Linz, Alfred Stepan and Philip Costopoulos (eds.), *Debates on Democratization*, pp. 3-22, Baltimore, MD: The Johns Hopkins University Press.

Lipset, S. M. (1959). *Some Social Requisites of Democracy: Economic Development and Political Legitimacy*. Berkeley, CA: University of California.

Liu, S. H. (2011). "Reflections on Globalization from a Neo-Confucian Perspective," *Journal of Chinese Philosophy*, 38(1): 105-117.

Lu, J. and Chu, Y. H. (2021). "Trading Democracy for Governance," *Journal of Democracy*, 32(4): 115-130.

Mainwaring, S. and Bizzarro, F. (2019). "The Fates of Third-Wave Democracies," *Journal of Democracy*, 30(1): 99-113.

Mandelbaum, M. (2019). "The New Containment: Handling Russia, China, and Iran," *Foreign Affairs*, 98(2): 123-131.

March, J. and Olsen, J. (1984). "The New Institutionalism: Organizational Factors in Political Life," *The American Political Science Review*, 78(3): 734-749.

Margaret, E. R., Stewart, B. M., Tingley, D., Lucas, C., Luis, J. L., Kushner, S., Albertson, B., and Rand, D. G. (2014). "Structural Topic Models for Open-Ended Survey Responses,"

American Journal of Political Science, 58(4): 1064-1082.

McClosky, H. J., Shanks, M., and Sniderman, P. M. (1975). "Personal and Political Sources of Political Alienation," *British Journal of Political Science*, 5: 1-31.

Miller, A. H. (1974). "Rejoinder to 'Comment' by Jack Citrin: Political Discontent or Ritualism?" *The American Political Science Review*, 68(3): 989-1001.

Møller, J. and Skaaning, S. E. (2013). "The Third Wave: Inside the Numbers," *Journal of Democracy*, 24(4): 97-109.

Moore, B. (1966). *Social Origins of Dictatorship and Democracy: Lord and Peasant in the Making of the Modern World*. Boston, MA: Beacon Press.

Muller, E. N., Jukam, T. O., and Seligson, M. A. (1982). "Diffuse Political Support and Antisystem Political Behavior: A Comparative Analysis," *American Journal of Political Science*, 26(2): 240-264.

Mutalib, H. (2000). "Illiberal Democracy and the Future of Opposition in Singapore," *Third World Quarterly*, 21(2): 313-342.

Nathan, A. (2015). "China's Challenges," *Journal of Democracy*, 26(1): 156-170.

Nathan, A. (2016). "The Puzzle of Chinese Middle Class," *Journal of Democracy*, 27(2): 5-19.

Nathan, A. (2020). "The Puzzle of Authoritarian Legitimacy," *Journal of Democracy*, 31(1): 158-168.

Newman, O. and De Zoysa, R. (1997). "Communitarianism: The New Panacea?" *Sociological Perspectives*, 40(4): 623-638.

Nguyen, H. H. (2016). *Political Dynamics of Grassroots Democracy in Vietnam*. London, UK: Palgrave MacMillan.

Nodia, G. (2014). "External Influence and Democratization: The Revenge of Geopolitics," *Journal of Democracy*, 25(4): 139-150.

Norrlof, C. (2019). "Educate to Liberate: Open Societies Need Open Minds," *Foreign Affairs*, 98(2): 132-141.

O'Donnell, G., Schmitter, P., and Whitehead, L. (1986). *Transitions from Authoritarian Rule*. Baltimore, MD: Johns Hopkins University Press.

O'Loughlin, J., Ward, M. D., Lofdahl, C. L., Cohen, J. S., Brown, D. S., Reilly, D., Gleditsch, K. S., and Shin, M. (1998). "The Diffusion of Democracy, 1946-1994," *Annals of the Association of American Geographers*, 88(4): 545-574.

Odinius, D. and Kuntz, P. (2015). "The Limits of Authoritarian Solidarity: The Gulf Monarchies and Preserving Authoritarian Rule During the Arab Spring," *European Journal of Political Research*, 54(4): 639-654.

O'Loughlin, J. et al. (1998). "The Diffusion of Democracy, 1946-1994," *Annals of the Association of American Geographers*, 88(4): 545-574.

Ortmann, S. (2014). "Democratization and the Discourse on Stability in Hong Kong and Singapore," *Taiwan Journal of Democracy*, 10(1): 123-145.

Ortmann, S. and Thompson, M. (2016). "China and the 'Singapore Model,'" *Journal of Democracy*, 27(1): 39-48.

Osgood, J. (2009). "Childcare Workforce Reform in England and 'The Early Years Professional': A Critical Discourse Analysis," *Journal of Education Policy*, 24(6): 733-751.

Park, C. M. (2007). "Democratic Consolidation in East Asia," *Japanese Journal of Political Science*, 8(3): 305-326.

Park, C. M. (2013). "Democratic Quality of Institutions and Regime Support in East Asia," *Taiwan Journal of Democracy*, 9(1): 93-116.

Park, C. M. (2017). "Quality of Governance and Regime Support: Evidence from East Asia," *Asian Journal of Comparative Politics*, 2(2): 154-175.

Pei, M. (2016). "Transition in China? More Likely Than You Think," *Journal of Democracy*, 27(4): 5-20.

Perry, E. (2013). "The Illiberal Challenge of Authoritarian China," *Taiwan Journal of Democracy*, 8(2): 3-15.

Plattner, M. (2013). "Reflections on 'Governance'," *Journal of Democracy*, 24(4): 17-28.

Plattner, M. (2014). "The End of the Transition Era?" *Journal of Democracy*, 25(3): 5-16.

Plattner, M. (2015). "Is Democracy Decline?" *Journal of Democracy*, 26(1): 5-10.

Plattner, M. (2017). "Liberal Democracy's Fading Allure," *Journal of Democracy*, 28(4): 5-14.

Plattner, M. (2019). "Illiberal Democracy and the Struggle on the Right," *Journal of Democracy*, 30(1): 5-19.

Pomfret, R. (2000). "Transition and Democracy in Mongolia," *Europe-Asia Studies*, 52: 149-160.

Puppas, T. (2016). "The Specter Haunting Europe: Distinguishing Liberal Democracy's

Challengers," *Journal of Democracy*, 27(4): 22-36.

Qiang, X. (2019). "President Xi's Surveillance State," *Journal of Democracy*, 30(1): 53-67.

Rustow, D. A. (1970). "Transitions to Democracy: Toward a Dynamic Model," *Comparative Politics*, 2(3): 337-363.

Rigger, S. (2018). "Studies on Taiwan's Democracy and Democratisation," *International Journal of Taiwan Studies*, 1(1): 121-160.

Said, E. W. (2003). *Orientalism*. London, UK: Penguin Classics.

Schedler, A. (1998). "What is Democratic Consolidation?" *Journal of Democracy*, 9(2): p91-107.

Schedler, A. (2010). "What Is Democratic Consolidation?" in Larry Diamond, Plattner, Marc, and Philip Costopoulos (eds.), *Debates on Democratization*, pp. 59-76, Baltimore, MD: The Johns Hopkins University Press.

Schmidt, C. and Kleinfeld, R. (2020). *The Crisis of Democracy? Chances, Risks and Challenges in Japan (Asia) and Germany (Europe)*. Newcastle upon Tyne, UK: Cambridge Scholars Publishing.

Schmidt, V. H. (2011). "How Unique is East Asian Modernity?" *Asian Journal of Social Science*, 39(3): 304-331.

Shin, D. C. (2008). "The Third Wave in East Asia: Comparative and Dynamic Perspectives," *Taiwan Journal of Democracy*, 4(2): 91-131.

Shin, D. C. and Kim, H. J. (2017). "Liberal Democracy as the End of History: Western Theories versus Eastern Asian Realities," *Asian Journal of Comparative Politics*, 2(2): 133-153.

Shin, G. (2020). "South Korea's Democratic Decay," *Journal of Democracy*, 31(3): 100-114.

Snyder, J. (2019). "The Broken Bargain: How Nationalism Came Back," *Foreign Affairs*, 98(2): 54-60.

Spina, N., Shin, D., and Cha, D. (2011). "Confucianism and Democracy: A Review of the Opposing Conceptualizations," *Japanese Journal of Political Science*, 12(1): 143-160.

Starr, H. and Lindborg, C. (2003). "Democratic Dominoes Revisited: The Hazards of Governmental Transitions, 1974-1996," *Journal of Conflict Resolution*, 47(4): 490-519.

States, U., Hess, R. D., and Torney, J. V. (1968). *The Development of Political Attitudes in Children*. Garden City, NY: Doubleday.

Tamura, K. T. (2003). "The Emergence and Political Consciousness of the Middle Class in

Singapore," *The Developing Economies*, 41(2): 184-200.

Tansey, O., Koehler, K., and Schmotz, A. (2016). "Ties to the Rest: Autocratic Linkages and Regime Survival," *Comparative Political Studies*, 50(9): 1221-1254.

Tholen B. (2018). "Political Responsibility as a Virtue: Nussbaum, MacIntyre, and Ricoeur on the Fragility of Politics," *Alternatives* (Boulder, Colo.), 43(1): 22-34.

Tseng, Y. H., Wang, Y. M., Lin, Y. I., Lin, C. J., and Juang, D. W. (2007). "Patent Surrogate Extraction and Evaluation in the Context of Patent Mapping," *Journal of Information Science*, 33(6): 718-736.

Tushnet, M. (2015). "Authoritarian Constitutionalism," *Cornell Law Review*, 100: 391-461.

Un, K. (2005). "Patronage Politics and Hybrid Democracy: Political Change in Cambodia, 1993-2003," *Asian Perspective*, 29(2): 203-230.

Velde, P. V. and Stremmelaar, J. (2006). *What about Asia? Revisiting Asian Studies*. Amsterdam, Nederland: Amsterdam University Press.

Walker, C. (2018). "What Is the 'Sharp Power'?" *Journal of Democracy*, 29(3): 9-23.

Wallerstein, I. (2000). "Societal Development, or Development of the World-System?" *The Essential Wallerstein*, pp. 112-128. New York: The New Press.

Wang, Y. Z. (2013). "The RCEP Initiative and ASEAN Centrality," *China International Studies*, 42: 119-132.

Wang, Z. and Tan, E. S. (2013). "The Conundrum of Authoritarian Resiliency-Hybrid and Nondemocratic Regimes in East Asia," *Taiwan Journal of Democracy*, 9(1): 199-219.

Way, L. (2016). "The Authoritarian Threat: Weakness of Autocracy Promotion," *Journal of Democracy*, 27(1): 64-75.

Weber, M. (1964). *The Theory of Social and Economic Organization*. New York: Free press.

Weber, M. (1968). *On Charisma and Institution Building*. Chicago, IL: The University of Chicago.

Wedeman, A. (2018). "The Rise of Kleptocracy: Does China Fit the Model?" *Journal of Democracy*, 29(1): 86-95.

Wells, T. (2021). *Narrating Democracy in Myanmar: The Struggle Between Activists, Democratic Leaders and Aid Workers*. Amsterdam, Netherlands: Amsterdam University Press.

Welsh, B. (1996). "Attitudes toward Democracy in Malaysia: Challenges to the Regime?" *Asian*

Survey, 36: 882-903.

Welzel, C. (2011). "The Asian Values Thesis Revisited: Evidence from the World Values Surveys," *Japanese Journal of Political Science*, 12(1): 1-31.

Weyland, K. (2017). "Autocratic Diffusion and Cooperation: The Impact of Interests vs. Ideology," *Democratization*, 24(7): 1235-1252.

Whitehead, L. (2014). "Antidemocracy Promotion: Four Strategies in Search of a Framework," *Taiwan Journal of Democracy*, 10(2): 1-24.

Wike, R. and Fetterolf, J. (2018). "Liberal Democracy's Crisis of Confidence," *Journal of Democracy*, 29(4): 136-150.

Wilkerson, J. and Casas, A. (2017). "Large-Scale Computerized Text Analysis in Political Science: Opportunities and Challenges," *Annual Review of Political Science*, 20: 529-544.

Yang, D. (2016). "China's Developmental Authoritarianism: Dynamics and Pitfalls," *Taiwan Journal of Democracy*, 12(1): 45-70.

Youngs, R. (2015). "Exploring 'Non-Western Democracy'," *Journal of Democracy*, 26(4): 140-154.

Yu, K. (2016). *Democracy in China: Challenge or Opportunity*. Cambridge, UK: Cambridge University Press.

Yun, W. and Bell, D. (2014). "The Revival of Confucianism in an Age of Globalization: Towards a Critical Confucianism," *The Journal of Multicultural Society*, 5(1): 1-21.

Zakaria, F. (1997). "The Rise of Illiberal Democracy," *Foreign Affairs*, 76(6): 22-43.

參、網路資源

BBC NEWS（2021/3/23），〈新疆維吾爾人權：美歐英加等多國聯合制裁中國〉，https://www.bbc.com/zhongwen/trad/world-56493143。2021/11/2。

一帶一路網（2021），〈國家推進「一帶一路」建設工作領導小組辦公室〉，https://www.yidaiyilu.gov.cn/jcsjpc.htm。2021/11/2。

人民網（2021），〈習近平系列重要講話數據庫〉，http://jhsjk.people.cn/。2021/11/2。

中華民國總統府（2021），〈焦點議題——重要談話〉，https://www.president.gov.tw/Issue/138。2021/11/2。

孔子學院總部／國家漢辦（2021），〈關於孔子學院／課堂〉，http://www.hanban.org/

confuciousinstitutes/node_10961.htm。2021/11/2。

亞洲民主動態調查（2017），〈第四波調查（2010-2014）〉，http://www.asianbarometer.org/data/core-questionnaire。2021/11/2。

徐遵慈、洪晨陞（2019/10/24），〈美國對外援助政策之最新發展與臺美推動援外合作之前景〉，https://web.wtocenter.org.tw/Page.aspx?pid=331022&nid=68。2021/11/2。

陳勇汀（2017/10/19），〈揭露文字資料的量化數值！文字探勘分析器／A Text Analyzer for Text Mining〉，https://blog.pulipuli.info/2017/10/text-analyzer-for-text-mining.html。2021/11/2。

Altankhuyag, B. and Bértoa, F. C. (2021, May 12). "Are Presidential Elections Putting Mongolian Democracy in Peril?" retrieved November 2, 2021, from https://thediplomat.com/2021/05/are-presidential-elections-putting-mongolian-democracy-in-peril/.

Aspinwall, N. (2021, February 2). "US Asks Taiwan to Fill Void as Confucius Institutes Close," retrieved November 2, 2021, from https://asia.nikkei.com/Business/Education/US-asks-Taiwan-to-fill-void-as-Confucius-Institutes-close.

BBC News (2020, October 15). "Thai Protests: How Pro-Democracy Movement Gained Momentum," retrieved November 2, 2021, from https://www.bbc.com/news/world-asia-54542252.

Beltran, M. (2021, May 1). "5 Years of Duterte: A Calamity Reaching Its Crescendo," retrieved November 2, 2021, from https://thediplomat.com/2021/04/5-years-of-duterte-a-calamity-reaching-its-crescendo/.

Brunnstrom, D. (2021, August 5). "U.S. Senators to Reintroduce Bill Targeting Cambodian Officials on Rights," retrieved November 2, 2021, from https://www.reuters.com/world/asia-pacific/us-senators-reintroduce-bill-targeting-cambodian-officials-rights-2021-08-05/.

Bush, R. C. (2021, January 22). "Taiwan's Democracy and the China Challenge," retrieved November 2, 2021, from https://www.brookings.edu/articles/taiwans-democracy-and-the-china-challenge/.

Byambasuren, E. (2021, May 19). "Is Mongolia Heading Toward One-Party Rule?" retrieved November 2, 2021, from https://thediplomat.com/2021/05/is-mongolia-heading-toward-one-party-rule/.

Chowdhury, D. (2021, February 3). "Trade to Be Part of Biden's China Strategy, Not Driving Force: Ex-USTR Official," retrieved November 2, 2021, from https://www.reuters.com/

article/us-usa-trade-rcep-gmf-idUSKBN2A30GV.

Coronel, S. (2020, June 16). "This Is How Democracy Dies," retrieved November 2, 2021, from https://www.theatlantic.com/international/archive/2020/06/maria-ressa-rappler-philippines-democracy/613102/.

Cuddy, A. (2021, April 1). "Myanmar Coup: What Is Happening and Why?" retrieved November 2, 2021, from https://www.bbc.com/news/world-asia-55902070.

Curato, N. (2021, January 22). "Democratic Expressions amidst Fragile Institutions: Possibilities for Reform in Duterte's Philippines," retrieved November 2, 2021, from https://www.brookings.edu/articles/democratic-expressions-amidst-fragile-institutions-possibilities-for-reform-in-dutertes-philippines/.

Davidson, H. (2021, July 13). "China Bans Pro-Democracy Candidates in Macau," retrieved November 2, 2021, from https://www.theguardian.com/world/2021/jul/13/china-bans-pro-democracy-candidates-in-macau-elections.

Ekvittayavechnukul, C. (2021, June 23). "Thai Pro-Democracy Activists March against Government," retrieved November 2, 2021, from https://apnews.com/article/democracy-health-coronavirus-pandemic-3efe93bb137f5639f126ccad84399ede.

Enos, O. (2020, January 22). "Cambodia's Democracy On Trial," retrieved November 2, 2021, from https://www.forbes.com/sites/oliviaenos/2020/01/22/cambodias-democracy-on-trial/.

Everington, K. (2021, July 12). "Taiwan Expected to Take Part in US Democracy Summit in December," retrieved November 2, 2021, from https://www.taiwannews.com.tw/en/news/4118874.

Freedom House (2019). "Freedom in the World 2019," retrieved November 2, 2021, from www.freedomhouse.org.

Freedom House (2021). "Change in Freedom Score," retrieved November 2, 2021, from https://freedomhouse.org/explore-the-map?type=fiw&year=2021&mapview=trend.

Garfinkle, A. (2017, November 21). "The Puzzle of Singapore," retrieved November 2, 2021, from https://www.the-american-interest.com/2019/11/21/the-puzzle-of-singapore/.

Geiger, A. (2019, October 29). "Japan's Support for Democracy-Related Issues: Mapping Survey," retrieved November 2, 2021, from https://www.jcie.org/analysis/books-reports/democracy_mapping_survey/.

Gokhale, V. (2020, December 18). "China Is Trying to Erode Democracy Worldwide," retrieved

November 2, 2021, from https://foreignpolicy.com/2020/12/18/china-democracy-ideology-communist-party/.

Haerpfer, C., Inglehart, R., Moreno, A., Welzel, C., Kizilova, K., Diez-Medrano J., M. Lagos, P. Norris, E. Ponarin, and B. Puranen et al. (eds.) (2020). *World Values Survey: Round Seven-Country-Pooled Datafile*. Madrid, Spain and Vienna, Austria: JD Systems Institute and WVSA Secretariat. Retrieved November 2, 2021, from https://www.worldvaluessurvey.org/WVSDocumentationWV7.jsp.

Heritage Foundation (2020). “2020 Index of Economic Freedom,” retrieved November 2, 2021, from https://www.heritage.org/index/.

Illmer, A. (2021, April 4). “China Is ‘Trampling on Hong Kong’s Democracy,’” retrieved November 2, 2021, from https://www.bbc.com/news/world-asia-china-56585731.

Jaffrey, S. (2020, January 23). “Is Indonesia Becoming a Two-Tier Democracy?” retrieved November 2, 2021, from https://carnegieendowment.org/2020/01/23/is-indonesia-becoming-two-tier-democracy-pub-80876.

Jakhar, P. (2019, September 7). “Confucius Institutes: The Growth of China’s Controversial Cultural Branch,” retrieved November 2, 2021, from https://www.bbc.com/news/world-asia-china-49511231.

Kharpal, A. (2019, Augest 23). “Pompeo Says the US Message on Huawei is Clear. Trump’s Words Say Otherwise,” retrieved November 2, 2021, from https://www.cnbc.com/2019/08/23/huawei-mike-pompeo-appears-to-be-contradicting-president-donald-trump-on-the-chinese-firm.html.

Le, T. V. (2021, April 15). “Vietnam’s Great Debate Over Democracy,” retrieved November 2, 2021, from https://thediplomat.com/2021/04/vietnams-great-debate-over-democracy/.

Lee, J. (2020, May 27). “South Korea’s Imperfect But Maturing Democracy,” retrieved November 2, 2021, from https://thediplomat.com/2020/05/south-koreas-imperfect-but-maturing-democracy/.

Lee, S. J. (2021, June 29). “Generational Divides and the Future of South Korean,” retrieved November 2, 2021, from https://carnegieendowment.org/2021/06/29/generational-divides-and-future-of-south-korean-democracy-pub-84818.

Lemière, S. (2021, January 22). “Democratization on Hold in Malaysia,” retrieved November 2, 2021, from https://www.brookings.edu/articles/democratization-on-hold-in-malaysia/.

Maizland, L. (2021, March 1). "China's Repression of Uyghurs in Xinjiang," retrieved November 2, 2021, from https://www.cfr.org/backgrounder/chinas-repression-uyghurs-xinjiang.

Maizland, L. and Albert, E. (2021, February 17). "Hong Kong's Freedoms: What China Promised and How It's Cracking Down," retrieved November 2, 2021, from https://www.cfr.org/backgrounder/hong-kong-freedoms-democracy-protests-china-crackdown.

Mechkova, V., Pemstein, D., Seim, B., and Wilson, S. (2019). "Measuring Internet Politics: Introducing the Digital Society Project," retrieved November 2, 2021, from http://digitalsocietyproject.org/wp-content/uploads/2019/05/DSP_WP_01-Introducing-the-Digital-Society-Project.pdf.

Mohamadi, M. (2021). "COVID-19 Vaccination Strategy in China: A Case Study-MDPI," retrieved November 2, 2021, from https://www.mdpi.com › pdf.

Nachemson, A. (2019, July 4). "Was Cambodia Ever Really a Democracy?" retrieved November 2, 2021, from https://thediplomat.com/2019/07/was-cambodia-ever-really-a-democracy/.

Newcomb, M. (2021, July 5). "Can Taiwan Provide the Alternative to Digital Authoritarianism?" retrieved November 2, 2021, from https://thediplomat.com/2021/07/can-taiwan-provide-the-alternative-to-digital-authoritarianism/.

Our World in Data (2021). "Coronavirus (COVID-19) Vaccinations," retrieved November 2, 2021, from https://ourworldindata.org/covid-vaccinations.

Paddock, R. C. (2020, May 23). "Democracy Fades in Malaysia as Old Order Returns to Power," retrieved November 2, 2021, from https://www.nytimes.com/2020/05/22/world/asia/malaysia-politics-najib.html.

Pak, J. H. (2021, January 22). "North Korea's Long Shadow on South Korea's Democracy," retrieved November 2, 2021, from https://www.brookings.edu/articles/north-koreas-long-shadow-on-south-koreas-democracy/.

Pepinsky, T. (2021, January 26). "COVID-19 and Democracy in Indonesia: Short-Term Stability and Long-Term Threats Thomas Pepinsky," retrieved November 2, 2021, from https://www.brookings.edu/blog/order-from-chaos/2021/01/26/covid-19-and-democracy-in-indonesia-short-term-stability-and-long-term-threats/.

Polity V Project (2018). "Polity5: Regime Authority Characteristics and Transitions Datasets," retrieved November 2, 2021, from https://www.systemicpeace.org/inscrdata.html.

Primandari, F. F. (2021, June 12). "Consolidating Indonesia's Deteriorating Democracy," retrieved November 2, 2021, from https://www.eastasiaforum.org/2021/06/12/consolidating-indonesia-deteriorating-democracy/.

Prime Minister's Office Singapore (2021). "Newsroom: PM Lee Hsien Loong," retrieved November 2, 2021, from https://www.pmo.gov.sg/Newsroom?page=1&keywords=&from=PM%20Lee%20Hsien%20Loong&topic=&year=&type=.

Ramzy, A. and May, T. (2021, August 15). "Hong Kong's Opposition Quits in Droves," retrieved November 2, 2021, from https://www.nytimes.com/2021/08/15/world/asia/hong-kong-china-politics.html.

Reporters Without Borders (2020). "2020 World Press Freedom Index," retrieved November 2, 2021, from https://rsf.org/en/ranking.

RCEP Official Website (2021). "Participating Countries," retrieved November 2, 2021, from https://rcepsec.org/about/#.

Reuters (2021, April 16). "Opponents of Myanmar Coup Form Unity Government, Aim for 'Federal Democracy,'" retrieved November 2, 2021, from https://www.reuters.com/world/asia-pacific/opponents-myanmar-coup-announce-unity-government-2021-04-16/.

Roantree, A. Marie, K. Wok, D., and Pang, J. (2021, August 15). "Organizer of Hong Kong Mass Protests Disbands in Latest Blow to Democracy Movement," retrieved November 2, 2021, from https://www.reuters.com/world/china/organizer-hong-kong-mass-protests-disbands-latest-blow-democracy-movement-2021-08-15/.

Roth, K. (2021, January 23). "World Report 2021: Thailand," retrieved November 2, 2021, from https://www.hrw.org/world-report/2021/country-chapters/thailand.

Sambuu, B. and Menard, A. (2019, April 3). "Here's How Democracy Is Eroding in Mongolia," retrieved November 2, 2021, from https://www.washingtonpost.com/politics/2019/04/03/heres-how-democracy-is-eroding-mongolia/.

Solís, M. (2021, January 22). "Japan's Democratic Renewal and the Survival of the Liberal Order," retrieved November 2, 2021, from https://www.brookings.edu/articles/japans-democratic-renewal-and-the-survival-of-the-liberal-order/.

Song, W. (2021, October 10). "Covid-19 Vaccines: Has China Made More than Other Countries Combined?" retrieved November 2, 2021, from https://www.bbc.com/news/58808889.

Soo, Z. (2021, April 2). "7 Hong Kong Democracy Leaders Convicted as China Clamps Down," retrieved November 2, 2021, from https://apnews.com/article/democracy-hong-kong-jimmy-lai-china-asia-pacific-dd17218f4e242fcaf57db74d39450a3a.

Strong, M. (2021, February 3). "Taiwan Most Democratic Country in East Asia," retrieved November 2, 2021, from https://www.taiwannews.com.tw/en/news/4118874.

The Economist (2019). "Democracy Index 2019," retrieved November 2, 2021, from https://www.eiu.com/topic/democracy-index.

The Economist (2021, February 2). "Global Democracy Has a Very Bad Year," retrieved November 2, 2021, from https://www.economist.com/graphic-detail/2021/02/02/global-democracy-has-a-very-bad-year.

Thum, R. (2018, May 15). "What Really Happens in China's 'Re-education' Camps," retrieved November 2, 2021, from https://www.nytimes.com/2018/05/15/opinion/china-re-education-camps.html.

Tran, B. T. (2021, June 3). "No Trade-Off: Biden Can Both Deepen U.S.-Vietnam Ties and Promote Human Rights," retrieved November 2, 2021, from https://www.csis.org/analysis/no-trade-biden-can-both-deepen-us-vietnam-ties-and-promote-human-rights.

United Nations Human Rights Council (2019). "A/HRC/41/G/17 Document, 41 Session," retrieved November 2, 2021, from https://undocs.org/A/HRC/41/G/17. 2019/09/08.

Wanless, A. (2020, June 22). "The Philippines Is Democracy's Dystopian Future," retrieved November 2, 2021, from https://carnegieendowment.org/2020/06/24/philippines-is-democracy-s-dystopian-future-pub-82147.

World Bank (2018). "The Worldwide Governance Indicators (WGI) Project," https://info.worldbank.org/governance/wgi/.

World Bank (2020). "Database of Political Institutions," retrieved November 2, 2021, from https://datacatalog.worldbank.org/dataset/wps2283-database-political-institutions.

World Values Survey (2020). "World Values Survey Wave 7," retrieved November 2, 2021, from http://www.worldvaluessurvey.org/WVSOnline.jsp.

Yamaguchi, J. (2021, September 22). "LDP Dominance Still Cripples Japanese Democracy," retrieved November 2, 2021, from https://www.eastasiaforum.org/2021/09/22/ldp-dominance-still-cripples-japanese-democracy/.

Zainuddin, A. (2021, August 3). "Democracy Is Teetering in Malaysia as PM Tightens Grip on Power," retrieved November 2, 2021, from https://thediplomat.com/2021/08/democracy-is-teetering-in-malaysia-as-pm-tightens-grip-on-power/.

Zotero Documentation (2021). "Global AI Surveillance," retrieved November 2, 2021, from https://www.zotero.org/groups/2347403/global_ai_surveillance/items.

附錄一　問卷題目與變項測量

變項	測量題目	處理方式
性別	受訪者的性別。 請透過觀察判斷受訪者的性別，而不要去問該題。 1 男性 2 女性	對民主重要性認知爲本書設定之人口統計學自變項。 本書將「男性」建立爲虛擬變項，並以「女性」作爲其對照組。
年齡	這代表著您 ______ 歲。	對民主重要性認知爲本書設定之人口統計學自變項。 該調查資料將原有之年齡數據重新編碼再分組，將年齡分爲：青年人16～29歲，重新編碼爲1；中年人30～49歲，重新編碼爲2；老年人50歲以上，重新編碼爲3。 本書將「青年人」與「中年人」建立爲虛擬變項，並以「老年人」作爲其對照組。
教育程度	您的最高教育程度？ 0 幼兒教育／無教育 1 小學教育 2 初中教育 3 高中教育 4 大專非高等教育 5 短期高等教育 6 學士或同等學歷 7 碩士或同等學歷 8 博士或同等學歷 遺漏値	對民主重要性認知爲本書設定之人口統計學自變項。 該調查資料將原有之教育程度數據重新編碼再分組，將教育程度分爲：最高學歷1～2低教育程度，重新編碼爲1；最高學歷3～4中教育程度，重新編碼爲2；最高學歷5～8高教育程度，重新編碼爲3。 本書將「低教育程度」與「中教育程度」建立爲虛擬變項，並以「高教育程度」作爲其對照組。 惟回答其餘選項者不納入分析。
對本國民主程度認知	今天您身處的國家治理有多民主？再次使用從1到10的量表，其中1表示完全不民主，10表示完全民主，您會選擇什麼立場？	對民主重要性認知爲本書設定之政治學自變項。 本書將對本國民主程度認知數據重新編碼再分組，將對本國民主程度認知分爲：1～5低認知，重新編碼爲1；6～10高認知，重新編碼爲2。 本書將「高認知」建立爲虛擬變項，並以「低認知」作爲其對照組。

變項	測量題目	處理方式
經濟條件	這張圖卡上有一個收入等級，其中1表示您所在國家／地區的最低收入組別，10表示最高收入組別。我們想知道您的家庭屬於哪一類。請選擇適當的數字，計算包含所有的工資、薪金、養老金和其他收入。	對民主重要性認知為本書設定之社會學自變項。 該調查資料將原有之經濟條件數據重新編碼再分組，將經濟條件分為：1～3低收入水準，重新編碼為1；4～7中收入水準，重新編碼為2；8～10高收入水準，重新編碼為3。 本書將「低水準」與「中水準」建立為虛擬變項，並以「高水準」作為其對照組。
對民主重要性認知	生活在一個民主治理的國家，對您來說有多重要？1代表一點都不重要，10代表非常重要，您會選擇什麼程度？	對民主重要性認知為本書設定之依變項。 本書維持原調查資料0到10之回答，惟回答其餘選項者不納入分析。

資料來源：世界價值觀調查第七波（Haerpfer et al., 2020）資料，後經筆者自行整理。

附錄二　各國講稿文本資料目錄

壹、台灣部分

編號	時間	標題
1	2021年5月10日	「哥本哈根民主高峰會」發表演說　呼籲全球民主夥伴團結合作　守護共享價值、確保區域安全及穩定
2	2021年5月10日	傅正逝世30週年　總統：無私無畏精神值得永遠感念推崇　臺灣會繼續推動轉型正義　深化發揚民主、自由及人權
3	2021年5月8日	出席青平台永續民主論壇　總統：把一個更好的國家交給下一代
4	2021年5月4日	出席臺灣資安大會　總統：推動「資安即國安2.0」戰略　建立堅韌、安全、可信賴的智慧國家
5	2021年5月4日	獲頒哈利法克斯國際安全論壇「馬侃公共事務領袖獎章」蔡總統將榮耀歸於全臺灣人民，強調民主自由就是臺灣立足世界的獎章
6	2021年4月29日	出席嘉義艦交船暨新竹艦命名下水聯合典禮　總統：落實國艦國造、強化國防自主　展現捍衛藍色國土決心
7	2021年4月21日	總統：持續深化台美經貿夥伴關係、打造有助經濟復甦與發展的理想環境
8	2021年4月20日	貝里斯新任大使碧坎蒂呈遞到任國書　總統盼兩國持續深化合作關係　共同迎向新發展、新成果
9	2021年4月19日	蔡總統致電我友邦史瓦帝尼王國國王恩史瓦帝三世賀壽，期待臺史持續深化合作、邦誼歷久彌堅
10	2021年4月15日	接待美國總統拜登派遣資深訪團　蔡總統期許台美雙方持續深化合作夥伴關係
11	2021年4月15日	接見美國總統拜登派遣資深訪團　總統盼持續強化臺美夥伴關係、創造豐碩合作成果
12	2021年4月13日	出席玉山艦命名暨下水典禮　總統：萬噸級兩棲運輸艦　傳承國軍不怕挑戰、克服萬難精神
13	2021年4月10日	祝賀臺宏建交80週年　總統盼兩國持續深化夥伴關係　為國際社會作出更多貢獻　創造人民最大福祉
14	2021年3月27日	總統盼未來共同加速政治檔案清查工作　調查歷史真相並落實轉型正義
15	2021年3月25日	總統：臺灣將積極與全球攜手合作推進人權及民主　齊心共築更美好、包容及和平的未來

編號	時間	標題
16	2021年3月18日	參觀東北友情特展　總統：深化臺日友情　加速落實能源轉型
17	2021年3月10日	為「台歐盟供應鏈合作線上論壇」錄製影片　總統期盼臺灣與歐盟共同打造堅韌、多元且可靠的供應鏈
18	2021年3月8日	視導基隆地區駐軍　總統期勉持續提升三軍聯合作戰能量　拓展全民國防
19	2021年3月2日	總統：加速產業創新升級、優化投資環境、深化國際經貿合作　讓臺灣在後疫情時代的全球競爭中脫穎而出
20	2021年2月28日	二二八事件74周年　總統：民主和自由是臺灣能夠持續發展的關鍵　團結努力　繼續定義出自己的歷史
21	2021年2月26日	續任文化總會會長　總統盼一起全力以赴　創造更多新進展、好成績
22	2021年2月25日	出席國防院學官結業典禮　總統鼓勵國軍發揮戰略思考潛能　讓國家戰力愈來愈強
23	2021年2月25日	出席原住民族與二二八學術研討會　總統：呈現多元族群歷史觀點　真正達成追求歷史真相
24	2021年2月20日	出席台灣之友會春酒　總統：大家團結拚出好成績　向世界證明臺灣的韌性
25	2021年2月9日	召開國安高層會議　總統四項指示：國安團隊春節持續守護國家
26	2021年2月4日	視導高雄地區部隊　總統肯定國軍貢獻與付出　讓國人「國防安全好過年」
27	2021年2月2日	勗勉國防部情研中心　總統肯定守護國人的付出與貢獻　讓國人「國家安全過好年」
28	2021年1月25日	視導暨慰勉北部地區部隊及單位　總統肯定國軍堅守崗位　24小時守護海空域　讓國人安心過年
29	2021年1月23日	總統：臺灣會繼續為日本朋友加油　台日友情　長長久久
30	2021年1月21日	總統祝賀美國新任總統拜登及副總統賀錦麗正式就職
31	2021年1月19日	接見英國新任駐臺代表　總統盼持續深化臺英雙邊合作關係
32	2021年1月15日	視導臺南地區部隊　總統：改良裝備及軟硬體建設　讓更多人願意加入從軍行列
33	2021年1月14日	與美國駐聯合國常任代表克拉芙特大使視訊談話　總統：臺灣是良善的力量　讓世界知道臺灣是重要夥伴
34	2021年1月13日	總統響應教宗「2021年世界和平日文告」
35	2021年1月12日	總統親頒褒揚令　表彰古寧頭戰役國軍英雄熊震球先生為守護國家犧牲奉獻
36	2021年1月12日	與帛琉總統當選人惠恕仁視訊談話　總統：一同挺過疫情　進一步持續拓展、深化兩國邦誼

編號	時間	標題
37	2021年1月1日	發表「2021新年談話」　總統：新的一年將克服重重挑戰　讓大家「如常生活」
38	2020年12月29日	出席三軍將官晉任典禮　總統勉持續精進本職學能　爲國軍培養優秀人才
39	2020年12月24日	總統與宏都拉斯葉南德茲總統越洋通話　關心宏國颶風災後復原狀況，傳達臺灣與宏都拉斯邦誼堅定不移
40	2020年12月18日	視導海軍戰備偵巡艦　總統：持續打造更加精良的艦艇　做海軍官兵的後盾
41	2020年12月16日	總統接受《康乃爾法律論壇》期刊書面訪問內容
42	2020年12月15日	出席艦艇命名及交艇典禮　總統：展現臺灣全方位捍衛海疆的決心及國防研發能量
43	2020年12月11日	總統出席「安平級巡防艦首艘安平艦交船及第2艘成功艦命名下水暨35噸級巡防艇交船聯合典禮」
44	2020年12月10日	總統爲「第15屆亞洲民主人權獎頒獎典禮」錄製致詞影片
45	2020年12月10日	總統出席「台灣人權阿普貴（Upgrade）活動」
46	2020年12月10日	總統出席「NOWnews修憲論壇開幕式」
47	2020年12月10日	總統於華府智庫「哈德遜研究所」年終慶祝活動發表專題演說
48	2020年12月9日	總統於「美國國際民主協會」（NDI）年度慶祝民主盛會發表演說
49	2020年12月8日	總統出席「2020臺美日三邊印太安全對話開幕典禮」
50	2020年12月7日	總統接見「澳洲駐臺代表高戈銳」
51	2020年12月5日	總統出席「『2020世界人權日』典禮」
52	2020年12月1日	總統接見「英國在台辦事處代表唐凱琳」
53	2020年11月6日	總統接見「海地共和國駐臺大使庫珀」
54	2020年10月31日	總統召開國安高層會議　就中國軍事威脅與區域安全、持續深化臺美關係、穩定兩岸關係、國內政經穩定及安全、未來經濟發展等五個面向做出裁示
55	2020年10月26日	總統接受尼加拉瓜共和國新任駐臺特命全權大使李蜜娜呈遞到任國書
56	2020年10月13日	總統視導「空軍偵蒐預警中心」及「空軍防空連」
57	2020年10月12日	總統於捷克「第24屆公元兩千論壇」視訊會議開幕式發表演說
58	2020年10月12日	總統接見「索馬利蘭共和國駐臺代表穆姆德」
59	2020年10月10日	總統出席「中華民國中樞暨各界慶祝2020年國慶大會」
60	2020年10月9日	總統出席「2020民主台灣・自信前行」國慶晚會
61	2020年10月8日	總統於「2020年玉山論壇：亞洲創新與進步對話」發表開幕演說

編號	時間	標題
62	2020年10月6日	總統視導空軍第六混合聯隊
63	2020年9月26日	總統秋節慰勉「空軍第3後勤指揮部」及「海軍水下作業大隊」
64	2020年9月22日	總統秋節慰勉「海軍146艦隊」
65	2020年9月22日	總統秋節慰勉「空軍天駒部隊」
66	2020年9月22日	總統出席「投資歐盟論壇」
67	2020年9月19日	總統偕同副總統出席「李前總統登輝先生追思告別禮拜」
68	2020年9月18日	蔡總統宴請美國國務次卿柯拉克及訪團　期許促進臺美夥伴關係更友好、更密切
69	2020年9月18日	總統接見「李前總統登輝先生追思告別禮拜日本弔唁團」
70	2020年9月15日	總統出席「中美洲獨立199週年紀念酒會」
71	2020年9月11日	總統視導「空軍防空飛彈連」
72	2020年9月8日	總統出席「凱達格蘭論壇－2020亞太安全對話開幕典禮」
73	2020年9月3日	總統追贈捷克共和國故參議長柯佳洛「特種大綬卿雲勳章」暨與現任參議長韋德齊會談
74	2020年9月2日	總統出席「2020歐洲日晚宴」
75	2020年9月2日	總統出席「中華民國2020年軍人節暨全民國防教育日表揚活動」
76	2020年8月28日	總統出席「F-16維修中心成立典禮」
77	2020年8月27日	總統應澳洲智庫「澳洲戰略政策研究所」邀請於「ASPI印太領袖對話」系列活動發表演說
78	2020年8月12日	總統應華府智庫「哈德遜研究所」與「美國進步中心」邀請　於「蔡英文總統闡述臺灣所面臨之外交、安全及經濟挑戰」視訊會議中發表專題演說
79	2020年8月11日	總統出席「臺灣資安大會開幕典禮」
80	2020年8月10日	總統接見「美國衛生部長阿札爾訪問團」
81	2020年8月9日	總統接見「日本弔唁故李前總統訪臺團」
82	2020年8月6日	總統接見「尼加拉瓜共和國駐臺大使達比亞」
83	2020年8月1日	總統出席「國家人權委員會揭牌典禮」
84	2020年7月16日	總統視導漢光36號演習「三軍聯合反登陸作戰」操演
85	2020年7月7日	總統接見「加拿大駐台北貿易辦事處代表芮喬丹」
86	2020年7月6日	總統慰勉海軍陸戰隊九九旅步二營
87	2020年6月23日	總統出席「2020年下半年陸海空軍將官晉任布達暨授階典禮」

編號	時間	標題
88	2020年6月19日	總統在「哥本哈根民主高峰會」發表演說
89	2020年6月13日	總統參觀國家人權博物館「我是兒童，我有權利」兒童權利公約頒布30週年主題特展
90	2020年6月5日	總統接見「英國在台辦事處代表唐凱琳」
91	2020年6月2日	總統視導「陸軍航特部空降訓練中心」
92	2020年5月20日	中華民國第十五任總統就職演說
93	2020年5月8日	總統主持「總統府記者會」
94	2020年5月6日	總統出席「總統府人權諮詢委員會第39次委員會議」
95	2020年4月9日	總統主持「海軍敦睦遠航訓練支隊返國歡迎儀式」暨視導「陸軍砲兵第43指揮部砲1營」
96	2020年3月12日	召開國安高層會議　總統：超前部署五方案，強化短期經濟動能、維持台灣經濟活力
97	2020年3月5日	總統接見美國在臺協會（AIT）主席莫健
98	2020年3月3日	總統接見「澳洲駐臺代表高戈銳」
99	2020年2月28日	總統出席「二二八事件73週年中樞紀念儀式」
100	2020年2月27日	總統接見尼加拉瓜共和國外交部長孟卡達訪團
101	2020年2月25日	總統接見德國在台協會處長王子陶
102	2020年2月20日	總統接見「2049計畫研究所」主席、美國國防部前印太安全事務助理部長薛瑞福
103	2020年2月18日	總統接見「友邦駐紐約聯合國常任代表訪團」
104	2020年2月3日	總統接見「歐洲在臺商務協會理事長尹容」
105	2020年1月23日	總統農曆春節談話
106	2020年1月22日	總統接見歐洲經貿辦事處處長高哲夫
107	2020年1月21日	總統致函教宗方濟各響應教宗2020年「世界和平日文告」
108	2020年1月21日	總統春節慰勉「空軍第四戰術戰鬥機聯隊」
109	2020年1月18日	總統接受「英國廣播公司」（BBC）專訪內容
110	2020年1月17日	總統接見「英國在台辦事處代表唐凱琳」
111	2020年1月17日	總統接見「日華議員懇談會會長古屋圭司」
112	2020年1月17日	總統主持「國軍重要高階幹部晉任布達授階典禮」
113	2020年1月16日	總統春節視導暨勗勉陸軍機步269旅

編號	時間	標題
114	2020年1月14日	總統接見「戰略暨國際研究中心訪問團」
115	2020年1月13日	總統接見「華府智庫『美國企業研究院』民主及印太戰略訪問團」
116	2020年1月12日	總統接見「日本自民黨眾議院岸信夫眾議員」
117	2020年1月12日	總統接見「日本台灣交流協會會長大橋光夫」
118	2020年1月12日	總統接見「美國在台協會台北辦事處處長酈英傑」
119	2020年1月9日	總統接受美國「時代雜誌」（TIME）專訪
120	2020年1月9日	爲掌握中東情勢最新動態　總統今召開國安高層會議
121	2020年1月3日	總統視導國防部及衡山指揮所
122	2020年1月3日	總統召開「國防軍事會談」
123	2020年1月1日	總統發表「2020新年談話」

資料來源：中華民國總統府（2021）資料，後經筆者自行整理。

貳、新加坡部分

編號	時間	標題
1	2021年4月30日	2021年五一勞動節獻詞
2	2021年3月14日	英國廣播公司（BBC）專訪關於中美關係
3	2021年2月11日	2021年李顯龍總理新春獻詞
4	2020年12月31日	李顯龍總理2021年新年獻詞
5	2020年11月15日	新加坡福建會館180週年慶典和紀念書發布會
6	2020年8月9日	國慶慶典
7	2020年7月27日	李顯龍總理在2020年7月27日宣誓就職儀式上的中文致辭
8	2020年6月7日	COVID-19後的未來
9	2020年4月30日	2020年五一勞動節獻詞
10	2020年4月21日	COVID-2019形勢的評論
11	2020年4月10日	COVID-2019形勢
12	2020年4月3日	COVID-2019形勢的評論
13	2020年3月27日	在伊斯塔納當地媒體採訪
14	2020年3月12日	新加坡COVID-19疫情中的致辭

編號	時間	標題
15	2020年2月29日	爲華族文化中心的常設展覽「新加坡華人・探索本土華族文化」主持開幕
16	2020年2月8日	新加坡新型冠狀病毒形勢下的中文講話
17	2020年2月1日	出席2020年中國新年晚宴
18	2020年1月31日	在國家傳染病中心當地媒體採訪
19	2020年1月24日	2020年總理新春獻詞
20	2019年12月31日	李顯龍總理2020年新年獻詞
21	2019年10月22日	講華語運動40週年慶典
22	2019年8月18日	2019國慶群眾大會
23	2019年8月9日	2019年國慶獻詞
24	2019年6月2日	出席立國一代嘉獎典禮
25	2019年5月31日	第18屆香格里拉對話會
26	2019年4月30日	李顯龍總理2019年五一勞動節獻詞
27	2019年3月22日	華僑中學百年校慶致詞
28	2019年2月4日	2019年總理新春獻詞
29	2019年2月2日	出席立國一代聚會
30	2019年1月13日	德義民眾俱樂部正式開幕致詞
31	2018年12月31日	李顯龍總理2019年新年獻詞
32	2018年9月6日	《聯合早報》創刊95週年晚宴
33	2018年8月19日	國慶群眾大會2018
34	2018年4月12日	新加坡發展銀行亞洲見解會議對話
35	2018年4月10日	博鰲論壇開幕式
36	2018年4月8日	人民日報專訪
37	2018年3月4日	德義區新年慶祝晚宴
38	2018年2月15日	2018年總理新春獻詞
39	2018年1月10日	早報逗號專訪
40	2017年11月22日	貿易協會中心正式開幕儀式致詞
41	2017年10月19日	CNBC專訪
42	2017年9月23日	新加坡的多元種族主義
43	2017年8月20日	國慶群眾大會2017

編號	時間	標題
44	2017年7月29日	南洋三校百年華誕
45	2017年7月14日	通商中國獎
46	2017年5月19日	新加坡中國文化中心開幕典禮
47	2017年1月27日	2017年總理新春獻詞
48	2016年11月11日	雙林寺官方開幕
49	2016年11月2日	華義中學建校六十週年晚宴
50	2016年9月29日	日經國際亞洲未來會議
51	2016年9月24日	新加坡中華總商會成立110週年
52	2016年9月10日	新加坡佛學院落成暨建校十週年紀念慶典
53	2016年8月21日	國慶群眾大會2016
54	2015年10月31日	2015慧眼中國環球論壇

資料來源：Prime Minister's Office Singapore（2021）資料，後經筆者自行整理。

參、中國大陸部分

編號	時間	標題
1	2021年5月12日／新華網	國家主席習近平任免駐外大使
2	2021年5月7日／新華網	習近平同剛果（金）總統齊塞克迪通電話
3	2021年5月6日／新華網	習近平同土庫曼斯坦總統別爾德穆哈梅多夫通電話
4	2021年4月28日／人民網—人民日報	解放思想深化改革凝心聚力擔當實幹　建設新時代中國特色社會主義壯美廣西
5	2021年4月20日／人民網—人民日報	習近平將出席博鰲亞洲論壇2021年年會開幕式
6	2021年4月19日／新華網	習近平《論堅持推動構建人類命運共同體》俄文版出版發行
7	2021年4月17日／人民網—人民日報	習近平同法國德國領導人舉行視頻峰會
8	2021年4月16日／求是	在慶祝中國共產黨成立95週年大會上的講話
9	2021年3月31日／求是	在黨史學習教育動員大會上的講話
10	2021年3月30日／人民網—人民日報	習近平會見全國掃黑除惡專項鬥爭總結表彰大會代表

編號	時間	標題
11	2021年3月26日／人民網—人民日報	在服務和融入新發展格局上展現更大作爲　奮力譜寫全面建設社會主義現代化國家福建篇章
12	2021年3月7日／新華網	習近平參加青海代表團審議
13	2021年3月6日／新華社	習近平看望參加政協會議的醫藥衛生界教育界委員
14	2021年3月2日／人民網—人民日報	立志做黨光榮傳統和優良作風的忠實傳人　在新時代新征程中奮勇爭先建功立業
15	2021年3月1日／新華網	習近平在中央黨校（國家行政學院）中青年幹部培訓班開班式上發表重要講話
16	2021年3月1日／人民網—人民日報	中央政治局委員書記處書記全國人大常委會國務院全國政協黨組成員最高人民法院最高人民檢察院黨組書記向黨中央和習近平總書記述職
17	2021年3月1日／人民網—人民日報	堅定不移走中國特色社會主義法治道路　爲全面建設社會主義現代化國家提供有力法治保障
18	2021年2月25日／新華網	習近平：在全國脫貧攻堅總結表彰大會上的講話
19	2021年2月20日／新華網	習近平在黨史學習教育動員大會上強調　學黨史悟思想辦實事開新局　以優異成績迎接建黨一百週年
20	2021年2月20日／人民網—人民日報	多講講黨的故事光榮傳統和優良作風　引導廣大黨員不忘初心牢記使命堅定信仰勇敢鬥爭
21	2021年2月20日／人民網—人民日報	完整準確全面貫徹新發展理念　發揮改革在構建新發展格局中關鍵作用
22	2021年2月19日／新華網	習近平給上海市新四軍歷史研究會百歲老戰士們的回信
23	2021年2月10日／新華網	習近平：在2021年春節團拜會上的講話
24	2021年2月10日／人民網—人民日報	凝心聚力，繼往開來　攜手共譜合作新篇章
25	2021年2月10日／人民網—人民日報	習近平主持中國—中東歐國家領導人峰會並發表主旨講話
26	2021年2月8日／新華網	習近平給河北省平山縣西柏坡鎮北庄村全體黨員的回信
27	2021年2月8日／新華網	習近平回信勉勵河北省平山縣西柏坡鎮北庄村全體黨員　把鄉親們更好團結凝聚起來　讓日子過得越來越紅火
28	2021年2月8日／新華網	習近平同黨外人士共迎新春
29	2021年2月2日／人民網—人民日報	完整準確全面貫徹新發展理念確保「十四五」時期我國發展開好局起好步

編號	時間	標題
30	2021年1月30日／人民網—人民日報	習近平在中共中央政治局第二十七次集體學習時強調　完整準確全面貫徹新發展理念　確保「十四五」時期我國發展開好局起好步
31	2021年1月29日／新華網	習近平聽取林鄭月娥述職報告
32	2021年1月27日／新華網	習近平聽取賀一誠述職報告
33	2021年1月27日／新華網	習近平在世界經濟論壇「達沃斯議程」對話會上的特別致辭
34	2021年1月25日／新華網	習近平出席世界經濟論壇「達沃斯議程」對話會並發表特別致辭
35	2021年1月22日／新華網	習近平在十九屆中央紀委五次全會上發表重要講話強調　充分發揮全面從嚴治黨引領保障作用　確保「十四五」時期目標任務落到實處
36	2021年1月20日／新華網	習近平在北京河北考察並主持召開北京2022年冬奧會和冬殘奧會籌辦工作匯報會時強調　堅定信心奮發有爲精益求精戰勝困難　全力做好北京冬奧會冬殘奧會籌辦工作韓正出席匯報會
37	2021年1月15日／求是	正確認識和把握中長期經濟社會發展重大問題
38	2021年1月12日／人民網—人民日報	深入學習堅決貫徹黨的十九屆五中全會精神　確保全面建設社會主義現代化國家開好局
39	2020年11月4日／人民網—人民日報	習近平：關於《中共中央關於制定國民經濟和社會發展第十四個五年規劃和二〇三五年遠景目標的建議》的說明
40	2020年10月15日／人民網—人民日報	習近平在深圳經濟特區建立40週年慶祝大會上的講話
41	2020年9月30日／求是	習近平總書記在出席慶祝中華人民共和國成立70週年系列活動時的講話
42	2020年8月31日／求是	習近平：思政課是落實立德樹人根本任務的關鍵課程
43	2020年8月15日／求是	習近平：不斷開拓當代中國馬克思主義政治經濟學新境界
44	2020年7月31日／求是	習近平：貫徹落實新時代黨的組織路線　不斷把黨建設得更加堅強有力
45	2020年7月15日／求是	習近平：中國共產黨領導是中國特色社會主義最本質的特徵
46	2020年6月30日／求是	習近平在「不忘初心、牢記使命」主題教育總結大會上的講話
47	2020年5月15日／求是	習近平在第十三屆全國人民代表大會第一次會議上的講話
48	2020年4月30日／求是	習近平在打好精準脫貧攻堅戰座談會上的講話
49	2020年3月7日／人民網—人民日報	習近平在決戰決勝脫貧攻堅座談會上的講話

編號	時間	標題
50	2020年1月9日／人民網－人民日報	習近平在「不忘初心、牢記使命」主題教育總結大會上的講話
51	2020年1月1日／人民網－人民日報	國家主席習近平發表二〇二〇年新年賀詞
52	2019年12月21日／人民網－人民日報	習近平在慶祝澳門回歸祖國20週年大會暨澳門特別行政區第五屆政府就職典禮上的講話
53	2019年12月1日／求是	堅持、完善和發展中國特色社會主義國家制度與法律制度
54	2019年11月6日／人民網－人民日報	習近平關於《中共中央關於堅持和完善中國特色社會主義制度　推進國家治理體系和治理能力現代化若干重大問題的決定》的說明
55	2019年11月1日／求是	習近平在中央和國家機關黨的建設工作會議上的講話
56	2019年10月2日／求是	習近平：推進黨的建設新的偉大工程要一以貫之
57	2019年10月2日／人民網－人民日報	習近平在慶祝中華人民共和國成立70週年大會上的講話
58	2019年10月1日／人民網－人民日報	習近平在慶祝中華人民共和國成立70週年招待會上的講話
59	2019年9月30日／人民網－人民日報	習近平在國家勳章和國家榮譽稱號頒授儀式上的講話
60	2019年9月28日／人民網－人民日報	習近平在全國民族團結進步表彰大會上的講話
61	2019年9月21日／人民網－人民日報	習近平在中央政協工作會議暨慶祝中國人民政治協商會議成立70週年大會上的講話
62	2019年9月15日／求是	習近平在慶祝全國人民代表大會成立六十週年大會上的講話
63	2019年7月1日／求是	習近平在「不忘初心、牢記使命」主題教育工作會議上的講話
64	2019年3月31日／求是	習近平：關於堅持和發展中國特色社會主義的幾個問題
65	2019年2月28日／求是	習近平：在新的起點上深化國家監察體制改革
66	2019年2月15日／求是	習近平：加強黨對全面依法治國的領導
67	2018年12月30日／人民網－人民日報	習近平：在全國政協新年茶話會上的講話
68	2018年11月13日／人民網－人民日報	習近平會見香港澳門各界慶祝國家改革開放40週年訪問團時的講話
69	2018年5月5日／人民網－人民日報	習近平在紀念馬克思誕辰200週年大會上的講話

編號	時間	標題
70	2018年3月21日／人民網—人民日報	習近平在第十三屆全國人民代表大會第一次會議上的講話
71	2018年1月1日／求是	習近平在黨的十九屆一中全會上的講話
72	2017年10月27日／新華網	習近平：決勝全面建成小康社會　奪取新時代中國特色社會主義偉大勝利
73	2017年7月2日／人民網—人民日報	習近平在慶祝香港回歸祖國20週年大會暨香港特別行政區第五屆政府就職典禮上的講話
74	2017年7月1日／人民網—人民日報	習近平在香港特別行政區政府歡迎晚宴上的致辭
75	2017年1月5日／人民網—人民日報	習近平：在第十八屆中央紀律檢查委員會第六次全體會議上的講話
76	2016年12月31日／人民網—人民日報	習近平：在全國政協新年茶話會上的講話
77	2016年12月6日／人民網—人民日報	習近平在紀念萬里同志誕辰100週年座談會上的講話
78	2016年11月30日／人民網—人民日報	習近平在紀念朱德同志誕辰130週年座談會上的講話
79	2016年11月12日／人民網—人民日報	習近平在紀念孫中山先生誕辰150週年大會上的講話
80	2016年11月3日／人民網—人民日報	習近平：關於《關於新形勢下黨內政治生活的若干準則》和《中國共產黨黨內監督條例》的說明
81	2016年10月22日／人民網—人民日報	習近平在紀念紅軍長征勝利80週年大會上的講話
82	2016年10月15日／人民網—人民日報	習近平致信祝賀中央社會主義學院建院六十週年
83	2016年9月30日／人民網—人民日報	習近平在學習《胡錦濤文選》報告會上的講話
84	2016年9月29日／人民網—人民日報	習近平在紀念劉華清同志誕辰100週年座談會上的講話
85	2016年7月2日／人民網—人民日報	習近平在慶祝中國共產黨成立95週年大會上的講話
86	2016年5月10日／人民網—人民日報	習近平在省部級主要領導幹部學習貫徹黨的十八屆五中全會精神專題研討班上的講話

編號	時間	標題
87	2016年3月9日／人民網－人民日報	習近平：毫不動搖堅持我國基本經濟制度推動各種所有制經濟健康發展
88	2016年1月1日／人民網－人民日報	習近平在全國政協新年茶話會上的講話
89	2015年11月21日／人民網－人民日報	習近平：在紀念胡耀邦同志誕辰100週年座談會上的講話
90	2015年9月1日／人民網－人民日報	習近平：在會見全國優秀縣委書記時的講話
91	2015年7月25日／人民網－人民日報	習近平致全國青聯十二屆全委會和全國學聯二十六大的賀信
92	2015年7月2日／人民網－人民日報	習近平給國測一大隊老隊員老黨員的回信
93	2015年6月13日／人民網－人民日報	習近平在紀念陳云同志誕辰110週年座談會上的講話
94	2015年2月28日／人民網－人民日報	第四批全國幹部學習培訓教材《序言》
95	2014年12月20日／人民網－人民日報	習近平在澳門特別行政區政府歡迎晚宴上的致辭
96	2014年10月28日／新華網	習近平：關於《中共中央關於全面推進依法治國若干重大問題的決定》的說明
97	2014年10月9日／人民網－人民日報	習近平在黨的群眾路線教育實踐活動總結大會上的講話
98	2014年10月1日／人民網－人民日報	習近平：在慶祝中華人民共和國成立65週年招待會上的講話
99	2014年9月22日／人民網－人民日報	習近平：在慶祝中國人民政治協商會議成立65週年大會上的講話
100	2014年9月6日／人民網－人民日報	習近平：在慶祝全國人民代表大會成立60週年大會上的講話
101	2014年9月4日／人民網－人民日報	習近平：在紀念中國人民抗日戰爭暨世界反法西斯戰爭勝利69週年座談會上的講話
102	2014年8月21日／人民網－人民日報	習近平在紀念鄧小平同志誕辰110週年座談會上的講話

編號	時間	標題
103	2014年7月8日／人民網—人民日報	習近平在紀念全民族抗戰爆發七十七週年儀式上的講話
104	2014年2月19日／人民網—人民日報	習近平：共圓中華民族偉大復興的中國夢
105	2014年2月9日／人民網—人民日報	習近平接受俄羅斯電視台專訪
106	2014年1月1日／人民網—人民日報	習近平在全國政協新年茶話會上的講話
107	2014年1月1日／人民網—人民日報	習近平：切實把思想統一到黨的十八屆三中全會精神上來
108	2013年11月16日／人民網—人民日報	習近平：關於《中共中央關於全面深化改革若干重大問題的決定》的說明
109	2013年3月26日／人民網—人民日報	習近平：永遠做可靠朋友和真誠夥伴
110	2013年3月18日／人民網—人民日報	習近平在第十二屆全國人民代表大會第一次會議上的講話
111	2013年3月3日／人民網—人民日報	習近平在中央黨校建校80週年慶祝大會暨2013年春季學期開學典禮上的講話
112	2013年1月2日／人民網—人民日報	習近平在全國政協新年茶話會上的講話
113	2012年12月5日／人民網—人民日報	習近平在首都各界紀念現行憲法公布施行30週年大會上的講話
114	2012年11月20日／人民網—人民日報	習近平：認真學習黨章嚴格遵守黨章
115	2012年11月19日／人民網—人民日報	習近平：緊緊圍繞堅持和發展中國特色社會主義學習宣傳貫徹黨的十八大精神

資料來源：人民網（2021）資料，後經筆者自行整理。

附錄三　中國路徑指數數據資料

壹、數位監控與新疆議題國家清冊

Surveillance Tech from China	Support China in UN
Algeria	Algeria
United States of America	Bangladesh
Argentina	Belarus
Armenia	Bolivia
Australia	Burkina Faso
Bahrain	Burundi
Bangladesh	Cambodia
Bolivia	Cameroon
Botswana	Comoros
Brazil	Democratic Republic of the Congo
Chile	Cuba
China	Djibouti
Denmark	Egypt
Ecuador	Equatorial
Egypt	Eritrea
United Kingdom	Ethiopia
France	Gabon
Germany	Guinea
Ghana	Iran
Hong Kong	Iraq
India	Kuwait
Indonesia	Mozambique
Iran	Myanmar
Iraq	Nepal

Surveillance Tech from China	Support China in UN
Italy	Nigeria
Ivory Coast	Oman
Japan	Pakistan
Kazakhstan	Philippines
Kenya	Qatar
Kyrgyzstan	Russia
Laos	Saudi Arabia
Malaysia	Serbia
Malta	Somalia
Mauritius	South Sudan
Mexico	Sri Lanka
Mongolia	Sudan
Morocco	Syria
Myanmar	Tajikistan
Netherlands	North Korea
Nigeria	Republic of the Congo
Oman	Laos
Pakistan	Togo
Panama	Turkmenistan
Philippines	Uganda
Qatar	United Arab
Romania	Angola
Russia	Tanzania
Rwanda	Uzbekistan
Saudi Arabia	Venezuela
Serbia	Vietnam
Singapore	Yemen
South Africa	Zambia
Spain	Zimbabwe

Surveillance Tech from China	Support China in UN
Tajikistan	Bahrain
Thailand	
Turkey	
Uganda	
Ukraine	
United Arab	
Uruguay	
Uzbekistan	
Venezuela	
Zambia	
Zimbabwe	

資料來源：Zotero Documentation（2021）和United Nations Human Rights Council（2019），後經筆者自行整理。

貳、孔子學院與一帶一路國家清冊

Confucius Institute	1 belt 1 road
Afghanistan	Albania
Albania	Afghanistan
Angola	Armenia
Argentina	Azerbaijan
Armenia	Bahrain
Australia	Bangladesh
Austria	Belarus
Azerbaijan	Bhutan
The Bahamas	Bosnia and Herzegovina
Bahrain	Brunei
Bangladesh	Bulgaria
Belarus	Cambodia
Belgium	China

Confucius Institute	1 belt 1 road
Benin	Croatia
Bolivia	Czech Republic
Botswana	East Timor
Brazil	Egypt
Bulgaria	Estonia
Burundi	Georgia
Cambodia	Hungary
Cameroon	India
Canada	Indonesia
Chile	Iran
Colombia	Iraq
Comoros	Israel
Costa Rica	Jordan
Croatia	Kazakhstan
Cuba	Kuwait
Cyprus	Kyrgyzstan
Czech Republic	Laos
Denmark	Latvia
Ecuador	Lebanon
Egypt	Lithuania
United Kingdom	Macedonia
Eritrea	Malaysia
Estonia	Maldives
Ethiopia	Moldova
Fiji	Mongolia
Finland	Montenegro
France	Myanmar

Confucius Institute	1 belt 1 road
Georgia	Nepal
German	Oman
Ghana	Pakistan
Greece	Palestine
Guyana	Philippines
Hong Kong	Poland
Hungary	Qatar
Iceland	Romania
India	Russia
Indonesia	Saudi Arabia
Iran	Serbia
Ireland	Singapore
Israel	Slovakia
Italy	Slovenia
Jamaica	Sri Lanka
Japan	Syria
Jordan	Tajikistan
Kazakhstan	Thailand
Kenya	Turkey
South Korea	Turkmenistan
Kyrgyzstan	Ukraine
Laos	United Arab
Latvia	Uzbek
Lebanon	Vietnam
Liberia	Yemen
Lithuania	
Macedonia	

Confucius Institute	1 belt 1 road
Madagascar	
Malawi	
Malaysia	
Mali	
Malta	
Mexico	
Moldova	
Mongolia	
Morocco	
Mozambique	
Myanmar	
Namibia	
Nepal	
Netherlands	
New Zealand	
Nigeria	
Norway	
Pakistan	
Peru	
Philippines	
Poland	
Portugal	
Republic of Congo	
Romania	
Russia	
Rwanda	
Senegal	
Serbia	
Seychelles	

Confucius Institute	1 belt 1 road
Sierra Leone	
Singapore	
Slovakia	
Slovenia	
South Africa	
Spain	
Sri Lanka	
Sudan	
Sweden	
Switzerland	
Tajikistan	
Tanzania	
Thailand	
Togo	
Trinidad and Tobago	
Tunisia	
Turkey	
Ukraine	
United Arab	
United States	
Uzbekistan	
Vietnam	
Zambia	
Zimbabwe	

資料來源：孔子學院總部／國家漢辦（2021）和一帶一路網（2021），後經筆者自行整理。

參、區域全面經濟夥伴協定與疫苗外交國家清冊

RCEP	Vaccine diplomacy
Australia	Algeria
Brunei	Argentina
Cambodia	Azerbaijan
China	Bahrain
Indonesia	Belarus
Japan	Bolivia
Korea	Brazil
Laos	Cambodia
Malaysia	Chile
Myanmar	China
New Zealand	Colombia
Philippines	Comorian Union
Singapore	Czech Republic
Thailand	Dominic
Vietnam	Ecuador
	Egypt
	Guinea
	Guyana
	Hungary
	Indonesia
	Iran
	Iraq
	Jordan
	Kyrgyz
	Laos
	Lebanon
	Lion Rock Republic
	Malaysia

RCEP	Vaccine diplomacy
	Mexico
	Mongolia
	Morocco
	Mozambique
	Myanmar
	Namibia
	Nepal
	Pakistan
	Peru
	Philippines
	Republic of Benin
	Republic of Bosnia and Herzegovina
	Republic of Niger
	Senegal
	Serbia
	Singapore
	Sri Lanka
	Sudan
	Syria
	Tajik
	Thailand
	the republic of Congo
	Turkey
	Ukraine
	United Arab Emirates
	Uruguay
	Venezuela
	Zimbabwe

資料來源：RCEP Official Website（2021）和Our World in Data（2021），後經筆者自行整理。

國家圖書館出版品預行編目資料

東亞民主化總論——東亞國家之政治體制選擇偏好：一般公民、政治菁英與地緣政治面向之分析／吳思緯著. --初版. --臺北市：五南圖書出版股份有限公司, 2024.02
面； 公分
ISBN 978-626-393-014-8（平裝）

1.CST: 民主化 2.CST: 民主政治
3.CST: 政治制度 4.CST: 區域研究
5.CST: 東亞

571.6 113000735

1PGA

東亞民主化總論——
東亞國家之政治體制選擇偏好：一般公民、政治菁英與地緣政治面向之分析

作　　者— 吳思緯（58.9）
發 行 人— 楊榮川
總 經 理— 楊士清
總 編 輯— 楊秀麗
副總編輯— 劉靜芬
責任編輯— 黃郁婷、劉燕樺、許珍珍
封面設計— 姚孝慈
出 版 者— 五南圖書出版股份有限公司
地　　址：106台北市大安區和平東路二段339號4樓
電　　話：(02)2705-5066　　傳　　真：(02)2706-6100
網　　址：https://www.wunan.com.tw
電子郵件：wunan@wunan.com.tw
劃撥帳號：01068953
戶　　名：五南圖書出版股份有限公司

法律顧問　林勝安律師

出版日期　2024年2月初版一刷
定　　價　新臺幣380元

經典永恆·名著常在

五十週年的獻禮——經典名著文庫

五南，五十年了，半個世紀，人生旅程的一大半，走過來了。
思索著，邁向百年的未來歷程，能為知識界、文化學術界作些什麼？
在速食文化的生態下，有什麼值得讓人雋永品味的？

歷代經典・當今名著，經過時間的洗禮，千錘百鍊，流傳至今，光芒耀人；
不僅使我們能領悟前人的智慧，同時也增深加廣我們思考的深度與視野。
我們決心投入巨資，有計畫的系統梳選，成立「經典名著文庫」，
希望收入古今中外思想性的、充滿睿智與獨見的經典、名著。
這是一項理想性的、永續性的巨大出版工程。
不在意讀者的眾寡，只考慮它的學術價值，力求完整展現先哲思想的軌跡；
為知識界開啟一片智慧之窗，營造一座百花綻放的世界文明公園，
任君遨遊、取菁吸蜜、嘉惠學子！